Eduard Schneider und Stefan Sienerth (Hg.):
Nikolaus Lenau
"Ich bin ein unstäter Mensch auf Erden"

Mit den besten Wünschen zum vierzigsten! Geburtstag.

Hans-Gerhard, Gudrun, Thomas Gross und Elisabeth

Veröffentlichungen des Südostdeutschen Kulturwerks
Reihe A: Kultur und Dichtung
Herausgegeben von Anton Schwob
Band 34

NIKOLAUS LENAU

"Ich bin ein unstäter Mensch auf Erden"

Begleitbuch zur Ausstellung

Herausgegeben von Eduard Schneider und Stefan Sienerth

Verlag Südostdeutsches Kulturwerk
München 1993

Die Deutsche Bibliothek - CIP-Einheitsaufnahme

Nikolaus Lenau, "Ich bin ein unstäter Mensch auf Erden" :
Begleitbuch zur Ausstellung / Südostdeutsches Kulturwerk.
Hrsg. von Eduard Schneider und Stefan Sienerth.
- München: Südostdt. Kulturwerk, 1993
(Veröffentlichungen des Südostdeutschen Kulturwerks: Reihe A, Kultur und Dichtung; Bd. 34)
ISBN 3-88356-092-8
NE: Schneider, Eduard (Hrsg.); Südostdeutsches Kulturwerk:
Veröffentlichungen des Südostdeutschen Kulturwerks/A

Herstellung: Druckerei Josef Jägerhuber GmbH, D-8130 Starnberg

Computersatz: © 1993. Südostdeutsches Kulturwerk, D-8000 München

Umschlaggestaltung: © 1993. Hermine Ellwanger, D-7141 Murr

Umschlagmotiv der Vorderseite: Pastellbild mit Bleistift von C. Gericke, Schiller-Nationalmuseum Marbach a. N., © Schiller-Nationalmuseum. Rückseite: Lenau-Denkmal in Bisingen/Steinhofen. Relief in Stein von Günther Nägele und Willy Hebrank. Foto: Gabriel Holom, D-7033 Herrenberg

Inhalt

Anton Schwob (Graz)
Vorwort — VII

Eduard Schneider (München)
Lenaus Leben und Werk in Bildern, Daten und Zitaten — 1

Bildteil — 57

Studien — 93

Zoran Konstantinović (Innsbruck)
Nachdenken über Lenau. Zum ständig sich ändernden Standpunkt jeder Betrachtung — 95

Hartmut Steinecke (Paderborn)
Die Korrosionsbeständigkeit wahrhafter Lyrik — 103

Hansgeorg Schmidt-Bergmann (Karlsruhe)
Zur Konfiguration des europäischen "Weltschmerzes": Nikolaus Lenau, Lord Byron und Giacomo Leopardi — 113

Wolfgang Martens (München)
Lenau in der Prachtausgabe — 125

Antal Mádl (Budapest)
Lenau und Ungarn. Erlebnishintergründe und Erinnerungsbilder — 133

Antal Mádl (Budapest)
Lenau und Österreich. Gefühlsmäßige Bindung und politische Entfremdung — 141

Walter Scheffler (Marbach a. N.)
Lenau in Schwaben unter besonderer Berücksichtigung seines Aufenthalts in Eßlingen am Neckar — 151

Rudolf Schier (Wien)
Lenaus Landkauf in Amerika — 161

Katalin Hegedüs-Kovačević (Neusatz/Novi Sad)
Zur Lenau-Rezeption bei den Serben und Kroaten 175

Sevilla Răducanu (Limburg/Lahn)
Lenaus Dichtung in Rumänien 185

Stefan Sienerth (München)
Nikolaus Lenau und das Banat. Zur regionalen Zuordnung und Rezeption des
      Dichters bei den Deutschen in Südosteuropa 193

Bild- und Quellennachweis 205

Personenregister 215

Danksagung 223

Vorwort

Die politischen und sozialen Umwälzungen, die sich seit Ende der achtziger Jahre in Südosteuropa vollziehen, haben auch zu einer veränderten Wahrnehmung der kulturellen Traditionen dieses Raumes geführt. Man ist hierbei bestrebt, nicht nur das Trennende, sondern auch - was viel wichtiger ist - das Verbindende aus der Geschichte, Kultur und Dichtung dieser Völker einer breiteren Öffentlichkeit zugänglich zu machen. In diesem Zusammenhang kann die Bedeutung Nikolaus Lenaus (1802 - 1850), des "südöstlichsten deutschen Dichters" (Mite Kremnitz), der durch sein Leben und Werk geradezu prädestiniert ist, eine Rolle in diesem Konnex zu spielen, nicht hoch genug veranschlagt werden.

Davon ausgehend setzt sich die vom Südostdeutschen Kulturwerk (München) initiierte, mit Hilfe zahlreicher Institutionen vorbereitete Lenau-Wanderausstellung, die am 2. April 1993 im Stadtmuseum Esslingen eröffnet und in mehreren Städten Deutschlands, Österreichs, Ungarns und Rumäniens gezeigt wird, zum Ziel, die mit der Person und dem Werk Lenaus verbundene internationale Beziehungsvielfalt zu verdeutlichen und einen lebendigen Zugang zu einem der einflußreichsten Dichter des 19. Jahrhunderts zu schaffen.

Die Ausstellung wie auch das vorliegende Begleitbuch veranschaulichen die wichtigsten Lebensstationen des Dichters - Banat, Ungarn, Österreich, Schwaben, Vereinigte Staaten von Amerika - und dokumentieren die geschichtlichen und kulturellen Entstehungs- und Wirkungsbedingungen seiner Dichtungen.

In den von in- und ausländischen Literaturwissenschaftlern und namhaften Lenau-Kennern verfaßten Studien, die neue Deutungsmöglichkeiten seines Werkes erproben und auf bislang unausgewertete Materialien zu seiner Lebensgeschichte hinweisen, werden Fragen im Zusammenhang mit Lenaus literarischer Bedeutsamkeit in Vergangenheit und Gegenwart erörtert, einzelne Lebensabschnitte und Entwicklungsphasen des Dichters näher beleuchtet, die Rezeption und Wirkung seines Werkes - vor allem in Südosteuropa - verfolgt sowie dichtungsgeschichtlicher Standort und Stellenwert Lenaus im weltliterarischen Kontext bestimmt. Ein einführender Teil, der nicht zuletzt durch zahlreiche Illustrationen auch den Informationsbedürfnissen eines größeren Publikums entgegenkommt, zeichnet anhand von Werk- und Briefauszügen sowie aufgrund der umfangreichen Sekundärliteratur ein facettenreiches Bild eines außergewöhnlichen Menschen und einer der herausragenden Dichterpersönlichkeiten der deutschen Literatur.

Anton Schwob

Eduard Schneider

Lenaus Leben und Werk in Bildern, Daten und Zitaten

Will man die herkunftsmäßigen Umstände und Hintergründe des im Banat, im damaligen Ungarn, geborenen Dichters Nikolaus Lenau, eigentlich Nikolaus Franz Niembsch, näher kennenlernen, sind einige Daten aus der Geschichte (DS)* und der Familiengeschichte Lenaus (NB) hilfreich. Zurückzublicken ist bis in die Zeit der Türkenherrschaft in Südosteuropa.

Nach der für Ungarn unglücklich ausgegangenen Schlacht von Mohács (1526) war Zentralungarn 1541 von den Osmanen in das Paschalik Ofen (Buda) umgewandelt worden. 1552 eroberte der Halbmond auch das Banat mit der Festung Temeswar. Mit dem Sieg des kaiserlichen Heeres über die vordringenden Türken bei Wien (1683) und der Einnahme Ofens (1686) begann die Rückeroberung Ungarns durch eine Koalition unter den zu einer europäischen Großmacht gewordenen Habsburgern. Dem Heer des legendären Prinzen Eugen von Savoyen (1663 - 1736) gelang es in mehreren Schlachten, u.a. bei Peterwardein, Temeswar und Belgrad, die Türken stark zurückzudrängen. Im Frieden von Passarowitz (1718) kam neben anderen Gebieten auch das Banat in vorerst österreichischen Besitz und wurde in eine von Wien aus verwaltete Reichsprovinz umgewandelt. 1778 erfolgte seine Rückgliederung an Ungarn.

Nach der fast anderthalb Jahrhunderte währenden turkischen Besetzung waren weite Gebiete des rückeroberten Landes beinahe entvölkert. Diesem Umstand sollte durch eine planmäßige Aufsiedlung abgeholfen werden. Kaiserliche Impopulationspatente regelten ab 1689 die Zuwanderung, die im Laufe von Jahrzehnten zur Entstehung einer Reihe von deutschen Siedlungen führte, so auch im Ofener Bergland und im Banat, wo für die Einwanderer zahlreiche Dörfer angelegt wurden.

Im Zuge der deutschen Besiedlung ließen sich bereits Ende des 17. Jahrhunderts Lenaus Vorfahren, die Familien Josephi und Maigraber, die aus Niederösterreich bzw. dem Burgenland kamen, in Ofen (Buda) und Pest nieder und erwarben sich, aus dem Handwerkerstand aufsteigend, eine geachtete Stellung im dortigen Bürgertum. Lenaus Großvater, der "wohledle und hochgeborene Herr" Franz Xaver Maigraber, ein mit der Pester Bürgerstochter Maria Magdalena Schad verheirateter Jurist, hinterließ nach seinem frühen Tod nicht nur ein beachtliches Vermögen, sondern auch eine ansehnliche Privatbibliothek mit Büchern lateinischer, deutscher und ungarischer Autoren.

Joseph Niembsch, Lenaus Großvater väterlicherseits, war Rittmeister und entstammte einer in der schlesischen Stadt Strehlen beheimateten Beamten- und Offiziersfamilie. Sein Berufsweg hatte ihn nach Ungarn und um die Jahrhundertwende nach Altofen geführt, wo der Rittmeister a.D. bei der Monturskommission eine Anstellung erhielt.

Franz Niembsch, Sohn des Rittmeisters Joseph Niembsch und der gebürtigen Freiin Katharina von Kellersberg, sollte ursprünglich auch die militärische Laufbahn einschlagen. Es kam aber anders, denn gelegentlich eines Besuches bei seinen Eltern in Altofen lernte der Kadett des Dragonerregiments "Lobkowitz" Therese Maigraber, die Tochter des verstorbenen

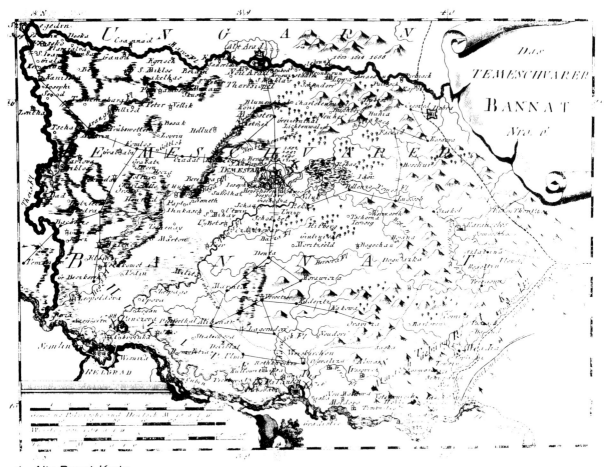

1. Alte Banat-Karte

Pester Oberfiskals Franz Xaver Maigraber kennen, die bei ihrer Mutter in Pest lebte. Der "schöne Niembsch" (ASch 6), 21 Jahre alt, und Therese, sechs Jahre älter, "eine überaus leidenschaftliche Frau" (LLöw 116), verliebten sich und beschlossen, auch gegen den elterlichen Willen zu heiraten. Der Plan ließ sich aber nicht zeitgerecht verwirklichen, so daß sich die werdende Mutter gezwungen sah, Ofen-Pest zu verlassen, um nicht dem Gerede der Leute ausgesetzt zu sein. Zuflucht suchte sie im Banat, wo ihr Bruder Franz Maigraber im südlichen Bergland, in Kraschowa, als Kameralkontrolleur tätig war. Im April 1799 trat Therese die beschwerliche Reise an, die sie über Temeswar und Werschetz an den entlegenen Bestimmungsort führte. Ihre auf der Fahrt und dann aus Kraschowa an Franz gerichteten Briefe klingen verzweifelt. Die abgeschiedene unwirtliche Gegend erschreckte sie: "... fürchterlich sind die Berge aufgethürmt, und ein elendes Dorf, thief im Thal, mein Bruder lebt in einem sehr schlechten Haus - wie ist mir - ? als ob ich nur biß morgen leben solte" (ASch 41), schreibt sie aus Kraschowa am Tag ihrer Ankunft (14. April 1799). Etwas später klagt sie, Franz kümmere sich nicht um sie und beführchtet, er wolle sein Kind verlassen, "ehe es gebohren ist" (Brief vom 23. April 1799, ASch 43). Der junge Offiziersanwärter kam dann endlich doch ins Banat, wohl auch um mit seinem künftigen Schwager Möglichkeiten seiner Anstellung als Kameralbeamter zu besprechen. Zurückgekehrt, suchte er um die Entlassung aus dem Heeresdienst an, und am 6. August 1799 konnte in Pest die Trauung erfolgen. Schon wenige Tage danach trat das junge Paar - Therese hochschwanger - die Reise ins Banat an. Der Bestimmungsort war diesmal Uj-Pécs, nahe der Banater Landeshauptstadt Temeswar, wo Franz beim dortigen Kameralamt als Praktikant eine Stelle erhalten hatte. Hier schenkte Therese am 28. August, bald nach der Ankunft, einer Tochter, Magdalena Franziska, das Leben. Nicht lange dürften Niembschs an diesem Ort geweilt haben, denn bei der Geburt des zweiten Kindes, Anna Theresia, am 6. Februar 1801, sind sie bereits in Lippa an der Marosch, einem aufstrebenden Marktflecken mit teils orientalisch anmutendem buntem Treiben an Markttagen. Die Landschaft um Lippa wird Therese in mancher Hinsicht an ihre heimatliche Umgebung erinnert haben: "Wenn sie am Ufer der hier ziemlich breiten Marosch stand und die Radnaer Seite mit ihrer hügeligen Beschaffenheit betrachtete, die ansehnliche ... Kirche der Franziskaner, ... und weiter rechts, in nicht großem Abstand, den Schloßberg Şoimoş (ungarisch Solymos, deutsch Falkenhorst) mit seinen verwitterten Burgruinen, dann war es unvermeidlich, daß sie an Ofen und seine ähnlich geartete Lage dachte" (FL 14), schreibt der Temeswarer Dichter und Schriftsteller Franz Liebhard in einem Beitrag über die Familie Niembsch im Banat, in dem er auch festhält: "Der Lippaer Aufenthalt war entscheidend für die schönen Erinnerungen, die Therese in späteren Jahren einen Teil ihres Banater Lebensabschnittes in einem milden Lichte sehen ließen" (FL 14). Die hier gewonnenen Eindrücke Theresens glaubt Liebhard mit Lenaus Gedicht "Mischka an der Marosch" in Zusammenhang bringen zu können: "Theiß und Bodrog hatte Lenau aus eigener Anschauung gekannt, die Marosch hingegen hat er nie gesehn. Die dramatisch bewegten Farben, mit denen er sie schildert, gehen bestimmt auf Erzählungen der Mutter zurück, die an Lippa

2. Maroschlandschaft bei Lippa

und dessen Umwelt gerne zurückdachte" (FL 15).

Von Lippa wurde Franz Niembsch als Kameralgegenschreiber nach Csatád versetzt, in einen am Schnittpunkt der Straßen Temeswar - Großsanktnikolaus und Arad - Hatzfeld gelegenen Ort, der 1767 für 200 deutsche Ansiedlerfamilien, zumeist Bauern, erbaut worden war und sich nach weiteren Zuwanderungen schnell entwickelt hatte. 1775 wurde hier das Kreisamtsgebäude errichtet, das ein Vierteljahrhundert später zu Lenaus Geburtsstätte werden sollte. Drei Jahre darauf wurde unter dem Patronat der Kaiserin Maria Theresia die barocke Pfarrkirche gebaut, die, der heiligen Theresia geweiht, heute noch steht und als eine der schönsten Banater Dorfkirchen gilt. Nach der Rückgliederung des Banats an Ungarn wurde das Kreisamt 1779 aufgelöst und in ein Kameralamt umgewandelt, das der Temeswarer Kameraldirektion untergeordnet war, Csatád gehörte hinfort verwaltungsmäßig zum Komitat Torontal (FM; HBr). Der genaue Zeitpunkt, zu dem Franz Niembsch in Csatád seine Tätigkeit als Kameralschreiber aufnahm, ist nicht bekannt, doch weiß man, daß die Familie im stattlichen Amtsgebäude eine Dienstwohnung innehatte. Hier wurde dem Ehepaar Franz und Theresia Niembsch am 13. August 1802 als drittes Kind ein Sohn Nikolaus Franz geboren, der spätere Dichter Nikolaus Lenau. Unter der lateinischen Eintragung im Csatáder Kirchenbuch steht die in späterer Zeit erfolgte Hinzufügung: "Unser großer Sohn und Dichter Lenau" (FL; A P-H).

Auf einem der "Zettel" für Sophie von Löwenthal hält der in Csatád geborene, schon berühmte Dichter am 13. August 1837 folgende Erinnerung fest: "Meiner Mutter war dieser Tag vor 35 Jahren ein banger und ein froher, wie kein andrer, denn meine Geburt war äußerst schmerzlich und gefährlich, und ich war ihr vom ersten Augenblick meines Lebens das Liebste" (ASch 72). Die Freude der jungen Mutter sollte nicht ungetrübt bleiben. Derselbe Pfarrer Gruber, der im Sommer erst den Niembsch-Sohn Nikolaus Franz getauft hatte, trug mit dem Datum des 11. Dezembers 1802 in die Csatáder Pfarrmatrikel den Tod der dreijährigen Magdalena Niembsch ein, die einem unheilbaren Leiden erlegen war. 1934 wurde auf dem Ortsfriedhof durch einen Zufall ihr Grabstein aufgefunden, mit dem Bild einer Lilie und der Inschrift: "Sie blühte kurz und schön Magdalena Niembsch anno 1802" (AS-E; HBr). Zu der Trauer um die Tochter kam verstärkt ein anderer Kummer hinzu - in der Ehe der Niembschs kriselte es. Therese hatte schon vor der Heirat öfter Grund gehabt, wegen des leichtsinnigen Lebenswandels ihres zukünftigen Gatten besorgt zu sein. Nun, nachdem Franz Niembsch nach Csatád versetzt worden war, wurden für ihn die Versuchungen und Lockungen, denen er bei seinen wiederholten Dienstreisen und Besuchen im verhältnismäßig nahegelegenen Temeswar begegnete, geradezu zum Verhängnis. Franz Liebhard schreibt zur Charakteristik von Lenaus Vater: "Dem Äußeren und dem Stand nach ein einfacher kleiner Beamter, im Inneren aber voll von den lange nicht verascthen Gluten eines unbezähmbaren Leichtsinns und eines eruptiven Lebenshungers, die während seiner kurzen militärischen Laufbahn immer neu angefacht wurden. Mit einem solchen seelischen Gepäck mußte es für ihn recht problematisch sein, angesichts des verführerisch schillernden Kaffeehaus-Treibens und Nachtlebens von Temeswar

3. Ehemaliges Kameralhaus, Temeswar

4. „Zum Trompeter"

5. Paradeplatz in Temeswar

seiner Pflichten als junger Ehemann und Vater eingedenk zu sein" (FL 22). Niembsch soll in Temeswar des öfteren im Spielsalon des noblen Festungsgasthofes "Zum Trompeter" aber auch in zwielichtigen Lokalen außerhalb der Mauern zu Gast gewesen sein. Enorme Spielschulden - 17 000 Gulden - brachten ihn beinahe in den Schuldturm und führten die Familie an den Rand des Ruins. Der Fall des Franz Niembsch, der möglicherweise erpresserischen Berufsspielern in die Fänge geraten war, dürfte in Temeswar wie auch in Csatád das Tagesgespräch abgegeben haben. Seine Behörde beschloß, ihn disziplinarisch weiter weg von Temeswar, nach Bokschan im Südbanater Bergland zu versetzen. Niembsch hat diese Stelle aber nie angetreten. Bereits im Frühjahr 1803 befindet sich Therese mit den Kindern, (der zweijährigen Therese und dem nur einige Monate alten Nikolaus Franz), wieder in Altofen bei ihrer Mutter.

Niembschs hatten nach dem Verlassen des Banats zu ihren dortigen Bekannten, wie es scheint, keine Beziehungen mehr gepflegt. Über zwei dieser Personen ist es dem Werschetzer Lokalhistoriker Felix Milleker gelungen, einige ihm bemerkenswert erscheinende Daten aufzuzeichnen. Seiner Schrift "Lenau im Banat" (1926) ist zu entnehmen, daß Ortspfarrer Joseph Gruber, der Lenau taufte, auch Poet war. Zwei größere Gelegenheitsdichtungen des bereits mit 40 Jahren Verstorbenen sind nachweisbar. Der Taufpate des kleinen Nikolaus Franz, der königl. Kameralrentmeister Nikolaus Hehl, des Vaters Vorgesetzter, mit dem Lenaus Eltern unter einem Dach wohnten, nahm sich später durch einen Sturz in den Brunnen das Leben. "Ein merkwürdiges Zusammentreffen", registrierte Milleker: "Der Vater leichtsinnig, die Mutter leidenschaftlich, der taufende Priester ein Dichter und der Pate Selbstmörder" (FM 23 f.).

Weiter in Verbindung war die Familie mit Franz Maigraber geblieben, dem Bruder Theresens (ASch 87), bei dem sie seinerzeit in Kraschowa Zuflucht gesucht hatte. Das Ehepaar Niembsch und Lenau selbst sahen das Banat nicht wieder. Nach Theresens zweiter Ehe mit dem Arzt Dr. Karl Vogel (1811) hatte man zwar zeitweilig erwogen, besserer Erwerbsmöglichkeiten wegen nach Lippa bzw. Temeswar zu übersiedeln, den Plan dann aber doch fallengelassen (ASch 94).

Nikolaus Lenau, der Dichter, der "dem Ort im Herzen der Banater Heide später Weltruhm" bringen sollte (FL 25), blieb im Banat und in seiner Geburtsgemeinde unvergessen. Um seine Gestalt gab es zeitweilig einen wahren Kult, der auch politische Färbung erhielt, da der Dichter sowohl von den Ungarn bzw. den Wortführern des ungarischen Staates als auch von den in Ungarn lebenden Deutschen für ihre jeweiligen nationalen Ziele vereinnahmt wurde. Für die deutsche Bevölkerung in diesem Teil Südosteuropas, die sich als Minderheit oft genug gegen Entnationalisierungstendenzen zur Wehr zu setzen hatte, stellte Lenau eine bedeutsame Bezugsgestalt dar, bei dem legitimen Bestreben, ein eigenständiges kulturelles Leben zu entwickeln und zu bewahren. Früheste Zeugnisse der Beschäftigung mit Lenau in seinem engeren Herkunftsgebiet (FM 26-34) sind u.a. ein biographischer Beitrag über den Dichter und die erste bildliche Darstellung seines Geburtshauses, die im 5. Jahresbericht der Realschule Werschetz nach einem 1859 stattgefundenen "Lenau-Ausflug" dortiger Lehrer nach Csatád erschienen waren. Das von

Ludwig Wodetzky angefertigte Bild der Geburtsstätte wurde in Wien lithographisch vervielfältigt und diente in dieser Form als Vorlage für die Bildtafel "Lenau's Geburtshaus in Csatád", die Leonhard Böhm in seine "Geschichte des Temeser Banats" (Leipzig 1861) aufnahm. Im Jahr 1876 wurde am Geburtshaus eine von Mathias Gehl aus Csatád gestiftete Gedenktafel mit dem "Albigenser"-Zitat: "Weltbefreien kann die Liebe nur" angebracht. Der von Csatáder Einwohnern gehegte Wunsch, dem Dichter in seinem Geburtsort ein Denkmal zu setzen, konnte um die Jahrhundertwende verwirklicht werden, wobei es die ungarische Regierung freilich nicht versäumte, in ihrem Sinne Zeichen zu setzen.

Schöpfer des Denkmals (AP-H 40-43) wurde der aus Preßburg gebürtige, damals in Budapest wirkende Bildhauer Béla Radnai, alias Rausch (1875 - 1923), der bei der feierlichen Enthüllung 1905 zugegen war. Von Radnai stammt auch ein dem ungarischen Nationaldichter Sándor Petőfi gewidmetes Denkmal, das 1911 in Preßburg aufgestellt wurde. Ein Lenau-Denkmal erhielt 1912 auch die Stadt Werschetz (FM 31). Bei der Enthüllung der von Edmund Lechner gemeinsam mit Rudolf Gettmann modellierten und gegossenen Bronzebüste waren Festreden in deutscher, ungarischer und serbischer Sprache gehalten worden. Die Büste, einst Zierde des Stadtparks, befindet sich heute im örtlichen Museum, ist aber auch in der Literatur aufbewahrt. Claudio Magris, Germanist und Schriftsteller, der die Stadt und ihre weitere Umgebung vor einigen Jahren besuchte, erinnert in seinen Reisenotizen an ein Gedicht des serbokroatischen, anfänglich auch rumänisch schreibenden Dichters Vasko Popa - darin "küßt man sich im Stadtpark von Vršac unter der Büste Lenaus". Die Begegnung mit Lenau, dem Dichter "der Einsamkeit und Zerrissenheit, einer verführerischen und vom Nichts zernagten Natur", und mit literarischen Werken aus dieser Landschaft, auf der "ein Schleier der Melancholie" liegt, "nichts als Erinnerung" (Milo Dor), läßt den bewanderten Besucher über Leben und Dichtung in diesem Raum Pannoniens nachsinnen: "Diese Melancholie", schlußfolgert Magris, "ist, gleich dem Nihilismus Lenaus, ein Gefühl der Leere, das wieder einmal für die Sehnsucht und für das Bedürfnis nach Werten und Bedeutungen steht" (CM 78 f.).

Ein Erinnerungsmal besonderer Art setzte die Geburtsgemeinde Csatád dem Dichter in der Zeit nach dem Ersten Weltkrieg. Der Ort mit über 2.500 Einwohnern, nun zum Königreich Rumänien gehörend, wurde 1926 in Lenauheim umbenannt (AP-H 18), nachdem vorher zeitweise auch die Namensformen Strehlenau und Lenaudorf verwendet worden waren. Lenauheim heißt der Geburtsort des Dichters offiziell auch heute noch. Im ehemaligen Kameralhaus wurde 1931 erstmals eine Lenaustube eingerichtet, die 1969, beträchtlich erweitert, als eine vom Banater Museum betreute Erinnerungsstätte neueröffnet werden konnte.

In der Einrichtung, der seit 1971 ein schwäbisches Heimatmuseum angeschlossen ist, werden neben zahlreichen anderen Exponaten eine Handschrift des Dichters, gezeichnet "Lenau aus Csatád im Torontaler Comitat des Königreichs Ungarn", ausgestellt, aber auch Objekte aus dem Nachlaß einer Nachkommin der Familie Niembsch (AP-H 30-38): Eleonore Schurz (1828 - 1899), eine Tochter der in Lippa geborenen Lenau-Schwester Therese und des Lenau-Biographen Anton X. Schurz, hatte nach Siebenbürgen geheiratet, wo an Lenau erin-

6. Lenau als Kind

nernde Erbstücke aus ihrer Hinterlassenschaft für das Lenauheimer Museum erworben werden konnten.

In Temeswar erhielt das deutsche Staatsgymnasium 1942 die Benennung "Nikolaus Lenau". Nach dem Krieg führte die Schule ab 1957 wieder diesen Namen, der nach neuerlicher Unterbrechung 1970 durch ein Dekret bestätigt wurde (J 7).

Die Erinnerung an den Dichter wurde in seinem engeren Herkunftsgebiet insbesondere seit Beginn des 20. Jahrhunderts bis in unsere Zeit in mannigfacher Weise gepflegt (FM; HF). Neben bereits genannten Zeugnissen seien noch erwähnt: die Benennung von Straßen und Plätzen nach Lenau, kulturelle Vereinigungen und Verbände, die seinen Namen trugen, Lenau-Feiern sowie in Periodika, in Büchern und in anderer Form erschienene Würdigungen des Dichters.

Nach der Rückkehr aus dem Banat nahm die Familie Niembsch ihren Wohnsitz in Altofen, wo 1804 noch eine Tochter, Magdalena, auf die Welt kam. Franz führte seinen leichtsinnigen Lebenswandel weiter, weilte zwischendurch öfter in Wien und überließ den Haushalt und die Kinder der alleinigen Fürsorge Theresens: "Gestehe", schrieb sie ihm, "ich bin ein sonderbahres Weib - trotz allen Beweisen deiner Gleichgültigkeit - lieb ich dich so zärtlich - was würde ich denn vor einem Mann fühlen? der liebvoll mit mir handelte". Am Schluß, die Kinder erwähnend, fügte sie nicht ohne Stolz hinzu: ".... der Nicki ist ein Meisterstück" (Brief vom 18. September 1803, ASch 78). Zu Max von Löwenthal sagte Lenau später einmal zurückblickend: "Ich erinnere mich noch mit Bestimmtheit an die Zeit, wo ich in der Wiege lag, an das, was mit mir vorging, als ich ein dreijähriger Knabe war; wie mich mein Vater des Morgens zu sich aufs Bette nahm, mir das Innere seiner Taschenuhr zeigte; wie er mir einmal eine Meise brachte, deren Kopf er aus der geschlossenen Hand hervorgucken ließ; wie ich einmal im Garten an einer Spalierwand voll schöner, reifer Feigen stand und die Fliegen darum hersummten und eben der Hahn krähte. Natureindrücke waren mir damals die lebendigsten und tiefsten" (29. Dezember 1838, ASch 78).

Therese, die sich in einem Brief an den Gatten geäußert hatte: "...es scheint das noch größere Leyden auf mich warten..." (27. August 1803, ASch 77), sollte mit ihrer Befürchtung recht behalten. Nach einer schweren Erkrankung, von der er sich nicht mehr erholte, verschied Franz Niembsch am 23. April 1807 im 30. Lebensjahr. Lenau zu Max von Löwenthal: "Als mein Vater starb - ich war etwa fünf Jahre alt - stellte sich meine Mutter auf eine in den Keller führende Falltüre, raufte ihr Haar und stampfte mit den Füßen, damit die Türe einbreche und sie in den Keller hinabstürze" (15. November 1840, ASch 84).

Trotz eines bescheidenen Auskommens widmete sich Therese mit aller Sorgfalt und Liebe der Pflege und Erziehung ihrer drei Kinder. Niki, den Liebling, verwöhnte sie. Nach einigem Zögern entschloß sich die noch junge Witwe dann doch zu einer zweiten Ehe. Am 23. September 1811 heiratete sie den Arzt Dr. Karl Vogel und übersiedelte mit ihm von Altofen nach Pest. Zwei Töchter gingen aus dieser Ehe hervor: Wilhelmine und Maria.

Niki, der von 1812 bis 1815 in Pest das Piaristengymnasium besuchte, erwies sich als vorzüglicher Schüler. Er erhielt zudem Privatunterricht in Geige und Gitarre. In freien Stunden

7. Ungarisch-Altenburg

streifte er durch Wald und Feld und erlernte es meisterlich, Vogelstimmen nachzuahmen. Gern las er aber auch, am liebsten Räuber- und Gespenstergeschichten.

1816 übersiedelte die Familie in die ungarische Winzerstadt Tokaj, wo sich Dr. Vogel anscheinend eine bessergehende Praxis versprach. Niki hatte hier den freiheitlich gesinnten jungen Ungarn Josef Kövesdy zum Hauslehrer und Freund, der ihn für die nachher erfolgreich bestandenen Prüfungen bei den Piaristen im nahegelegenen Sátoraljaujhely vorbereitete und früh die dichterische Begabung des Knaben erkannte.

Um Niki die Weiterbildung zu ermöglichen, entschloß sich die Mutter, mit den Kindern im Herbst 1817, ohne den Gatten, erneut nach Pest zu übersiedeln: "Dort nahm sie der Wohlfeilheit halber eine ebenerdige Wohnung in abgelegener Gegend: an dem westlichen Fuß des Ofener Festungsberges im Christinental in einem Häuschen, das einst die Kapelle des Soldatenfriedhofes gewesen war" (ASch 102). Auf das Gemüt des Jungen, der sich später selber als sehr ernsten, melancholischen Knaben bezeichnete, mochte der schauerliche Wohnort aber auch die schöne landschaftliche Umgebung mit dem Blocksberg und den grünen Ofener Bergen nicht ohne Wirkung geblieben sein.

Nachdem er kurzfristig wieder in Tokaj geweilt hatte, kehrte der Gymnasiast zu den Piaristen in Pest zurück. Hier beendete Nikolaus Franz Niembsch im Sommer 1818 die zweite Humanitätsklasse: Als er bei der Prüfung mit besonderer Leidenschaft aus Werken des Horaz und Ovid vortrug, prophezeite ihm der Leiter des Gymnasiums, Pater Glycerius Eigel, "daß er ein Dichter werden würde" (ASch 104).

Die Beschäftigung mit lateinischer Dichtung war für ihn von prägender Wirkung: "Ich danke dem Himmel, daß ich in meiner Jugend die alten Dichter, namentlich Horaz, recht studiert und so den Wert der strengen Form kennengelernt habe" (Lenau zu Löwenthal am 21. November 1842, ASch 104).

In Pest und Ofen, besonders aber "in dem so anmutig gelegenen" Tokaj (ASch 96) und im Umgang mit den Menschen dort erhielt der etwa Vierzehnjährige bleibende Eindrücke: "Hier lernte der Knabe das poetische Ungarn der Rosen und Nachtigallen, des Weines und der schönen Mädchen, der Husaren und Zigeuner kennen, wie sich ihm auf der Hinreise das Bild der weiten Ebenen des Alföld, der unendlichen Puszta, auf immer eingeprägt hatte" (HB 5). Neben Freund Kövesdy gehörte in Tokaj zu Nikis Umgang ein griechischnichtunierter Pope, ein Freigeist, mit dem er "bald deutsch, bald ungarisch, bald lateinisch" religiöse Gegenstände besprach, der ihn aber auch mit seinem wehmütig-hingebungsvollen Geigenspiel ganz gefangennahm: "Es war eine herrliche, romantische Zeit, die des ersten Erwachens des höheren Bewußtseins" (Lenau zu Max von Löwenthal, 4. Januar 1839, ASch 96).

Nach Beendigung des Pester Piaristengymnasiums folgte Niki dem Wunsch der wohlsituierten Großeltern Niembsch, die es übernommen hatten, dem Enkel ein Studium zu finanzieren, und übersiedelte zu ihnen nach Stockerau bei Wien. Die Mutter, eine Entfremdung befürchtend, gab nur schweren Herzens ihr Einverständnis. Um Therese die Trennung zu erleichtern, ließ er sie tröstend wissen: "In Stokerau ist in jeder Hinsicht gut zu leben", erwähnte aber auch die Neuigkeit: "Ich bin jetzt umgetauft, und werde Franz genannt" (etwa 9. -

Nicolaus Lenau.

1.
Drey Zigeuner.

Drey Zigeuner fand ich einmal
Liegen an einer Weide,
Als mein Fuhrwerk mit müder Qual
Schlich durch sandige Heide.

Hielt der Eine für sich allein
In den Händen die Fiedel,
Spielte, umglüht vom Abendschein,
Sich ein feuriges Liedel.

Hielt der Zweyte die Pfeif' im Mund,
Blickte nach seinem Rauche,
Froh, als ob er vom Erdenrund
Nichts zum Glücke mehr brauche.

Und der Dritte behaglich schlief,
Und sein Cimbal am Baum' hing,
Über die Saiten der Windhauch lief,
Über sein Herz ein Traum ging.

An den Kleidern trugen die Drey
Löcher und bunte Flicken,
Aber sie boten, trotzig frey,
Spott den Erdengeschicken.

Dreyfach haben sie mir gezeigt,
Wenn das Leben uns nachtet,
Wie man's verraucht, verschläft, vergeigt,
Und es dreymal verachtet.

Nach den Zigeunern lang noch schau'n
Mußt' ich im Weiterfahren,
Nach den Gesichtern dunkelbraun,
Den schwarzlockigen Haaren.

8. Erstdruck (1838) und Illustration zum Gedicht (1859)

14. September 1818, LHKA 5/1, 8). Die Großmutter trachtete ebenfalls beruhigend auf die Schwiegertochter einzuwirken. In ihrer eigenwilligen Orthographie berichtete sie über Niki, den Studenten: "... er hat erschröklih Vül zu lernen, weil jezo die großen Ecsamen in der fülosofi sind, erlernt recht fleißig und wir haben Vüll freüde an ihme er hat auch sehr Vülle libe Vor uns dan alles ist gut an ihme du wirst dich ... wundern wie groß und gesetz er ist an Vatter hangt er mit leib und Sele er ist aber auch unser kleinnot" (Brief an Therese, Juni 1819, ASch 110).

In den Ferien, die Niki in Stockerau verbrachte, war der Vogelfang "noch immer seine Hauptunterhaltung, welche denn auch in den umliegenden Feldern und in den nahen Donauauen reichliche Weide fand" (ASch 111). Da erreichte ihn die sein Herz "zerschmetternde Nachricht" vom Tod Josef Kövesdys in Pest, des Freundes, "dem ich zu danken habe was ich bin" (LHKA 5/1, 13). Schmerzlichst berührte dieser Verlust auch Nikis Schwester Therese, denn die jungen Leute hatten einander nahegestanden. Daß sie bald darauf zu den Großeltern nach Stockerau kam, sollte im Leben beider Geschwister eine Rolle spielen. Im Hause Niembsch lernte Therese Anton Xaver Schurz kennen, den sie am 15. August 1821 in Stockerau heiratete. Der Schwager und "liebe Bruder", selbst literarisch tätig, wurde Nikis guter Freund und später der Biograph des Dichters.

Das Jahr 1821 nimmt in der Geschichte der inneren Entwicklung des heranreifenden jungen Niembsch einen besonderen Platz ein: "Meine Lieblingsbeschäftigung ist nun Gedichte zu lesen und schreiben... Ich faßte den Plan einen poetischen Nachlaß zu hinterlassen, den meine Kinder in die Welt bringen sollen," teilte er der Mutter in einem Brief aus Wien vom 8. Mai mit (LHKA 5/1, 39). Einige Wochen später, am 1. Juni, ließ er sie wissen: "Gedichte mache ich nun gerne, und ich bemerke daß es mir nicht ganz am Kopf dazu gebricht" (LHKA 5/1, 40).

Zu den wenigen Vertrauten, mit denen Niembsch seine frühen Werke besprach, gehörten sein Schwager Anton X. Schurz und seine Schwester Therese, die von den Gedichten "immer höchst ergriffen und entzückt wurde, was daraus schon sehr erklärlich ist, weil beide in ihrer Denk- und Gefühlweise wahrhafte Geschwister waren" (ASch 152). Gemeinsam lasen die Freunde Klopstock und Hölty, die Lenaus Jugenddichtung beeinflußten, ebenso Horaz und Seneca.

Nachdem dem Großvater Joseph Niembsch, zuletzt Kommandant der k.k. Militär-Monturs-Hauptkommission in Stockerau, Ende 1820 nach über 50 Dienstjahren das Adelsdiplom mit dem erblichen Prädikat Edler von Strehlenau verliehen worden war, war auch sein einziger männlicher Nachkomme, Nikolaus Franz Niembsch, dazu berechtigt, diesen Titel zu führen. Der adelsstolzen Großmutter wäre die Erhebung des Gatten in den Freiherrnstand freilich lieber gewesen. Die gebürtige Freiin Katharina von Kellersberg war aber nicht nur eine ehrgeizige, sondern auch eine etwas starrsinnige, unduldsame Frau, was die Beziehung zu ihrem Enkel nicht wenig belastete. Eine Auseinandersetzung im Herbst 1821 führte dazu, daß der aufbegehrende junge Niembsch dem großelterlichen Haus für Monate den Rücken kehrte. "Lieber verhungern, als ein ewiger Sklave in goldenen Ketten sein!" soll er dabei ausgerufen haben (ASch 125).

Kurzentschlossen fuhr Niembsch zu seiner Mutter nach Preßburg, wohin die Familie des

9. Wien. Die alte Universität

10. Wien, von der Bastion aus

Dr. Vogel schon vor einiger Zeit übersiedelt war. Hier nahm er noch im selben Jahr das Studium des Ungarischen Rechts auf. Zu Ostern 1822 tauchte er aber plötzlich in Wien auf und begab sich mit Schwester und Schwager nach Stockerau, wo durch deren Vermittlung eine Aussöhnung mit den Großeltern stattfand, die ihm daraufhin Mittel für ein weiteres Studium in Wien gewährten. Nach Beendigung des Studienjahres an der Preßburger Rechtshochschule entschied sich Niembsch jedoch anders: Im Herbst 1822 wurde er Hörer der Landwirtschaftsakademie in Ungarisch-Altenburg (Mosonmagyaróvár). Die Mutter, die in seiner Nähe bleiben wollte, folgte ihm mit der Familie in das nicht allzu entfernte Städtchen Wieselburg nach.

In Ungarisch-Altenburg pflegte Niembsch Umgang mit Fritz Kleyle, einem seiner liebsten Jugendfreunde, und dem jungen Gutsinspektor Ladislaus Veszely, von dem Erinnerungen an Lenau und eine Gedichtabschrift überliefert sind. "Seine Hauptunterhaltung", berichtet Schurz, "waren wilde Ritte über die weiten unabsehbaren Heiden bei Altenburg. Auch erquickten ihn oft Lustwandlungen mit dem gefühlvollen Kleyle in den schönen schattigen Auen am Leithastrande" (ASch 140). In einem Gedicht an den Freund heißt es: "Gedenkst du noch des Abends, den die Götter / auf uns herabgestreut aus milder Hand, / So blühend, leicht, wie junge Rosenblätter, / Denkst du des Abends noch am Leithastrand? // Im Haine sprang von Baum zu Baum die Röte, / Sie wiegte sich auf Wipfeln, mischte froh / Sich in den Wellentanz, der zum Geflöte / Der Nachtigallen rasch vorüberfloh" ("An Fr. Kleyle", LCa 1, 27). Hier entstand auch das Gedicht "Die Göttin des Glücks" mit der ursprünglichen Überschrift: "Bei Gelegenheit einer ländlichen Unterhaltung in Bordács".

Ladislaus Veszely erinnerte sich: "Niembsch konnte ausgelassen heiter sein, von Herzen lachen und in der nächsten Minute nachdenklich, ja tieftraurig werden. Unvergeßliche Stunden waren es, wenn er seine Violine hervorholte... Er spielte allein nur uns vor und immer ohne Noten. Aber er handhabte sein Instrument schön, rein, kräftig und gefühlvoll; wenn die Reihe an einen beliebten Ländler kam, hätten wir Lust gehabt zu tanzen. Wenn er aber einen 'lassu' (ungarischer Nationaltanz) wählte, fingen wir an zu weinen und zu trauern, als ob die Schlacht von Mohács erst gestern stattgefunden hätte" (ASch 143).

Als im März 1823 der Winterkurs der Ackerbauschule zu Ende ging, faßte Niembsch den Entschluß, das Landwirtschaftsstudium aufzugeben und nach Wien zurückzukehren. Ungarisch-Altenburg war sein letzter längerer Aufenthalt im Herkunftsland.

In Ungarn hatte Lenau etwa achtzehn Jahre seines Lebens verbracht - seine Kinder- und Jugendzeit. Nach dieser Zeit "im fernen Ungarlande" sehnte sich der Dichter später oft zurück: "Dort nach Süden will mein Herz" ("Nach Süden", LCa 1, 7). Die dort erhaltenen Eindrücke fanden ihren Widerhall in lyrischen und lyrisch-epischen Dichtungen, die die pannonische Landschaft und ihre Menschen thematisieren: "Die Heideschenke", "Husarenlieder", "Der Räuber im Bakony", "Mischka an der Marosch", "Die Werbung", "Die Bauern am Tissastrande", "Die drei Zigeuner" u.a. Das Ungarn-Erlebnis wirkte sich zudem auf Werke des Dichters mit anderer Problematik aus. Er bekannte sich immer wieder zum Land seiner Herkunft und verfolgte mit Teilnahme die

11. Nikolaus Lenau (um 1825)

dortigen Geschehnisse. Für ein Album, das "zum Besten der Verunglückten in Pesth und Ofen" nach der Hochwasserkatastrophe des Jahres 1838 in Wien erschien, steuerte der in der Donaustadt Aufgewachsene sechs Gedichte und den "Prolog" bei: "Danubius, der starke Riese, hat / Schon längst gebuhlt um diese schöne Stadt; ... / Er springt nach seiner Braut mit offnen Armen, / Sie jammert auf, er faßt sie ohn Erbarmen / Und reißt sie jauchzend in sein Bett hinunter ... / Durch alle Schranken stürzen sich die Fluten, / Sie steigen immer höher an die Wände, / Und unaufhaltsam sieht der Mensch sein Ende ..." (LCa 1, 341-342).

Ihrem als Student in Wien lebenden Sohn Niki folgte die Mutter mit Familie bald nach. Die seit dem Sommer 1822 verwitwete Großmutter - Joseph Niembsch Edler von Strehlenau starb kurze Zeit nach der Aussöhnung mit dem Enkel - war inzwischen auch in der Residenzstadt ansässig geworden.

In Wien nahm Niembsch zunächst das Philosophiestudium wieder auf, belegte dann deutsches Recht (1824) und wandte sich ab 1826 der Medizin zu. Einer seiner Kommilitonen schreibt: "Ich glaube aus jener Zeit nur so viel von ihm zu wissen, daß er nicht Student war, wie wir übrigen, die wir einen praktischen Lebenszweck vor Augen hatten..., sondern mehr als Liebhaber oder als Gast, der nur das, was ihm eben mundet, mit vollen Zügen schlürft und alles, was ihn anekelt, mit unverhohlenem Mißbehagen bei Seite schiebt" (Johann Gabriel Seidl, ASch 123). Es stimmt aber auch, daß Niembsch sich trotz dieser Unbeständigkeit mit den Wissenschaften seiner Wahl oft "intensiv bis zum Exzeß befaßte und auch vielseitige Kenntnisse auf fast allen Gebieten menschlichen Wissens besaß" (AH 12).

Der Student pflegte die Geselligkeit und war oft in Literatenzirkeln der Hauptstadt anzutreffen. Josef Klemm, Johann Gabriel Seidl, Eduard von Bauernfeld, Anastasius Grün (d.i. Alexander Graf von Auersperg), Karl Johann Braun von Braunthal, Friedrich Witthauer, Franz Grillparzer, Ferdinand Raimund, Ludwig August Frankl u.a. gehörten dem engeren Kreis seiner Freunde und Bekannten an, die zumeist in dem damals neueröffneten "Silbernen Kaffeehaus", beim "Neuner", zusammenkamen: "Das silberne Kaffeehaus blieb seit den Studienjahren ... Lenaus geselliges Hauptquartier in Wien; dort verbrachte er seine Nachmittagsstunden mit dem Billardspiele, in welchem er durch Eleganz und Kunstfertigkeit als Meister glänzte, oder in geistvoller Konversation, bisweilen auch bei unfreundlicherer Stimmung in trübem Hinbrüten, aus dem langen Pfeifenrohre mächtige Wolken blasend... Dieses Kaffeehaus ward die Wiege manches Lenauschen Liedes, mancher Stoff war ihm hier zugeflogen" (AG 21).

Während seiner Wiener Studentenjahre lernte Niembsch Bertha Hauer, die Tochter einer Haushälterin, kennen. Fritz Kleyle erfuhr von ihm: "Freund! ich liebe! einem armen, vaterlosen, verlassnen Mädchen, von 15 Jahren, ohne eigentliche Bildung, aber mit Anlagen, die sie der schönsten Bildung fähig machen, schenkte ich mein Herz, mit dem festen Entschluße es nicht wieder zurückzunehmen, wenn sie es in der Folge so zu schätzen weiß, wie jetzt" (Brief vom 8. Dezember 1823, LHKA 5/1, 51). Bertha, die seine Braut wird, sind mehrere Liebesgedichte gewidmet. Nach Geburt einer Tochter, Adelheid, im Jahr 1826 kommt es aber wegen angenommener Untreue Berthas zu Spannungen, die 1828 zur endgültigen Trennung führen. Diesen Verlust hat der Dichter nie ganz

128

Jugendträume.

Der Jüngling weilt in einem Blüthengarten,
Und schaut mit Lust des Lebens Morgenroth.
Auf seinem Antlitz ruht ein schön Erwarten,
Die Welt ist Himmel ihm, der Mensch ein Gott.

Ein Morgenlüftchen streut ihm duft'ge Rosen
Mit leisem Finger in das Lockenhaar;
Sein Haupt umflattern mit vertrautem Kosen
Viel bunte Vögel, singend wunderbar.

Seid stille, stille, daß die flücht'gen Gäste
Ihr nicht dem Jünglinge verscheucht; denn wißt,
Es sind der Jugend Träume, wol das Beste,
Was ihm für diese Welt beschieden ist.

Doch weh! jetzt naht mit eisern schwerem Gange
Die Wirklichkeit, und fort auf ewig fliehn
Die Vögel, und dem Jüngling wird so bange,
Da er sie weiter sieht, und weiter ziehn.

N. Niembsch.

12. Lenaus Erstveröffentlichung im Taschenbuch „Aurora" (1828)

13. Künstlerrunde

verschmerzen können: "Was einmal tief und wahrhaft dich gekränkt, / Das bleibt auf ewig dir ins Mark gesenkt" (LCa 1, 67). Im selben Jahr wird Niembsch über den engeren Freundes- und Bekanntenkreis hinaus als Dichter bekannt. In einem Brief vom 27. Januar 1827 läßt er Friedrich Kleyle wissen: "Auch ich arbeite nun fleißig im Felde des Schönen. In dem Almanache 'Aurora' wird eine kleine Probe von mir erscheinen" (Brief vom 27. Januar 1827, LHKA 5/1, 72). Mit dem Gedicht "Jugendträume", gezeichnet "N. Niembsch", trat er in dem von seinem Freund J.G. Seidl in Wien herausgegebenen Taschenbuch für das Jahr 1828 erstmals an die Öffentlichkeit. Im November 1828 druckte das "Illyrische Blatt" in Laibach das "Reiterlied" von ihm ab (RH 13).

Einen besonders schweren Verlust erlitt Niembsch 1829. Am 24. Oktober erlag seine von ihm innig geliebte Mutter nach großen Qualen einer unheilbaren Krankheit (Krebs). Anton X. Schurz schreibt: "Es obwaltet kein Zweifel, daß er seine großen Dichtergaben ausschließlich nur ihr verdankte ..." (ASch 196). Die Erinnerung an sie hat Lenau wiederholt in Gedichten gestaltet: "Der Seelenkranke", "Der Traum", "Der offene Schrank".

Nachhaltigen Eindruck machten auf den Dichter die in diesen Jahren mit Freunden unternommenen Ausflüge ins österreichische Hochgebirge. Sie halfen ihm, schmerzliche Erfahrungen zu überwinden, führten ihn zur Lebensfreude zurück und fanden einen Nachhall in seiner Dichtung, nicht zuletzt in seinem Briefen: "Im September war ich mit Schurz auf dem Schneeberge. Wir sahen einige neue herrliche Gegenden, worunter mir vorzüglich das Höllthal bey Reichenau gefiel, welches eine Reihe der schönsten Felspartieen darbietet, und von der forellenreichen, smaragdgrünen Schwarza durchströmt wird; ein wahrer Wallfahrtsort für Dichter, in dem hier die Natur selbst zu dichten scheint" (Brief an Friedrich Kleyle vom 6. November 1827, LHKA 5/1, 74). Einen enthusiastischen Bericht erhielt Anton Schurz: "Vorgestern hab' ich den Traunstein bestiegen... Schon am Fuße des Berges hat mich eine Art Freudenrausch ergriffen ...; ganz oben trat ich hinaus auf den äußersten Rand eines senkrechten Abgrundes ... Bruder, die Minute, die ich auf jenem Rande stand, war die allerschönste meines Lebens... Das ist eine Freude! Trotzig hinabzuschauen in die Schreken eines bodenlosen Abgrundes und den Tod heraufgreifen sehen bis an meine Zehen, und stehn bleiben, und so lange der furchtbar erhabenen Natur ins Antlitz sehen, bis es sich erheitert, gleichsam erfreut über die Unbezwinglichkeit des Menschengeistes, bis es mir schön wird das Schreckliche: Bruder, das ist das Höchste was ich bis jezt genossen ..." (Brief vom 9. Juli 1831, LHKA 5/1, 94 f.).

Im Salzkammergut schloß Niembsch Freundschaft mit Mathias Leopold Schleifer, dem "erzösterreichischen" Dichter, und erlebte in Gmunden ein Liebesidyll mit der Lehrerstochter Nanette Wolf - es währte nur einen Sommer: "Hier nahn die Augenblicke, - schwinden / An dir vorüber ... // Und ich, wie sie, muß immer eilen / Mit allem meinem Lieben / An dir vorbei, darf nie verweilen, / Von Stürmen fortgetrieben" ("An meine Rose", LCa 1, 4). In diese Umgebung kehrte Lenau auch später gern zurück: "Wie freue ich mich auf Schleifer, den herrlichen Freund! auf meine Östreicher Alpen: den Schneeberg u. Traunstein ...", heißt es in einem Brief an Schurz vom 12. Juli 1833 (LHKA 5/1, 251), nach der Rückkehr des Dichters aus

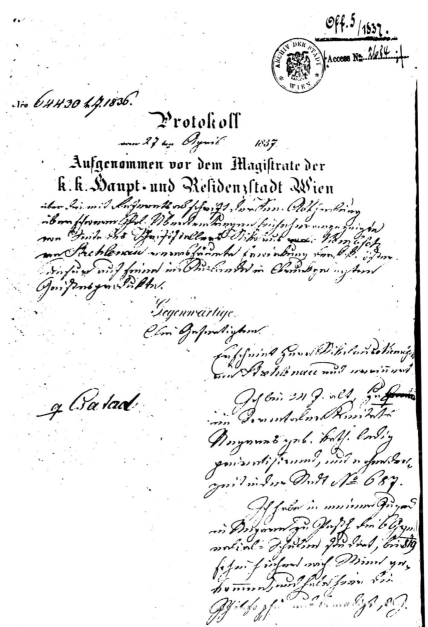

14. Protokoll einer Befragung Lenaus

Amerika. Vorher hatte er ihn wissen lassen: "Das sind die zwei Hauptmomente der Natur, die mich gebildet haben; das Atlantische Meer und die österreichischen Alpen; doch möcht' ich mich vorzugsweise einen Zögling der leztern nennen" (Brief vom 16. Oktober 1832, LHKA 5/1, 228).

Aus Gmunden heimgereist, beschreibt der Dichter Nanette Wolf seine Großstadterfahrung: "Da bin ich nun wieder in dem vielbewegten Wien, wo tausend und abertausend Kräfte im ewigen Kampfe liegen, wo alle Abstufungen des menschlichen Loses vom höchsten Glücke bis zum tiefsten Elende täglich vor meinen Blicken stehen, wo die Kunst und Wissenschaft ihre Schätze auftürmen, aber wo die Herzen kälter schlagen, als wannen ich gekommen bin" (Herbst 1830, LHKA 5/1, 82).

Es ist die Zeit, in der das Metternichsche Polizeiregime jegliche freiheitlichen Regungen und Bestrebungen drosselte und durch verschärfte Zensur und Gesinnungsschnüffelei die Verbreitung liberalen Gedankengutes zu verhindern suchte. Diese Spannungen, von Niembsch sensibel wahrgenommen, veranlaßten ihn, sich mit wachsendem Interesse dem politischen Leben zuzuwenden. Im Kreis freiheitlich gesinnter Literaten und Künstler, mit denen sich der Dichter im "Silbernen Kaffeehaus" traf, gaben Fragen des politischen Geschehens das Tagesgespräch ab. Hier soll Nikolaus Franz Niembsch Edler von Strehlenau - so wird berichtet - seinen Namen in Lenau verwandelt haben, um auf diese Weise, "unter erborgter Larve", die einschränkenden Zensurbestimmungen, die "Druckvehme" (ASch 214), leichter umgehen zu können. Die Allegorie "Glauben. Wissen. Handeln", abgedruckt in Spindlers "Damenzeitung", (München, 15. Februar 1830), ist Lenaus Erstveröffentlichung unter diesem Pseudonym. Durch die enge Freundschaft mit dem jungen Polen Nikolaus Bołoz von Antoniewicz, mit dem der Dichter das Zimmer teilte, wurde Lenaus Interesse am Aufstand der Polen gegen das Zarenreich geweckt. Er übersetzte mit Bołoz' Hilfe dessen Gedicht "Abschied von Galizien" und leitete damit die Gruppe seiner Polenlieder ein. Die Implikation des Politischen wurde ab diesem Zeitpunkt zu einem der Wesenszüge seines Werkes: "Auch Lenau gehört durch seine größeren Dichtungen dem Gebiete der politischen Poesie an... Sein tiefer dringender Geist begnügte sich nicht auf der Oberfläche, in Äußerlichkeiten zu lesen, der Zeit die Schlagworte von den Lippen zu singen, sondern er horchte auf die rauschenden Quellen der Tiefe und belauschte ihren Herzschlag" (AG 57 f.).

Die Zensurbehörde begann sich nachweislich 1836 auch mit dem Werk und der Person Lenaus zu beschäftigen, rund achtzig erhalten gebliebene Aktenstücke bezeugen das (LCa 5, 322 - 385). Er wurde beobachtet und fühlte sich bedroht: "Wie schrecklich ist es, in einem Lande und unter einer Regierung zu leben, wo ich keinen Augenblick sicher bin, daß man mich nicht überfalle und mir meine Manuskripte wegnehme" (Lenau zu Max von Löwenthal am 22. Januar 1840, LLöw 115).

Durch eine Erbschaft nach dem Tod der Großmutter Niembsch (23. September 1830) finanziell einigermaßen abgesichert, entschloß sich Lenau im Sommer 1831 zu einer Reise nach Süddeutschland, um dort seine Gedichte herauszubringen und das Medizinstudium zu beenden. Über Salzburg und München gelangte er zuerst nach Karlsruhe und von dort nach Stuttgart, wo der Schriftsteller und Redakteur

15. Postkutsche

16. München – Augsburger Eisenbahn

Gustav Schwab zu seinem Förderer wurde und Literaten wie Justinus Kerner, Karl Mayer, Gustav Pfizer, Alexander Graf von Württemberg u.a. ihn bereits nach ersten Lesungen und Gesprächen enthusiastisch in ihren Kreis aufnahmen: "Die lebhafteste Theilnahme, die feurigste Ermunterung wurde mir zu theil von Allen... Einige Stunden waren genug uns zu Freunden zu machen... In 3 Monaten ist man hier mehr bekannt als zu Wien in 3 Jahren" (Brief vom 3. Oktober 1831 an Anton Schurz, LHKA 5/1, 105 f.).

Gustav Schwab ließ in dem von ihm redigierten "Morgenblatt für gebildete Stände" bereits im August 1831 Gedichte des neugewonnenen Freundes erscheinen, vermittelte die Herausgabe des ersten Gedichtbandes Lenaus im berühmten Cottaschen Verlagshaus, führte den Dichter aber auch in Kreise der Stuttgarter Gesellschaft ein, aus deren Salons er bald nicht mehr wegzudenken war: "In Lenau erlebten die Württemberger den Poeten schlechthin, die poetische Existenz als solche", hält Bernhard Zeller in einem Essay fest, um die vom Dichter ausgehende Wirkung dann wie folgt zu erläutern: "Er spielte Geige und spielte Gitarre, rezitierte mit wohlklingender Stimme eigene, las fremde Gedichte und verstand die Kunst der Improvisation mit Worten und Tönen... Melancholie konnte die Züge verdüstern, Weltschmerz war zeitgemäß, aber die Zerrissenheit sprang... zuweilen in hektisch ausgelassene Lustigkeit über, konnte sich in ungeheures Gelächter lösen. Als Dichter wie als Mensch faszinierte er seine Umwelt, die so andersgeartete, ihm entgegengesetzte württembergische Welt... Ohne eine solche Entwicklung provozieren zu wollen, wurde Lenau geradezu zwangsläufig zum bewunderten Star und zum begehrten Gast der Tafelrunden, umschwärmt von jungen wie älteren Damen der Residenz, die in ihm ihren Tasso sahen, den sie, Leonoren gleich, so gerne mit ihren Kränzen geschmückt hätten" (BZ 73).

Zu Gast war Lenau wiederholt bei Gustav Schwab, dann immer häufiger im Hartmann-Reinbeckschen Haus in Stuttgart, wo für ihn bei seinen späteren Besuchen stets auch ein Zimmer bereitgehalten wurde. Die Frau des Hauses, Emilie Reinbeck, geb. Hartmann, wurde zu seiner engen Vertrauten, an die nicht wenige seiner schönsten Briefe gerichtet sind: "Als ich aus Stuttgart fortfuhr", schreibt er am 8. Juni 1832, "war die erste Erscheinung, die mir auffiel, ein wunderschöner Schmetterling, der lange, lange unsern Wagen verfolgte... War es nicht ein mich begleitender Gedanke meiner Emilie, der die schöne Hülle angenommen hatte? Mir wurde ordentlich schwer ums Herz, als diese liebe Begleitung verschwand, denn ich hatte mir fest eingebildet, der Schmetterling sei ein Emiliengedanke, der nun von mir scheide... Es ist doch merkwürdig, liebe Freundin: wenn ich recht lebhaft an Sie denke, tritt mir immer eine schöne Erscheinung entgegen" (LHKA 5/1, 202 f.).

Ein Album Emilie Reinbecks, die eine leidenschaftliche Landschaftsmalerin war, enthält von ihr geschaffene Illustrationen zu Werken Lenaus: "Herrliche Bilder!" empfand der Dichter. Das nach einem gemeinsamen Spaziergang entstandene Gedicht "In das Stammbuch einer Künstlerin" ist ihr gewidmet (LHKA 5/1, 198; WS 10 f.). Emilies Schwester Mariette, verehelichte Zoeppritz, malte den Dichter einige Monate nach dessen Eintreffen in Stuttgart: "Ich schikke meiner lieben Resi mein Portrait", schrieb er am 19. Mai 1832 an Schwager Schurz und

17. *Nikolaus Lenau (1831)*

Schwester Therese: "Eine liebe Freundin von mir hat es gemalt... Mariette Hartmann, die Tochter des hiesigen Geheimraths Hartmann" (LHKA 5/1, 197).

Gemeinsam mit Stuttgarter Dichterfreunden, auch allein, war Lenau oft unterwegs. In einem Brief vom 13. September 1831 an Gustav Schwab äußerte er den Wunsch, "in Eurer Gesellschaft Uhland zu besuchen" (LHKA 5/1, 100). Die Freunde begaben sich bald darauf nach Tübingen, wo sie einige Tage verbrachten und mit dem von Lenau bewunderten Dichter Wanderungen in die Umgebung unternahmen. Auf einem dieser Ausflüge entstand Lenaus Gedicht "Die Wurmlinger Kapelle": "Luftig, wie ein leichter Kahn, / Auf des Hügels grüner Welle / Schwebt sie lächelnd himmelan, / Dort die friedliche Kapelle" (LCa 1, 51). Über einen weiteren Besuch bei dem Dichter berichtet Lenau Anton Schurz am 28. Juni 1834: "Neulich war ich... bei Uhland in Tübingen. Er war wieder ganz Poet... Er war auch ganz Freund, u. ich hatte ihn nie so liebenswürdig getroffen. Es ist ein schöner Zug in seinem Charakter, diese wahrhaftige Freude an den poetischen Bestrebungen eines Andern. Das Urtheil eines solchen Mannes wiegt Bibliotheken von Recensionen auf" (LHKA 5/1, 331).

Gern weilte Lenau bei dem Dichter und Arzt Justinus Kerner in Weinsberg zu Besuch. In dem bei seinem Haus befindlichen Geisterturm bewohnte er eine Stube, die er "beim magischen Lichte der farbigen Fensterscheiben" besonders mochte: "O Freund, Du bist ein sehr guter Mensch, denn in meinen besten Stunden liebe ich Dich am liebsten, da geht mir erst Dein Bild recht auf", bekannte Lenau in einem Brief vom 23. Januar 1837 (LHKA 5/1, 476). Dem Freund schenkte er 1832 zum Abschied ein Kristallglas, woran Kerner zehn Jahre danach mit einem Gedicht "Mein Krystallglas. An Nicolaus Lenau" erinnerte: "Schau' ich in seine Tiefe, / Wird es gar seltsam mir, / Als ob ein Freund mir riefe: / Herz! Herz! ich bin bei dir! / Ein Freund hat mir gegeben / Dieß Glas im Trennungsschmerz; / Zerspringt's mit meinem Leben, / Legt mir's im Sarg auf's Herz" (WS 57).

Zu einem der innigsten Freunde Lenaus wurde sehr bald der Waiblinger Amtsrichter und Poet Karl Mayer. Mit ihm konnte Lenau künstlerisch-weltanschauliche Fragen erörtern, aber auch ganz persönliche Dinge besprechen. Ein wahres Freundgenie nannte Lenau Mayer, der seinerseits bezeugte, "daß die Wärme unserer wechselseitigen Liebe auf einem Gipfelpuncte gestanden" (WS 9).

Am 8. November 1831 schrieb Lenau Schurz von einem Besuch auf Schloß Serach bei Esslingen, wo er Gast des Grafen Alexander von Württemberg war, und richtete der Schwester Grüße vom "Vetter des Königs von Württemberg" aus: "Der Alexander ist ein prächtiger Kerl, wild und mutig, ritterlich u herzlich. Ich habe auf seinem Landgute einen frohen Abend verlebt. Wieder eine Bruderschaft..." (LHKA 5/1, 114). Alexander, mit der ungarischen Gräfin Helene von Festetics-Tolna (1812 - 1886) verheiratet, und Nikolaus Lenau, vom Grafen "Miklós" genannt, wurden intime Freunde; wiederholt war er, besonders in späteren Jahren Alexanders Gast, beriet ihn, der auch Dichter war, bei seiner literarischen Tätigkeit, wurde Zeuge seiner Ehekrise und fungierte als dessen Sekundant bei dem Duell, zu dem der Graf den Liebhaber seiner Frau gefordert hatte.

"Bruder! ein herrliches Mädchen liebt mich", schrieb Lenau am 8. November 1831 über die

18. Schloß Solitüde bei Stuttgart

19. Charlotte Gmelin

20. Nikolaus Lenau (1832)

neunzehnjährige Charlotte Gmelin, die er durch die Familie Schwab kennengelernt und bei einem Spaziergang auf das Schloß Solitüde nahe Stuttgart wiedergesehen hatte: "Das fuhr mir so süßschmerzlich durch die Seele, daß ich die Nacht drauf nicht schlafen konnte. Die ganze Nacht schwebte mir ihr Bild vor... Sie ist ein sehr liebes Mädchen", hält er fest, freilich nicht ohne hinzuzufügen: "Aber ich werde diesem Mädchen entsagen, denn ich fühle so wenig Glück in mir, daß ich Andern keins geben kann. Meine Lage ist auch zu beschränkt und ungewiß. Werd' ihr entsagen. Aber ich fühle mich jezt geschlagener als je" (Brief vom 8. November 1831, LHKA 5/1, 112 f.). Dem Freund Karl Mayer gegenüber bekannte der Dichter am 15. Januar 1832 in einem Brief aus Heidelberg: "Ich liebe das Mädchen unendlich. Aber mein Innerstes Wesen ist Trauer, und meine Liebe schmerzliches Entsagen" (LHKA 5/1, 138 f.). Dieser entsagenden Liebe gedenken, dem Brief beigegeben, Lenaus melancholische "Schilflieder", die als ein Höhepunkt im lyrischen Werk des Dichters gelten. Mit ihnen ist Charlotte Gmelin, auch Lentula genannt, als 'Schilflottchen' in die Literatur eingegangen: "Und ich muß mein Liebstes meiden: / Quill, o Thräne, quill hervor! / Traurig säuseln hier die Weiden / Und im Winde bebt das Rohr" (1. "Schilflied", LCa 1, 18).

Ein Streben nach Glück empfand Lenau - "ich glaube die Poesie bin ich selber; mein selbstetes Selbst ist die Poesie" (LHKA 5/1, 112) - als unvereinbar mit der bedingungslosen Hingabe an das Werk. "Erinnerst Du Dich an das Gedicht von Chamisso, wo der Mahler einen Jüngling ans Kreuz nagelt, um ein Bild vom Todesschmerze zu haben?", schrieb er am 18. März 1832 an Karl Mayer: "Ich will mich selber ans Kreuz nageln, wenn's nur ein gutes Gedicht gibt. Und wer nicht alles Andere gerne in die Schanze schlägt, der Kunst zu Liebe, der meint es nicht aufrichtig mit ihr" (LHKA 5/1, 181).

In Heidelberg weilte Lenau seit dem Spätherbst 1831. Nach Wochen der Geselligkeit im neuen Freundeskreis und "dem bewegten Gemüthsleben zu Stuttgart" war er "in das strengere Leben der Wissenschaft" übergewechselt. Er beabsichtigte, in Heidelberg sein Medizinstudium zum Abschluß zu bringen: "Ich besuche die Kliniken nebst einigen Vorlesungen, und erwarte große Ausbeute für mein Wissen" (Brief vom 8. November 1831 an Anton Schurz, LHKA 5/1, 111). Bei Professor Friedrich Puchelt hörte Lenau Vorträge über Cholera: "Außer dieser Choleravorlesung hab' ich von heute her noch eine über Geburtshülfe, eine über Anatomie im Leibe, so wie ein doppeltes Klinikum. Ich lasse mich gerne hineinhetzen in das Labyrinth der Medizin", schrieb er an Gustav Schwab am 5. November 1831 (LHKA 5/1, 109). Kurze Zeit danach hatte er den Eindruck: "Das hiesige Klinikum ist äußerst arm an lehrreichen Krankheitsfällen, so, daß ich meinem Zwecke, praktisch Medizin zu lernen, kaum irgend näher komme" (Brief vom 1. Dezember 1831 an Karl Mayer, LHKA 5/1, 124 f.). Das Vorhaben, sein medizinisches Studium zu beenden, gab Lenau bald auf. Dem politischen Tagesgeschehen zugewandt, ließ er zu Beginn des Jahres 1832 in der Heidelberger Zeitschrift "Microcosmus" die Gedichte "Am Grab des Ministers" (d.i. Fürst Metternich) und "Am Jahrestag der unglücklichen Polenrevolution" erscheinen, für den Cotta-Verlag bereitete er den vertraglich vereinbarten Gedichtband vor, und am 12. März 1832 überraschte er die Freunde mit der Nachricht: "Ich reise in diesem Frühling nach Amerika" (Brief an Karl Mayer, LHKA 5/1, 181).

Das Auswanderungsfieber hatte sich zu jener Zeit über den ganzen Kontinent ausgebreitet. Von 1831 bis 1840 sollen allein an die 150.000 Deutsche, darunter Personen höheren Standes, nach Amerika gegangen sein. Der Hauptheld eines Romans der Zeit spricht sich über die herrschende Stimmung aus: "Die ganze Gesellschaft haucht mich an, wie die Atmosphäre um ein Pesthaus. Es ist nichts Gesundes in ihr... Und wer dies erkannt hat, ist müde dieser unnatürlichen Zustände. Die Zahl der Europamüden wird sich vermehren von Monat zu Monat, und wohl denen, die als dann in der Tiefe ihres Geistes ein Mittel entdecken, das sie diesem Müdesein an dem Welttheile entreißt, bevor es ausartet in eine Weltmüdigkeit" (Ernst Adolf Willkomm: Die Europamüden. Modernes Lebensbild. Leipzig 1838, S. 167 f.). Lenau, auch er ein "Europamüder", erhoffte sich in Amerika ein freieres Leben, auch materiellen Gewinn, und von der urwüchsigen Natur neue Eindrücke und Anregungen für seine Dichtung.

Im "Lied eines Auswandernden" schrieb er: "Sei mir zum letztenmal gegrüßt, / Mein Vaterland, das, feige dumm, / Die Ferse dem Despoten küßt / Und seinem Wink gehorchet stumm. // ... Fleug, Schiff, wie Wolken durch die Luft, / Hin, wo die Götterflamme brennt! / Meer, spüle mir hinweg die Kluft, / Die von der Freiheit noch mich trennt! // Du neue Welt, du freie Welt, / An deren blütenreichem Strand / Die Flut der Tyrannei zerschellt, / Ich grüße dich, mein Vaterland!" ("Abschied", LCa 1, 121).

Lenau rechnete damit, in Amerika durch Landerwerb zu Wohlstand zu kommen, wollte dort aber auch "meine Fantasie in die Schule - In die nordamerikanischen Urwälder - schicken, den Niagara will ich rauschen hören, und Niagaralieder singen. Das gehört nothwendig zu meiner Ausbildung. Meine Poesie lebt und webt in der Natur, und in Amerika ist die Natur schöner, gewaltiger als in Europa. Ein ungeheurer Vorrath der herrlichsten Bilder erwartet mich dort... Ich verspreche mir eine wunderbare Wirkung davon auf mein Gemüth" (Brief vom 16. März 1832 an Anton Schurz, LHKA 5/1, 184).

Die Reise nach Übersee trat Lenau, einige Monate später als ursprünglich geplant, am 28. Juli 1832 von Amsterdam aus auf dem Ozeansegler "Baron van der Capellen" an, der nach zehn Wochen dauernder Atlantiküberquerung am 8. Oktober mit 264 Auswanderern an Bord Baltimore erreichte. Anton Schurz berichtete er nach der Ankunft: "Ich bin jezt um ein Gutes reicher, daß ich auch das Meer kennengelernt habe. Die nachhaltigste und beste Wirkung dieser Seereise auf mein Gemüth ist ein gewisser feierlicher Ernst, der sich durch den langen Anblick des Erhabenen in mir befestigt hat. Das Meer ist mir zu Herzen gegangen" (Brief vom 16. Oktober 1832, LHKA 5/1, 228). Der Brief schildert auch die Umstände und Eindrücke bei der Landung: "Wegen Untiefe konnten wir nicht bis ans Ufer fahren. Jeder sezte sich auf einen Matrosen, und ich ritt also auf einem starken Kerl ans Land. Der Anblick des Ufers war lieblich. Zerstreute Eichen auf einer Wiese, weidendes Vieh, und ein klafterlanger zerlumpter Amerikaner mit einer abenteuerlichen Marderkappe waren das Erste, was wir antrafen" (LHKA 5/1, 230).

Von Baltimore aus begab sich Lenau ins Landesinnere. Im Staate Ohio, in Crawford County, erwarb er im November 1832 ein etwa 162 ha großes Grundstück, das er später verpachtete.

21. Blockhütte auf Lenaus Grundstück

22. Wohnung des Dichters in Economy

23. Grundbucheintragung

Zu Pferde durchstreifte er den Urwald, er rastete an Flüssen und kehrte in Blockhäusern ein. In Pittsburgh lernte er das städtische Leben kennen und fand in Economy Aufnahme bei den aus Württemberg stammenden Harmonisten, zumeist Landwirten und Handwerkern, die hier unter Führung des Laienpredigers Georg Rapp eine Art Kommune ohne Privateigentum, die "Harmony Society", gebildet hatten.

Um 1830/31, ein Jahr vor Lenau, bereiste ein aus Siebenbürgen stammender, gebildeter junger Mann, Sándor Bölöni Farkas, eben dieses Gebiet. In seinem Reisetagebuch vermerkte er: "Als wir uns Economy näherten, wurde die Gegend freier, der Wald zog sich von den Ufern ein wenig zurück. Nach einer Straßenbiegung gelangten wir in eine in ganz Amerika einzigartige Gegend. Beackerte Parzellen, umzäunte Weiden und Obstbäume zwischen den Feldern erinnerten an Gegenden in Deutschland... Auf den riesigen Parzellen arbeiteten 50 - 60 Pflüge, auf den umzäunten Wiesen weideten Rinder von ausgewählter Schönheit, an anderer Stelle eine prächtige Herde von Merinoschafen, dann wieder Fohlen- und Kuhherden... Auf der Straße begegneten wir mehreren Arbeitergruppen in der deutschen Tracht... Als wir in Economy eintrafen, wuchs unser Erstaunen. Wir fanden im Dorf breite Alleen mit gleichen, ganz neuen stockhohen Wohnhäusern, im Stil der alten deutschen Städte. Alle Häuser haben einen gleich großen Gemüsegarten, hinten am Flußufer stehen Gebäude verschiedener Größen, ein prächtiger Gasthof, eine einfache Kirche in der Mitte der Ortschaft - das Ganze sieht aus und ist angeordnet wie eine europäische Stadt" (SBF 305). In der Ansiedlung - sie steht heute unter Denkmalschutz - weilte Lenau öfter zu Besuch. Im März 1833 wurde er nach einem Sturz aus dem Schlitten von der Schwester des zweiten Leiters der Kolonie in Economy liebevoll gesundgepflegt (KG 76 f.).

Aber weder die Gesinnung der Menschen noch die Natur des Landes konnten die hohen Erwartungen des Dichters befriedigen. "Die Bildung der Amerikaner", schreibt er, "ist bloß eine merkantile, eine technische. Hier entfaltet sich der praktische Mensch in seiner furchtbarsten Nüchternheit". Er fügt hinzu: "Was wir Vaterland nennen, ist hier blos eine Vermögensassekuranz. Der Amerikaner kennt nichts, er sucht nichts, als Geld..." (Brief vom 6. März 1833 an Joseph Klemm, LHKA 5/1, 244). "Diese Amerikaner sind himmelanstinkende Krämerseelen", hatte er schon kurz nach der Ankunft Schwager Anton Schurz seine Enttäuschung geschildert: "Ich bleibe noch einige Tage hier, dann reis' ich zum Niagara... Auf den Katarakt und die Urwälder freu' ich mich sehr. Das allein wird, hoff' ich, die ganze Reise reichlich lohnen" (Brief vom 16. Oktober 1832, LHKA 5/1, 230 f.). Doch die Erwartungen des Dichters erfüllen sich nicht, denn "Lenau vermag jetzt auch die Natur Amerikas nur im Spiegel seiner gesellschaftlichen Enttäuschungen und deprimierenden Erlebnisse zu sehen", urteilte der Germanist József Turóczi-Trostler (JT-T 47). Das Gedicht "Der Urwald" spiegelt diese Befindlichkeit: "... / In jenem Lande bin ich einst geritten / Den Weg, der einen finstern Wald durchschnitten; / Die Sonne war geneigt im Untergang, / Nur leise strich der Wind, kein Vogel sang. / Da stieg ich ab, mein Roß am Quell zu tränken, / Mich in den Blick der Wildnis zu versenken. / ... Umsonst das Leben hier zu grünen sucht, / Erdrücket von des Todes Überwucht" (LCa 1, 268).

Die Sympathie des Dichters gehört in der Neuen Welt den von den Weißen verdrängten Ureinwohnern des Landes, den Indianern. Der bereits erwähnte siebenbürgische Reisende Bölöni notierte in seinem Tagebuch: "Er (der Indianer) nennt den Weißen einen gewöhnlichen Betrüger, der ihn mit Gewalt und Schlauheit aus seinem ursprünglichen Besitz gestoßen, seinen Vater und Großvater ermordet hat und den Nachkommen nicht einmal auf deren Friedhof zu ruhen erlaubt. Er will die Kultur der Weißen nicht haben, die er für die Wissenschaft der Schlauheit hält, er vermutet eine Finte auch dann, wenn der Weiße ihm Gutes antun will, so tief sitzt in seiner Seele der Haß" (SBF 283). Gleiche Eindrücke in Dichtung umsetzend, läßt Lenau einen greisen Indianer sagen: " 'Fluch den Weißen! ihren letzten Spuren! Jeder Welle Fluch, worauf sie fuhren, / Die einst Bettler unserm Strand erklettert! / Fluch dem Windhauch, dienstbar ihrem Schiffe! / Hundert Flüche jedem Felsenriffe, / Das sie nicht hat in den Grund geschmettert! // Täglich übers Meer in wilder Eile / Fliegen ihre Schiffe, giftge Pfeile, / Treffen unsre Küste mit Verderben. / Nichts hat uns die Räuberbrut gelassen, / Als im Herzen tödlich bittres Hassen: / Kommt, ihr Kinder, kommt, wir wollen sterben!' " ("Die drei Indianer", LCa 1, 112).

Vom Amerika-Erlebnis enttäuscht, war Lenau zur Heimkehr entschlossen. Nach einer Besichtigung der Niagara-Fälle kam der "Amerika-Müde" (F. Kürnberger) nach New York und schiffte sich von hier aus zur Rückfahrt nach Bremen ein, wo er in der zweiten Junihälfte 1833 an Land ging.

Bei seiner Ankunft in Württemberg wurde Lenau als bekannter Dichter empfangen und gefeiert: Der während seiner Abwesenheit im Cotta-Verlag erschienene Band "Gedichte" hatte breitere Kreise auf den neuen Namen aufmerksam gemacht.

Schnell stellte sich die Beziehung zum schwäbischen Dichterkreis, insbesondere zu Graf Alexander von Württemberg, wieder her, der den Zurückgekehrten mit einem Gedicht "An meinen lieben Nikolaus Lenau" begrüßte, das im Stuttgarter "Morgenblatt" veröffentlicht wurde. "Geliebter Freund!", schrieb ihm Lenau am 15. Juli 1833 aus Weinsberg, "nach vielen Irrfahrten bin ich wieder da... Ich bin zurückgekommen aus dem fremden Welttheile, wieder um eine Illusion ärmer, und um ein großes resignirter..." (LHKA 5/1, 252). Lenau wurde ab nun häufiger Gast des Grafen in Esslingen und Mittelpunkt der Zusammenkünfte des Seracher Dichterkreises: "Man las sich Gedichte vor und feierte Gartenfeste, man musizierte - wobei Lenaus Violine manchmal wie eine Zauberstimme empfunden wurde, man fand sich zu Bootsfahrten auf dem Neckar zusammen oder zu Jagden und wilden Ritten" (OB 5). Zu den Verehrerinnen Lenaus, "welcher uns Alle in seinen Bann gezogen" (siehe Z 77), gehörte auf Schloß Serach auch Alexanders Schwester Marie von Württemberg, die zum Zeichen ihrer Huldigung dem Dichter mit Freundinnen ein Gitarrenband stickte, das ein Eichenlaubkranz verzierte. Für Lenau wurde sie zum Urbild der Königstochter in seinem "Faust": "Wie Silberglocken am Marienfeste... / So drang der Ruf zur Ferne hell und rein, / Und seinem Wohlklang jedes Herz entbrannte, / Wenn er Marie, die Königstochter, nannte, / der Tugend und der Schönheit Morgenschein" ("Maria", LCa 2, 63). Eine andere Teilnehmerin an den Seracher Begegnungen, die schwärmerische Emma von Suckow, bedichtete "Lenaus Geige": "Horch, den Maienschlag, den Frühlingshall / Eine Geige sagt Ihr? Seht genauer! / Eine Geige, nein, ein Vogelbauer - / Und darinnen sitzt die Nachtigall" (Nachdruck in: LRei 252). Unter dem Pseudonym Emma Niendorf veröffentlichte sie ein Erinnerungsbuch über Lenau in Schwaben (1853, EN).

Neben Serach pflegte der Dichter weiterhin seine Beziehungen zum Stuttgarter Bekanntenkreis und zu den anderen schwäbischen Freunden. Er verkehrte regelmäßig im Hartmann-Reinbeckschen Haus und nahm, selbst ein Musikbegeisterter, an den musikalischen Veranstaltungen der Komponistin Emilie Zumsteeg teil, von der frühe Vertonungen Lenauscher Gedichte stammen. Lieder nach Dichtungen Lenaus schufen in dieser Zeit auch der Mörike-Freund Ernst Friedrich Kauffmann ("Bitte") und Josephine Lang, eine Schülerin Mendelssohn-Bartholdys.

Ein Impuls für Lenaus dichterisches Schaffen und von besonderer Bedeutung für sein Hervortreten in der breiten Öffentlichkeit waren die Beziehungen, die er zu Stuttgarter Verlegern, in erster Linie zum Hause Cotta zu knüpfen vermochte, wo sein erster Gedichtband herausgekommen war. Noch vor dem Erscheinen der Gedichte, etwa ein halbes Jahr nach seinem Eintreffen in Schwaben, berichtete er am 7. Februar 1832 M. L. Schleifer: "Diese meine Reise hat mir für mein ganzes Leben eine feste Haltung in meinen literarischen Bestrebungen gegeben. Verbindungen mit mehreren Buchhändlern hab' ich geschlossen, u. mir auf diese Weise mehrere Wege bereitet, mein Wort in die Welt wandern zu lassen." (LHKA 5/1, 164). Lenaus sämtliche Werke erschienen in der Folge im renommierten Verlag Cotta, doch veröffentlichte er auch bei Brodhag den "Frühlingsalmanach" (1835, 1836) und bei Hallberger "Neuere Gedichte" (1838). Gleich nach der Rückkehr aus Übersee nahm Lenau die Mitarbeit am Cottaschen "Morgenblatt für gebildete Stände" (Stuttgart/Tübingen) wieder auf. Hier erschien am 25. Juli 1837 "Der Postillion", ein Gedicht, das, auf ein schwäbisches Reiseerlebnis Lenaus zurückgehend, während des amerikanischen Aufenthaltes seine endgültige Gestalt erhalten hatte. Es gehört bis in die neueste Zeit zu seinen bekanntesten Dichtungen. Ein nachwirkendes Kindheitserlebnis, "welches die Identität in aller Frühe schon bilden half", weiß der Historiker Golo Mann in Zusammenhang mit dem Lenauschen "Postillion" zu schildern: "Im Münchner Wilhelmsgymnasium dann, dessen kalte Gänge ich im Herbst 1918 zuerst betrat, war ich, sonst als Schüler eher unter Mittelmaß, im Gedicht alsbald der Erste und blieb es. Wir lasen den 'Postillion' von Lenau, hatten ihn auswendig zu lernen, das war in der dritten Klasse, ich elf Jahre alt. Die Kameraden stammelten kläglich ihre Strophen, ich sagte die meinen. Der Lehrer zum Schluß, tief verärgert über seinen mißglückten Versuch, uns etwas Schönes beizubringen: 'Jetzt soll es der M. noch einmal ganz sagen!' Danach: 'Ja, wenn man es so hört, dann kann es geradezu ein Genuß sein.' So blieb es; Gedichte, nicht meine eigenen, deren gab es nur wenige, sie blieben mein Trost, mein Stekken und Stab alle Zeit, zumal in dunklen Zeiten" (GM 25).

In einem Brief vom 27. November 1833 erfuhr Justinus Kerner von dem inzwischen nach Wien gereisten Freund: "Ich meinerseits bin recht gesund, u. schreibe gegenwärtig einen Faust, wo sich Mephistopheles nicht übel macht. Da hab' ich endlich einen Kerl gefunden,

24. Schwarzspanierhaus, eine Wohnstätte Lenaus in Wien

auf den ich meinen ganzen Höllenstoff ablagern kann, er ist bereits damit beladen, wie ein Steinesel" (LHKA 5/1, 297). Georg Reinbeck läßt er wissen: "Ich habe große Freude an dieser Arbeit. Daß Goethe einen Faust geschrieben, kann mich nicht schrecken. Faust ist ein Gemeingut der Menschheit, kein Monopol Göthes... Auch ist der Stoff so vieler Auffassungsweisen fähig, daß gar keine Collision herauskommt" (Brief vom 11. November 1833, LHKA 5/1, 292). Enttäuscht, resignierend gibt Lenaus Faust sich selbst den Tod: "Ich bin ein Traum mit Lust und Schuld und Schmerz, / Und träume mir das Messer in das Herz!" (LCa 2, 123), und der Teufel holt ihn sich. Im Umstand, daß Lenaus Faust untergeht und der Teufel triumphiert, glaubten Zeitgenossen wie der dänische Theologe H. L. Martensen einen Sieg des Christentums zu erkennen (Über Lenau's Faust, Stuttgart 1836). Neuere Deutungen beziehen das Werk auf eine "negative geschichtsphilosophische Perspektive", wie Schopenhauer sie in "Die Welt als Wille und Vorstellung" formuliert hat: "Alles im Leben gibt kund, daß das irdische Glück bestimmt ist, vereitelt oder als eine Illusion erkannt zu werden... Das Leben stellt sich dar als ein fortgesetzter Betrug im Kleinen, wie im Großen" (HS-B 114).

Etwa zu dem Zeitpunkt, da Lenau die Arbeit an der "Faust"-Dichtung aufgenommen hatte, kam es zu einer für ihn schicksalhaften Begegnung. In seiner Lenau-Biographie berichtet Anastasius Grün, "daß Niembsch bald nach seiner Heimkehr aus Amerika, gegen Ausgang des Jahres 1833, in Wien eine junge Frau, Sophie von L., kennenlernte, deren Persönlichkeit fortan auf sein Leben und Dichten den mächtigsten Einfluß üben, deren Umgang ihm bis ans Ende die reichste Quelle der geistigen Erfrischung, Anregung und Erhebung, aber vielleicht - freilich willen- und ahnungslos - auch des Untergangs sein sollte" (AG 1, 41). Die "gepriesene Unwiderstehliche" (LHKA 5/1, 346), mit Lenaus Freund Max von Löwenthal verheiratet und Mutter von drei Kindern, eine geistvolle, schöne, literarisch begabte Frau, erwiderte zwar die Liebe des Dichters, aber ohne sein leidenschaftliches Verlangen zu erfüllen. Er schrieb: "Du bist eine Närrin, und ich bin ein Narr. Ein Anlauf, ein rasender, um hinüber zu springen, und am tiefen, schwarzen Graben wieder umkehren, und wieder ein Anlauf und wieder umkehren. Wenn das nicht eine von den Höllenqualen ist... Sophie! ich könnte in diesem Augenblick das Traurigste tun. Im nächsten zuvor war ich lustig. Wir spielen mit der Welt, spielen falsch mit ihr, und sie wird uns die Hand an den Tisch nageln. Ich möchte gleich sterben jetzt. Mir ist ganz so zumut, als wär ich reif dazu. In mir ist ein Aufruhr. Mein Leben ist mir äußerst verdächtig. Es will mich an einem langsamen Feuer braten..." (Lenau an Sophie von Löwenthal am 20. Oktober 1837, LCa 4, 144). Noch in der Zeit seiner Erkrankung, im Oktober 1844, empfand Lenau: "Sie ist mein Glück und meine Wunde" (EN 279).

Seine an Sophie gerichteten, berühmten Liebes-"Zettel" und -Briefe, zu lesen wie ein Roman dieser ungewöhnlichen Beziehung, sind in die Weltliteratur eingegangen: "Diese Zettel sind mir das Liebste was ich geschrieben habe. So unüberlegt sind mir dabei die Worte aus dem Herzen aufs Papier gesprungen, wie ein Vogel aus dem Nest fliegt. Wer mich kennen will, muß diese Zettel lesen" (28. Januar 1838, LCa 4, 137)

Lenaus "grenzenloses, hoffnungsloses Lieben"

25. Nikolaus Lenau (1839)

("Wandel der Sehnsucht", LCa 1, 22) spiegelt sich in Gedichten wie: "Der schwere Abend", "Traurige Wege", "An die Entfernte", "Das dürre Blatt", "Der schwarze See", und "Verlorenes Glück". Sophie gegenüber bekannte der Dichter zudem, daß er ohne sie "keinen Savonarola geschrieben hätte" (LHKA 6/1, 17). In der Märtyrerdichtung mit religiös-politischer Motivation ist auch Lenaus Passion des Entsagens dargestellt, das die begehrte Frau ihm auferlegt hatte. Die christliche Haltung der Dichtung über den rebellischen Florentiner Dominikanermönch und Asketen, Girolamo Savonarola (1452 - 1498), der nach Predigten gegen den Papst und das Haus Medici auf dem Scheiterhaufen den Märtyrertod erlitt, war schon zu Lenaus Zeit umstritten. Er selbst erklärte in einem Brief vom 14. Juli 1836 an Emilie Reinbeck: "Die Hauptsache ist hier, den Duft religiöser Anschauung durch das Ganze zu erhalten, daß er nirgends verfliege. Es wird ein ganz innerliches Gedicht". Der Dichter fügte hinzu: "Gewissen Gemütern hoffe ich eine Freude zu machen mit dieser Arbeit" (LHKA 5/1, 455). Neben Sophie dürfte er dabei an H.L. Martensen gedacht haben, dem die von dem Theologen mitbeeinflußte Dichtung gewidmet ist. Nicht ohne Genugtuung nahm er aber auch zur Kenntnis, daß in den "Berliner Jahrbüchern für wissenschaftliche Kritik" "mein Gedicht als ein Gericht gegen den verstockten Absloutismus meines Vaterlandes und als ein Zukunftszeichen für diejenige Sphäre des geistigen Lebens aufgefaßt ist, in welcher es gewachsen. Das ist die höchste Ehre, die mir jemals zuteilwerden konnte" (Brief vom 23. August 1838 an Sophie von Löwenthal, LHKA 6/1, 52). In dem Jahrzehnt nach seiner Rückkehr aus Amerika war Lenau zwischen Schwaben und Österreich ständig unterwegs. Eine Strecke von 54.000 km, so wurde errechnet, soll er dabei zurückgelegt haben, größtenteils in der Postkutsche, gelegentlich mit der Eisenbahn. Es ist überliefert, daß Lenau seine Gedichte meist "im Zimmer, unter Büchern, Schriften und Tabackspfeifen", aber auch, wie Karl Mayer berichtet, "in den 4 Wänden des dahinziehenden Reisewagens" geschrieben hat (WS 16). Emilie Reinbeck schilderte eine seiner seltenen Bahnreisen: "Abends um halb 10 Uhr bin ich auf der Eisenbahn hier angekommen. Die Fahrt von Augsburg nach München war köstlich. Ich saß ganz allein mit meinem Gott und meiner Cigarre und vielen lieben Erinnerungen ... in einer äußerst comfortablen Wagenabtheilung. Die Dampfmaschine arbeitete auf das beste und die Sonne ging unter auf das schönste" (Brief vom 14. Juni 1841, LHKA 6/1, 216). Diese Fahrten, das fortwährende Unterwegssein Lenaus überhaupt, sie sind nichts anderes als äußere Zeichen für die innere Unruhe im Leben dessen, der über sich lapidar ausgesagt hatte: "Ich bin ein unstäter Mensch auf Erden" (Brief vom 11. März 1831 an Karl Johann Braun von Braunthal, LHKA 5/1, 92). Der "unstäte Mensch" hatte auch keine "bleibende Stätte auf Erden", ein "Nomandenleben" führend, wechselte er allein in Wien etwa 25mal das Domizil und wohnte "bald in einer einfachen bürgerlichen Stube, bald in einem glänzenden Gemache" (HW 23), oft auch in Gasthöfen, denn "da komm' ich mir weniger fixirt vor, gleichsam immer auf der Reise. Wandre! Wandre!" (Brief vom 5. November 1831 an Gustav Schwab", LHKA 111). Er bekannte auch, "daß er nach einer abgemachten Lebensperiode oder nach Vollendung eines Werkes es nicht mehr in derselben Stube aushalten könne" (HW 23).

26. Sophie von Löwenthal

27. Nikolaus Lenau (1844)

28. Erster Liebeszettel für Sophie

Nach Schwaben reiste Lenau zu den dortigen Freunden und Bekannten, die ihn immer wieder gastfreundlich aufnahmen. Im liberaleren südwestdeutschen Raum nutzte er die ihm gebotene Chance, sein "Wort in die Welt wandern zu lassen", war gleichzeitig aber auch darum bemüht, dem Werk österreichischer Dichterkollegen zur Geltung zu verhelfen. In Österreich und Wien war Sophie von Löwenthal für ihn der dringendste Grund zur Heimkehr. Hier entstanden aber auch zum Teil seine größeren Dichtungen und eine Reihe neuer lyrischer Schöpfungen, zu denen er u.a. bei Aufenthalten in der Steiermark, im Salzkammergut und in der landschaftlichen Umgebung Wiens angeregt worden war. Des öfteren war Lenau in Bad Ischl, bei seiner Schwester in Kierling oder in Penzing bei Wien anzutreffen. Emilie Reinbeck schrieb der Erholungsbedürftige: "Ischl hat mich mit gutem Wetter begrüßt, und bereits fühle ich das Wohltäthige der Gebirgsluft an der Zunahme meiner Kräfte und an der Wiederkehr der Lust zum Arbeiten. Das erste Abendroth auf den Höhen, die erste Alpenstimme einer Jodlerin haben mich mit dem alten nie zu schwächenden Zauber ergriffen. Auch liegt auf allen Hügeln die duftende Mahd der Alpenkräuter und würzt mir jeden Athemzug. Ein schönes Land" (Brief vom 19. Juni 1841, LHKA 6/1, 219).

In Wien verkehrte Lenau vorwiegend mit Literaten und Künstlern, aber auch in anderen Gesellschaftskreisen. Literarische Beiträge von ihm erschienen in österreichischen Periodika, vor allem in der "Wiener Zeitschrift für Kunst, Literatur, Theater und Mode". Die heikle, ihn beglückende wie auch belastende Beziehung zu Sophie von Löwenthal hatte im Sommer 1839 eine Probe zu bestehen, die diese Verbindung, freilich nur zeitweilig, in Frage stellte. Durch den Grafen Christallnigg lernte Lenau in Penzing die Sängerin Karoline Unger bei einem Vortrag von Schubertliedern kennen: "Sie ließ in ihrem Gesange ein singendes Gewitter von Leidenschaft auf mein Herz los" (LHKA 6/1, 70), schilderte er seinen ersten Eindruck. Obwohl Lenau, von Gefühlen überwältigt, sogar vor hatte, Karoline zu heiraten, kühlte die Beziehung zu ihr nach einem Jahr ab, und der Dichter kehrte reumütig zu Sophie zurück. Besonders ernüchternd soll auf den empfindlichen Lenau gewirkt haben, daß die Sängerin ihr Bildnis, das sie ihm malen ließ, mit der selbstsicher-besitzergreifenden Unterschrift "Karoline v. Strehlenau, geborene Unger" versehen hatte (AG 55).

Nach dem "Faust" (1836) und der episch-dramatischen Dichtung "Savonarola" (1837) nahm Lenau die Arbeit an einem neuen größeren Werk auf. In einem Brief vom 14. September 1838 erfährt Max von Löwenthal: "Ich denke jetzt viel an meine Albigenser. Fünfzehn Gesänge hab ich mir bereits entworfen... Es wird umfangreich werden, wenn ichs durchbringe. Der Stoff ist gewaltig. Eine der größten, geistigsten und blutigsten Rollen der Geschichte rollt sich mir auf" (LHKA 6/1, 57). Auf Ereignisse aus dem frühen 13. Jahrhundert zurückgreifend, schildert der Autor in sprachgewaltigen Bildern den Vernichtungskreuzzug des Papstes Innozenz III. gegen die sich in Südfrankreich ausbreitende Bewegung der Albigenser, die einer von der katholischen Lehre abweichenden Gottvorstellung anhingen und sich für Askese und Armut einsetzten. In den Vordergrund des Geschehens rückt Lenau die Opfer dieser blutig niedergeschlagenen Erhebung, indem er beispielhaft Szenen der Verwüstung und des

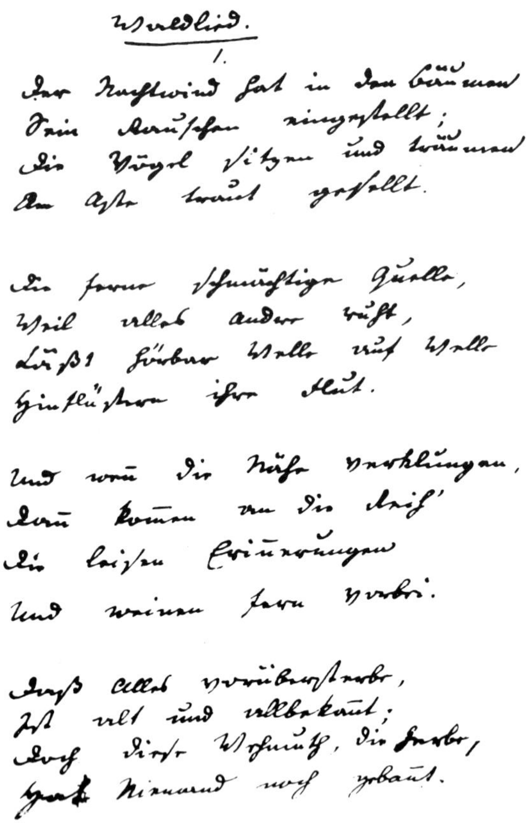

Waldlied.

1.

Der Nachtwind hat in den Bäumen
Sein Rauschen eingestellt;
Die Vögel sitzen und träumen
Am Aste traut gesellt.

Die ferne sehnsüchtige Quelle,
Weil alles andre ruht,
Läßt hörbar Welle auf Welle
Hinflüstern ihre Flut.

Und wenn die Nähe verklungen,
Dann kommen an die Reih'
Die leisen Erinnerungen
Und weinen fern vorbei.

Daß alles vorübersterbe,
Ist alt und allbekannt;
Doch diese Wehmuth, die herbe,
Hat Niemand noch gebannt.

29. „Waldlied“

30. Nikolaus Lenau (1841)

Grauens heraushebt, ohne dabei zu verhehlen, "daß die Erfahrungen gegenwärtigen Unrechts sein Interesse an diesem Stoff motiviert haben, der ihm auch zum Beispiel immerwährenden Aufbegehrens und gewalttätiger Unterdrückung wird" (KNL 191): "Millionen wunde Herzen seh ich bluten, / So viele Tränenströme seh ich fluten, / Von frecher Willkür weit die Welt zerrüttet, / Der Menschheit Freudenschlösser rings verschüttet, / Ich seh gepeitscht von hochgestellten Zwergen / Gefangne Riesen, knirschend ihren Schergen" ("Nachtgesang", LCa 2, 279). Der berühmt gewordene "Schlußgesang" des Werkes, dessen Held, wie Lenau sagte, "der Zweifel" ist (LHKA 6/1, 89), erinnert an kommende Revolten und Revolutionen ebenso wie an die anhaltende Folge des Mordens (KNL 192): "Das Licht vom Himmel läßt sich nicht versprengen, / Noch läßt der Sonnenaufgang sich verhängen / Mit Purpurmänteln oder dunklen Kutten; / Den Albigensern folgen die Hussiten / Und zahlen blutig heim, was jene litten; / Nach Hus und Ziska kommen Luther, Hutten / Die dreißig Jahre, die Cevennenstreiter, / Die Stürmer der Bastille, und so weiter" (LCa 2, 400). "Die Albigenser", 1842 erschienen, gelten als Lenaus lyrisch-episches Hauptwerk. Von manchen Zeitgenossen brachte es ihm den Vorwurf der Unchristlichkeit ein. Er selbst hatte sich bei der Niederschrift gewünscht: "Gott gebe mir Kraft zu seinem Gedichte" (LHKA 6/1, 57).

Laufend waren neben den Erstveröffentlichungen Lenaus Neuauflagen seiner Dichtungen herausgekommen - 1840 bereits die vierte Auflage der "Gedichte", die zweite vermehrte der "Neueren Gedichte" und der "Faust" in zweiter, veränderter Auflage. Rezensionen, aber auch umfangreichere, zusammenfassende Studien kommentierten das Schaffen des Dichters, der inzwischen in ein Nachschlagewerk wie die Österreichische Nationalencyklopädie aufgenommen worden war, was übrigens auch die Wiener Zensurbehörden in einem Aktenstück vom 6. Juni 1836 vermerkten (LCa 5, 326). Besonders beeindruckt zeigte sich Lenau von einer Charakteristik, die sein langjähriger Freund, der Kritiker Gustav Pfizer, 1842 in der "Augsburger Allgemeinen Zeitung" (Nr. 324 - 326) erscheinen ließ. Lenau schrieb ihm am 15. Dezember desselben Jahres: "Deine Bezeichnung 'melancholische Skepsis' hat mich innerlichst ergriffen; sie hat mich getroffen wie ein höchst logisches Gericht, wie ein abstracter Zauberschlag, durch welchen mir mein Wesen erschlossen, die ehernen Schranken meiner Individualität sichtbar wurden" (LHKA 6/1, 272). Diese Kennzeichnung läßt sich auch auf das Werk anwenden, mit dem sich Lenau im Winter 1842 nach dem Erscheinen der "Albigenser" und der Beendigung des "Johannes Ziska" (Bilder aus dem Hussitenkrieg) zu beschäftigen begann: Sein unvollendet gebliebenes dramatisches Gedicht "Don Juan" präsentiert die Gestalt des Verführers als Überdrüssigen, der sich aus Ekel am Dasein umbringen läßt: "Mein Todfeind ist in meine Faust gegeben; / Doch dies auch langweilt, wie das ganze Leben" (LCa 2, 448).

Während der Arbeit an der neuen Dichtung ist Lenau öfters unterwegs, insbesondere im Wienerwald, den er von Wanderwegen zur Schwester und zum Schwager Schurz, die in Kierling bzw. Weidling wohnten, bereits gut kennt: "So ein paar Stunden in der Einsamkeit des Waldes verlebt", schrieb er am 20. September 1843 an Emilie Reinbeck, "sind für ein in die Waldgeheimnisse eingeweihtes Herz von

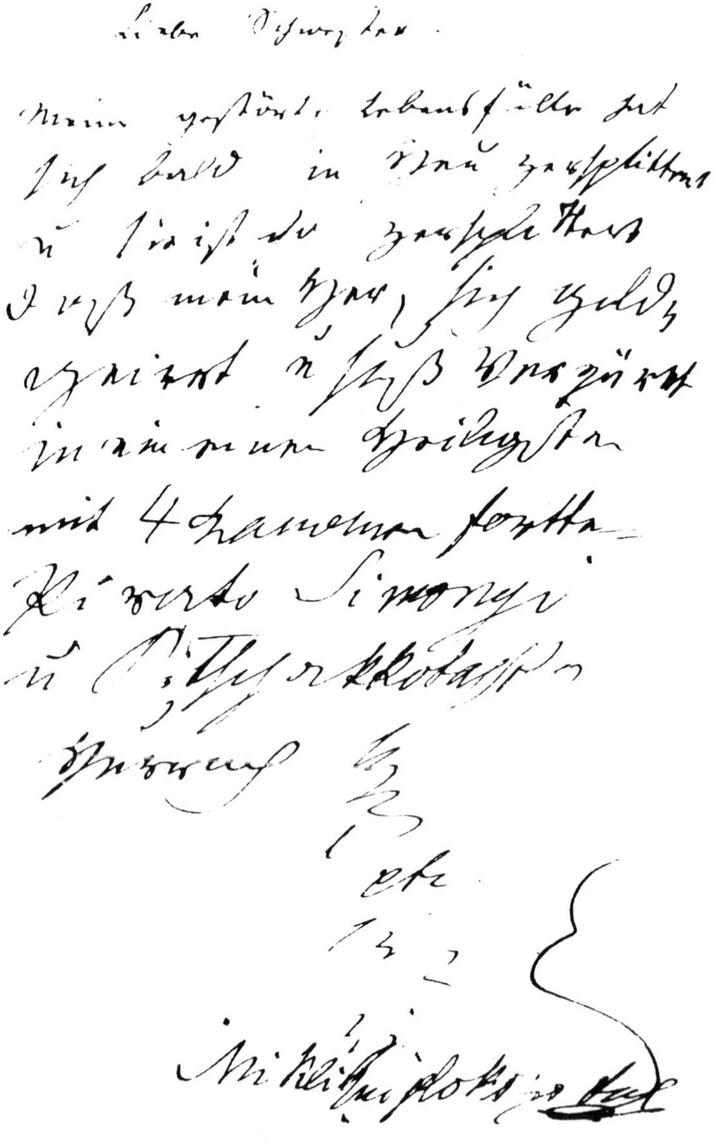

31. *Lenaus letzter Brief*

unermeßlicher Wohlthätigkeit, wenn ihm in seine schmerzhaftesten, sonst für kein Heilmittel zugänglichen Stellen von unsichtbaren Händen ein heimlicher Balsam geträufelt wird" (LHKA 6/1, 315). Hier in der Klosterneuburger Landschaft entstanden "neben und fast gleichzeitig mit den Orgien des Don Juan" (AG 1, 63) die neun, zu Lenaus bedeutendsten lyrischen Schöpfungen zählenden "Waldlieder"; wie ein Zauberer der Legende will der Dichter im fünften das Naturgeheimnis ergründen: "Still die Götter zu beschleichen / Und die ewigen Gesetze, / In den Schatten hoher Eichen / Wacht der Zaubrer, einsam sinnend, / Zwischen ihre Zweige spinnend / Heimliche Gedankennetze. // Stimmen, die den andern schweigen, / Jenseits ihrer Hörbarkeiten, / Hört Merlin vorübergleiten, / Alles rauscht im vollen Reigen. / ... Rieseln hört er, springend schäumen / Lebensfluten in den Bäumen; ... / Klingend strömt des Mondes Licht ... / Und im Kelch der feinsten Moose / Tönt das ewige Gedicht" (LCa 1, 451 - 452). "Diese Waldlieder", bemerkte Anastasius Grün, "sind ein schönes Ausklingen seiner Lyra, feierlich und beruhigend wie sommerabendlicher Glockenklang" (AG 63).

"Schönen Dank für Ihre freundlichen Wünsche zum neuen Jahr", schrieb Lenau am 9. Januar 1844 an Emilie Reinbeck (LHKA 6/1, 334): "Ich erwarte von diesem nicht viel Gutes: schon die Zahl 44 ist so vierschrötig, daß ich allerlei Impertinenzen mit Sicherheit entgegensehe". Diese böse Vorahnung sollte sich allzubald bewahrheiten, und zwar zu einem Zeitpunkt, als der ewig Unstete gerade dabei war, in der Hoffnung auf ein Glück in häuslicher Geborgenheit seine Lebensumstände zu verändern: Im Juli des "vierschrötigen" Jahres hatte Lenau in Baden-Baden die viel jüngere Marie Behrends kennen- und liebengelernt, im August war die Verlobung, und im Oktober sollte die Hochzeit stattfinden. "Marie, meine liebe Braut, ist eine tiefsittliche und bezaubernde Natur, deren Umgang und Besitz mich innerlichst heilen und heben wird", hoffte er (LHKA 6/1, 388). Doch eine Reise Lenaus nach Österreich zu Sophie von Löwenthal, deren Zustimmung er erlangen wollte, löste in ihm einen Zwiespalt der Gefühle aus. Nach einem aufwühlenden Abschied, kehrte er auf der Donau nach Schwaben zurück, wobei sein Dampfschiff beim Wirbel von Sankt Nikola nur knapp dem Zusammenprall mit einem anderen Fahrzeug entging: "Die feierliche Stille des nahen Todes herrschte einige Augenblicke hüben und drüben", berichtete er am 17. September 1844 aus Linz Sophie von Löwenthal: "Ihre Worte in der letzten Stunde, liebe Sophie, 'Mir ist, als sollt' ich Sie nie wieder sehen' klingen mir schmerzlich und drohend nach, und seltsam fügte sichs, daß diese Worte am zweiten Tag meiner Reise sehr leicht hätten wahr werden können" (LHKA 6/1, 393 f.). Unter Depressionen leidend, traf Lenau in Stuttgart im befreundeten Hartmann-Reinbeckschen Haus ein. Hier erlitt er Ende September einen Schlaganfall, der die rechte Wange lähmte. Die Freunde pflegten ihn teilnahmsvoll, vor allem Emilie Reinbeck. Er erhielt auch ärztlichen Beistand, man hoffte auf Heilung, doch am 19. Oktober brach, von einem heftigen Tobsuchtsanfall begleitet, der Wahnsinn aus. Der Kranke wurde in die Heilanstalt des Dr. Albert Zeller nach Winnenthal verbracht, wo Justinus Kerner bei einem Besuch im November eines der letzten Gedichte Lenaus, auf der Rückreise nach Schwaben entstanden, aufzeichnen konnte: " 's ist eitel nichts, wohin mein

32. Das Grab in Weidling

Aug' ich heftel / Das Leben ist ein vielbesagtes Wandern, / Ein wüstes Jagen ist's von dem zum andern, / Und unterwegs verlieren wir die Kräfte" (LCa 1, 536). Aus Winnenthal wurde Lenau 1847 auf Wunsch der Schwester und des Schwagers in die Heilanstalt Oberdöbling bei Wien überführt, wo er volle drei Jahre verblieb. Freunde, die ihn aufsuchten, unter ihnen Sophie von Löwenthal, erblickten ein menschliches Wrack. "Der arme Niembsch ist sehr unglücklich", soll Lenau während dieses "Scheinlebens" einmal zu dem behandelnden Arzt Dr. Görgen gesagt haben (AG 80). Von Ludwig August Frankel dazu angeregt, malte Joseph Mathias Aigner 1849 in der Anstalt Lenaus letztes Bildnis: "Aigners ... rasch entworfenes Oelbild", bemerkte Anastasius Grün, "gibt des Dichters Züge während seiner Krankheit mit großer Treue wieder, doch wir sehen nur die verfallende Ruine der einst mächtigen Geistesburg" (AG 82).

Ohne aus der geistigen Umnachtung zu erwachen, verschied der Dichter am 22. August 1850 um 6 Uhr morgens in Oberdöbling. Sein Schwager und "lieber Bruder" Anton Schurz war bei ihm. Er hatte "den letzten Blick und Atemzug Lenaus empfangen und ihm die Augen zugedrückt" (AG 81).

Zwei Tage später, am 24. August um 6 Uhr abends, wurde Lenau auf dem Weidlinger Dorffriedhof, wie er es sich einst vorgestellt hatte, bestattet: "Den Sarg schmückte inmitten bunter Blumengewinde ein grüner Eichenkranz; das umgestürzte Familienwappen deutete darauf hin, daß der letzte des Geschlechtes Niembsch von Strehlenau hier zu Grabe getragen werde", berichtet ein Freund, der auch das Grabdenkmal eingehend beschreibt: "Eine Pyramide von grauem Granit, darin ein Rundschild mit dem ... Brustbild des Dichters, aus Erz gegossen, umgeben von einer Schlange, 'dem christlichen Sinnbilde der Ewigkeit, dem heidnischen des Genius', über dem Medaillon ein goldener Stern, am Sockel einfach der Name 'Lenau' in Goldlettern, das Ganze ... wie ein Gärtlein von den Stäben eines leichten Eisengitters eingeschlossen, - dies ist das ... Denkmal, womit die Verwandten des Dichters diese heilige Schlummerstätte bezeichnet haben" (AG 82). Für die in der Ferne mittrauernde Marie Behrends pflückte eine Freundin hier zum Gedächtnis "einen dunkelsamtenen Lenaugedanken" (AG 82). Nach den ihr widerfahrenen Erschütterungen lebte sie als Lenaus "ewige Braut" (NBr 122) still und zurückgezogen in Frankfurt a.M. Im Jahr ihres Todes, 1889, starben - eigenartiges Zusammentreffen - auch zwei andere Frauen (AH 65), die in Lenaus Leben eine schicksalhafte Rolle gespielt hatten: Sophie von Löwenthal und Charlotte Gmelin.

*

"Lenau gehört zu jenen deutschen Literaten, die gewirkt haben", konnte Carl Gibson in einer neueren Untersuchung über Lenaus geistesgeschichtliche Wirkung nachweisen (CG 277 f.), in der er den Lenauschen Einfluß auf die deutsche Literatur bis hin zu den Expressionisten (Heym, Trakl) aufzeigt, wobei in die Erörterung das Werk von Philosophen (z.B. Nietzsche, Kierkegaard) und von bedeutenden Tonschöpfern miteinbezogen ist. Rainer Hochheim leistete einen Beitrag zur Erforschung der Wirkungsgeschichte von Lenau, indem er, "die Rezeption des Dichters durch die Germanistik" darstellend, auch Fragen der außerliterarischen Wirkung behandelte (RH 9). Fachgelehrte wie Leser, die sich eingehender mit dem Werk und der Persönlichkeit Lenaus beschäftigen möchten, können beiden Büchern, ebenso einer umfassenden Bibliographie (RH u.a.) Literaturhinweise entnehmen, die ein komplexes Lenau-Bild vermitteln. Zu seiner Formung haben im 20. Jahrhundert neben dem Werk des Herausgebers Eduard Castle (LCa) neuere Editionen (LWD; LHKA), Gesamtdarstellungen und größere Studien u.a. von Literaturwissenschaftlern und Lenau-Forschern wie Heinrich Bischoff (HB), Vincenzo Errante (VE), Wolfgang Martens (WM), József Turóczi-Trostler (JT-T), Antal Mádl (AM), Hartmut Steinecke (HSt), Günter Häntzschel (GH), Hugo Schmidt (HSch), Viktor Suchy (VS), Friedrich Sengle (FS), Rainer Hochheim (RH), Hansgeorg Schmidt-Bergmann (HS-B), Jean Pierre Hammer (JPH) und Carl Gibson (CG) beigetragen.

*

Im folgenden sollen einige Teilaspekte der Nachwirkung Lenaus berührt werden, um, wenn auch verkürzt, zu veranschaulichen, in welcher Weise der Dichter und sein Werk vor allem in neuerer Zeit und in der Gegenwart zur Geltung kommen.

Nikolaus Lenau war bereits zu Lebzeiten zu einer nahezu legendären Dichterpersönlichkeit geworden. Das spiegeln nicht zuletzt zahlreiche an ihn gerichtete Widmungsgedichte, die mit lyrischen Porträts aus der Folgezeit bis heute einen stattlichen Sammelband ergeben würden. Ebenso wurden öfter Prosaisten (KH-K), aber auch Theaterautoren von seinem Leben und Werk angeregt. Eines der frühesten Zeugnisse, in denen Lenau als literarische Gestalt aufscheint, ist der fünf Jahre nach dem Tod des Dichters erschienene, in unseren Tagen neu aufgelegte Roman "Der Amerika-Müde" von Ferdinand Kürnberger (1821 - 1879), der durch die Figur des Auswanderers und Dichters Nikolaus Moorfeld an Lenaus enttäuschendes Amerikaerlebnis erinnert.

Nachdem er sich vorher in journalistischen Beiträgen bereits mit Lenau beschäftigt und auch archivalische Forschungen betrieben hatte, stellte der aus dem Banat stammende österreichische Schriftsteller Adam Müller-Guttenbrunn (1850 - 1923) Lenau in den Mittelpunkt seiner freskohaften Romantrilogie "Lenau, das Dichterherz der Zeit" (1919/21). Die Romandreiheit, gebildet aus den Bänden "Sein Vaterhaus", "Dämonische Jahre" und "Auf der Höhe", entstand in Weidling, wo sich Lenaus letzte Heimstatt befindet. Neben dem sorgfältigen Quellenstudium waren die genaue Kenntnis und das eigene Erlebnis der Dichtung Lenaus für Adam Müller-Guttenbrunn die Grundvoraussetzung bei der Niederschrift dieser romanhaften Biographie, in der Lenau nach dem Wunsch des Verfassers "wie ein lebendiger Mensch" wirken sollte.

Nach und neben Adam Müller-Guttenbrunn wurde Lenau im 20. Jahrhundert in einer Reihe anderer Werke zur literarischen Gestalt, so in Romanbiographien des Siebenbürgers Egon Hajek ("Der Gefangene seines Herzens", 1954), des Schlesiers Erwin Ott ("Nikolaus Lenau", 1963) oder des Ungarndeutschen Mathes Nietsch ("Eine Träne in das Herz der Welt geweint", 1967).

Ein subjektives Bild der Dichterexistenz Lenaus gestaltete der Romancier Peter Härtling in dem Buch "Niembsch oder Der Stillstand" (1964): "Daß und auf welche Weise Härtling sich des Dichters bedient, ergibt nicht nur eine interessante Sichtweise des Lenauschen Wer-

33. Romane um Lenau

34. „Lieber Niembsch" von Manfred Karge

kes, sondern wirft zugleich ein Licht auf Härtling selbst zurück: Autor und Sujet beleuchten sich wechselseitig" (PZ 83). Das Lenau-Wort "In unserer Zeit gelten nur Liebe und Politik" wählte Albert Emilian zum Motto seines Lenau-Romans "Wer zweimal stirbt, lebt ewig" (1990). Der 1912 in der Bukowina geborene Schriftsteller, der in Wien studierte, in Rumänien als Journalist tätig war und seit Beginn der sechziger Jahre in Israel lebt, gestaltet seinen Roman um Lenau gegenwartsbezogen: "Dessen tragisches Geschick", schreibt er einleitend, "ist nach mehr als hundert Jahren noch immer unser unglückseliges Heute".

Der Burgtheaterregisseur Manfred Karge, einst DDR-Bürger, schuf um Nikolaus Lenau ein Theaterstück, das er in die Zeit verlegt, als der geistig umnachtete "arme Niembsch" in der Oberdöblinger Heilanstalt untergebracht war. Das Schicksal des Dichters trachtet Karge in diesem "Drama vom Untergang eines Genies" (OFB) in Zusammenhang mit den revolutionären Ereignissen des Jahres 1848 auszudeuten. Über sein Stück "Lieber Niembsch", das am 18. November 1989 u.a. mit Urs Hefti (Niembsch) und Lore Brunner (Sophie von Löwenthal) Premiere hatte, urteilte ein Kritiker: "Berührende Szenen spielen sich ab: wenn der Kranke auf der Geige spielt, wenn er sich selbst die Zwangsjacke anlegt, wenn er statt der Geliebten das Kreuz küßt, und später, ein Sinnbild seiner selbst, einen toten Vogel auf dieses Kreuz nagelt" (KK).

Etwa um die gleiche Zeit wurde auch Lenaus episch-dramatisches Werk für die Bühne entdeckt bzw. wiederentdeckt. Am 17. Februar 1990 brachte das Landestheater Württemberg-Hohenzollern in Tübingen den "Don Juan", rund 150 Jahre nach der Niederschrift, als Uraufführung heraus. "Die Inszenierung von Wolfram Frank", heißt es in einer Chronik, "betont das Episodenhafte, die Brüche, den raschen Szenenwechsel, was dem Stück seine Modernität verleiht. Sie verlegt zudem das Geschehen in eine apokalyptische Endzeit-Szenerie, die an Lenaus düsteren Ausspruch von der 'sterbenden Mutter Erde' erinnern läßt. Schienen, die ins Nichts führen, versinnbildlichen auch diese 'Endstation Sehnsucht' des Don Juan, der da sagt: 'Steintot ist alles Wünschen, alles Hoffen'" (SP).

Im Theater der Altstadt/Stuttgart brachte Wolfgang Klar den Lenauschen "Faust" am 7. April 1987 mit Michael Holz (Faust), Klaus Falkenhausen (Mephisto) und Anja Metzger (Prinzessin Maria) auf die Bühne. Für den Spielleiter, der eine Bearbeitung von Hans Dieter Schwarze inszenierte, war es von Belang, daß es sich bei Lenaus "Faust" um ein Werk handelt, das "in seiner Aussage weit in unsere Zeit" hineinweist (Programmheft, S. 13). Schwarzes Bearbeitung war vorher schon von Theatern in Trier und Wien gezeigt worden.

Über Generationen hinweg war Lenaus Poesie ein schöpferischer Anreiz für Tondichter. Er selbst hatte ein sehr inniges Verhältnis zur Musik, die ihn von frühester Kindheit bis in die Zeit geistiger Umnachtung begleitete und einen tiefgehenden Einfluß auf ihn ausübte. Zu Beginn seiner Krankheit hoffte er sogar, sich durch Geigenspiel heilen zu können. Er beherrschte auch Gitarre und Klavier, er improvisierte und komponierte. "Das Letzte und Tiefste", äußerte der Dichter einmal, "läßt sich doch nicht mit Worten sagen, der Geist muß wie ein Schiff vom hohen, steinigen Gedankenstrande sich fortschnellen und dem unbestimmt flutenden Ozean der Gefühle - der Musik überlassen. In der Musik, wenn sich's übersetzen und erklären ließe, liegt das Geheimnis" (EH 51). Zu einem Zeitpunkt, da Ludwig van Beethovens Werk teils noch umstritten war, gehörte Lenau zu seinen uneingeschränkten Bewunderern. Über seine Kompositionen gab er ebenso einfühlsame wie kundige Urteile ab. Ihm, "den ich höchst als Meister ehre / Nebst dem schroffen Urgebirge / Und dem grenzenlosen Meere" widmete er das Gedicht "Beethovens Büste": "Kämpfen lern ich ohne Hassen, / Glühend lieben und entsagen, / Und des Todes Wonneschauer, / Wenn Beethovens Lieder klagen... // In der Symphonien Rauschen, / Heiligen Gewittergüssen, / Seh ich Zeus auf Wolken nahn und / Christi blutge Stirne küssen; // Hört das Herz die große Liebe / Alles in die Arme schließen, / Mit der alten Welt die neue / In die ewige zerfließen" (LCa 1, 413 f.).

Die Lenaus lyrischem Werk innewohnende Musikalität hat Komponisten bereits zu Lebzeiten des Dichters und später zu Vertonungen seiner Gedichte geradezu herausgefordert - es gibt über 800 davon, doch sind sie heute zumeist vergessen: "Alles in allem spiegelt die große Anzahl der Vertonungen aber doch einen Faktor wieder: den großen Eindruck, den Lenau als Dichter auf die Menschen des 19., aber auch des 20. Jahrhunderts gemacht hat" (EH 52).

Im Unterschied zu den Liedkompositionen war einem Orchesterwerk, der nach Lenaus "Don Juan" entstandenen Tondichtung von Richard Strauss (1864 - 1949), bis in die Gegenwart unverminderter Erfolg beschieden: "Sein Don Juan vorgestern Abend hat einen ganz unerhörten Erfolg gehabt", berichtete Hans von Bülow in einem Brief über die Uraufführung, die der 25jährige Komponist am 11. November 1889 in Weimar selber dirigiert hatte (DEH 99). Eine Studie über das Werk hält fest: "Lenaus Dichtung und die Komposition stehen als gleichberechtigte Meisterwerke nebeneinander. Es ist eine geistige Partnerschaft von hohem Rang, denn der junge Feuerkopf Richard Strauss hat - intuitiv oder bewußt - die poetische Grundidee des Lenauschen Werkes erfaßt und nach rein musikalischen Gesetzen verarbeitet. So sehen wir in der Tondichtung des Richard Strauss auch heute, drei Generationen nach der Ur-Aufführung, ein fertiges Meisterwerk, einen genialen Wurf, den Richard Strauss selbst vielleicht noch einmal, in seinem 'Till Eulenspiegel' nämlich, erreicht, jedoch nicht übertroffen hat (DEH 107).

Lenaus Werk hat nicht nur im deutschen Sprachraum sondern auch in anderen Ländern gewirkt. Übersetzungen seiner Dichtungen und fremdsprachige Beiträge über ihn begannen relativ früh zu erscheinen: In einem Brief vom 1. November 1839 erwähnt Lenau in London publizierte Übertragungen seiner ausgewählten Gedichte und "eine günstige Besprechung" in der britischen Zeitschrift "Foreign Monthly Review" (LHKA 6/1, 88). Die etwa zu diesem Zeitpunkt einsetzende Lenau-Rezeption im nichtdeutschen Sprachgebiet dauert bis in die Gegenwart an. Die reiche Lese von Nachdichtungen und Forschungsbeiträgen beweisen dieses kontinuierliche Interesse, wobei schwerpunktmäßig Frankreich, Italien, die USA, Ungarn, Rumänien und andere osteuropäische Länder wie Polen, die Tschechoslowakei und das ehemalige Jugoslawien hervorzuheben wären. Ein Echo löste der Dichter selbst in fernöstlichen Breiten aus.

Innerhalb der Lenau-Literatur nimmt das Werk

"Lenau. Storia di un martire della poesia" (1935) des italienischen Germanisten Vincenzo Errante einen besonderen Platz ein. Über diese "leidenschaftlichste, feurigste und unmittelbarste Lenaumonographie" schreibt ein Kritiker: "Errante, der Lenau näher steht als alle Interpreten vor und nach ihm, legt ein enthusiastisches, weitgehend von intuitiver Durchdringung bestimmtes Buch vor. Es wurde im Rausch geschrieben, im Rausch sollte es auch gelesen werden. Jeder, der kein objektiv-kritisches Lenaubild verfolgt, wird an diesem Buch Gefallen finden" (CG 16f.). Bei ihrem Erscheinen begrüßte Stefan Zweig die Studie als "das entscheidende Buch" über den Dichter und bescheinigte dem Verfasser in einem Brief: "Sie haben Lenau unermeßlich liebevoller und geistig intuitiver angesehen, als es je in seinem Vaterlande geschehen ist". Der Brief leitet die 1948 erschienene deutsche Übersetzung des Buches von Errante ein (VE 7f.).

Bis weit ins 19. Jahrhundert reicht die Tradition der Beschäftigung mit Lenau in Ungarn zurück, was nicht zuletzt mit der Herkunft des Dichters und seinen Beziehungen zu diesem Land in Zusammenhang zu bringen ist. Stellvertretend für die ungarische Lenau-Literatur (AM/FS) sei hier die 1955 erschienene, auch ins Deutsche übersetzte Monographie von József Turóczi-Trostler (JT-T) genannt, die "wertvolle Anregungen zu einer internationalen Lenaurenaissance der Nachkriegszeit gab", bemerkt Antal Mádl in seinem Buch "Auf Lenaus Spuren" (AM 46 f.).

Die Wirkung Lenaus in Rumänien (HS) läßt sich unmittelbar anhand einer 1975 erschienenen zweisprachigen Gedichtanthologie nachvollziehen, für die Sevilla Răducanu Übersetzungen aus hundert Jahren auswählte (SR). Zu den Übersetzern gehört auch Rumäniens Nationaldichter Mihai Eminescu (1850 - 1889), der von Zeitgenossen gelegentlich als "rumänischer Lenau" bezeichnet wurde. Des wiederholt behandelten Themas hat sich auch die neuere Komparatistik angenommen (LR; HF). Annemarie Podlipny-Hehn verfaßte eine Bilddokumentation über Lenau in Rumänien (AP-H), in der Quellen der außerliterarischen Wirkung des Dichters erschlossen werden.

In den letzten drei Jahrzehnten wurde die grenzenüberschreitende Beschäftigung mit Lenau insbesondere durch die Internationale Lenau-Gesellschaft (ILG) in Wien gefördert. Die ILG, deren Zustandekommen und Wirken mit dem Namen ihres ersten Generalsekretärs Nikolaus Britz eng verbunden ist, wurde im Oktober 1964 mit Unterstützung der Stadt Stockerau und ihres damaligen Bürgermeisters Josef Wondrak gegründet. Der Stadt ist zudem die Einrichtung eines Lenau-Archivs zu verdanken, in dem der internationalen Forschung Dokumentationen zum Leben und Werk des Dichters zur Verfügung stehen (ASc).

Auf den Tagungen der ILG, die in Österreich, Deutschland, Ungarn, Rumänien und Polen stattfanden, legten im Laufe der Jahre Lenau-Forscher aus mehr als einem Dutzend Länder ihre Forschungsergebnisse vor, die in den beiden Periodika der Gesellschaft, dem "Lenau-Almanach" und dem "Lenau-Forum", einer Zeitschrift für vergleichende Literaturforschung, aber auch in anderen, von der Gesellschaft betreuten Publikationen, einem größeren Interessentenkreis zugänglich gemacht werden (AM/AS). Neben einer internationalen Lenau-Bibliographie wird als weiteres gemeinsames Projekt im Auftrag der ILG von Wissenschaftlern mehrerer Länder die neue, historisch-kritische Gesamtausgabe der Werke und Briefe Lenaus (LHKA) erarbeitet, in deren Rahmen die Briefe bereits aufliegen. Die gesamte Tätigkeit der Internationalen Lenau-Gesellschaft läßt erkennen, wie die Beschäftigung mit dem Werk und der Person des Dichters über den wissenschaftlichen Ertrag hinaus Völker und Kulturen einander näherzubringen vermag.

*Anmerkung: Die Sigel verweisen auf die im Text zitierte Primär- und Sekundärliteratur.

Primärliteratur

LCa 1-6
Lenau, Nikolaus: Sämtliche Werke und Briefe in 6 Bänden. Herausgegeben von Eduard Castle. Leipzig 1910 - 1923.

LWD
Lenau, Nikolaus: Sämtliche Werke und Briefe. Herausgegeben von Walter Dietze. 2 Bände. Leipzig 1970. (Lizenzausgabe. Frankfurt a. M. 1971.)

LHKA 5/1; LHKA 6/1
Lenau, Nikolaus: Werke und Briefe. Historisch-kritische Gesamtausgabe. Herausgegeben im Auftrag der Internationalen Lenau-Gesellschaft von Helmut Brandt, Gerard Koziełek, Antal Mádl, Norbert Oellers, Hartmut Steinecke, András Vizkelety, Hans-Georg Werner und Herbert Zeman. Band 5. Briefe 1812 - 1837, Teil 1: Text. Herausgegeben von Hartmut Steinecke und András Vizkelety in Zusammenarbeit mit Norbert Otto Eke und Karl Jürgen Skrodzki. Wien 1989; Band 6. Briefe 1838 - 1847. Teil 1: Text. Herausgegeben von Norbert Oellers und Hartmut Steinecke in Zusammenarbeit mit Norbert Otto Eke und Karl Jürgen Skrodzki. Wien 1990.

LLöw
xxx Lenau und die Familie Löwenthal. Briefe und Gespräche, Gedichte und Entwürfe. Mit Bewilligung des Freiherrn Arthur von Löwenthal; vollständiger Abdruck nach den Handschriften. Ausgabe, Einleitung und Anmerkungen von Eduard Castle. Leipzig 1906.

LRein
xxx Nikolaus Lenaus Briefe an Emilie von Reinbeck und deren Gatten Georg von Reinbeck, 1832 - 1844, nebst Emilie von Reinbecks Aufzeichnungen über Lenaus Erkrankung 1844 - 1846, nach großenteils ungedruckten Originalen herausgegeben von Anton Schlossar. Stuttgart 1896.

Sekundärliteratur

OFB
Beer, Otto F.: Revolutionär in der Zwangsjacke. Manfred Karges "Lieber Niembsch" im Akademietheater uraufgeführt. In: Der Tagesspiegel vom 1. Dezember 1989.

HB
Bischoff, Heinrich: Nikolaus Lenaus Lyrik. Ihre Geschichte, Chronologie und Textkritik. Band 1. Bruxelles 1920.

OB
Borst, Otto: Lenau und der Seracher Dichterkreis. In: Lenau-Forum. Vierteljahresschrift für vergleichende Literaturforschung (Wien) 1 (1969), Folge 3 - 4, S. 3 - 11.

HBr
Bräuner, Hans: Lenauheim/Tschatad. Ein Heimatbuch. Herausgegeben im Auftrag der Heimatortsgemeinschaft, o. O. 1982.

NB
Britz, Nikolaus: Aus Lenaus familiengeschichtlicher Vergangenheit. Ein altösterreichisches Kulturbild. Wien 1982.

NBr
ders.: Schwäbische Frauen in Lenaus Leben und Dichten. Esslinger Lesegabe der Internationalen Lenau-Gesellschaft zum 175. Geburtstag des Dichters. Wien 1977.

DS
xxx Die Donauschwaben. Deutsche Siedlung in Südosteuropa. Ausstellungskatalog. Herausgegeben vom Innenministerium Baden-Württemberg. Bearbeitet von Immo Eberl in Gemeinschaft mit Konrad G. Gündisch, Ute Richter, Annemarie Röder und Harald Zimmermann. Sigmaringen 1987.

VE
Errante, Vincenzo: Lenau. Geschichte eines Märtyrers der Poesie. Mit einem Vorwort von Stefan Zweig. Übersetzt aus dem Italienischen von Charlotte Rau. Mengen 1948.

SBF
Farkas, Sándor Bölöni: Von Transsylvanien bis Pennsylvanien. Reiseerlebnisse vor 150 Jahren. Aus dem Ungarischen von Henriette und Géza Engl. Budapest 1980.

HF
Fassel, Horst: Lenaufeiern im Banat (1919 - 1942). Gruppenidentität und Ideologie. In: Der Donauschwabe vom 13. September 1992.

ders.: Lenau und Eminescu. Die Leistungsfähigkeit eines Vergleichs. In: Mihai Eminescu. 1889 - 1989. Nationale Werte - Internationale Geltung. Herausgegeben von Ioan Constantinescu. München 1992. S. 57 - 65.

FF
Felzmann, Fritz: Über die Entdeckung eines Gemäldes des Ozeanseglers "Baron van der Capellen". In: Stockerauer Beiträge zur Fünfjahrfeier der Internationalen Lenau-Gesellschaft. Herausgegeben vom Kulturamt der Stadt Stockerau in Zusammenarbeit mit der Internationalen Lenau-Gesellschaft. Wien 1969, S. 21 - 23.

CG
Gibson, Carl: Lenau. Leben - Werk - Wirkung. Heidelberg 1989.

KG
Gladt, Karl: "Es ist ein Land voll träumerischem Trug...". Kollektaneen zum Thema "Lenau in Amerika". In: Lenau-Almanach 1979. Wien 1979, S. 63 - 82.

AG
Grün, Anastasius: Nikolaus Lenau. Lebensgeschichtliche Umrisse. In: Lenaus sämtliche Werke in vier Bänden. Mit einer biographischen Einleitung von Anastasius Grün. Band 1. Stuttgart o. J., S. 10 - 90.

GH
Häntzschel, Günter: Nikolaus Lenau. In: Zur Literatur der Restaurationsepoche 1815 - 1848. Forschungsreferate und Aufsätze. Herausgegeben von Jost Hermand und Manfred Windfuhr. Stuttgart 1970, S. 62 - 107.

JPH
Hammer, Jean Pierre: Lenau. Poète, rebelle et libertaire. Paris 1987.

ders.: Nikolaus Lenau. Dichter und Rebell. Wiener Neudorf 1989.

KH-K
Hegedüs-Kovačević, Katalin: Lenau als Romanheld. In: Lenau-Forum. Vierteljahresschrift für vergleichende Literaturforschung. (Wien) 7/8 (1975/76), Folge 1 - 4, S. 54 - 61.

EH
Hilmar, Ernst: Vertonungen von Nikolaus Lenaus Lyrik. In: Lenau-Almanach 1969/75. Wien 1975, S. 51 - 125.

RH
Hochheim, Rainer: Nikolaus Lenau. Geschichte seiner Wirkung 1850 - 1918. Frankfurt a. M./Bern 1982.

RH u.a.
Hochheim, Rainer / Rösch-Sondermann, Hermann / Schenkel, Martin / Ziegler, Detlef: Nikolaus Lenau. Deutschsprachige Personalbibliographie (1850 - 1981). Frankfurt a. M./Bern/New York 1986.

DEH
Hülle, Dieter E.: Nikolaus Lenau und Richard Strauss. Der Dichter als geistiger Partner des Komponisten. In: Lenau-Almanach 1980/81. Sindelfinger Vorträge 1981. Im Namen der Internationalen Lenau-Gesellschaft Wien herausgegeben von Nikolaus Britz. Wien 1982. S. 88 - 107.

AH
Huth, Alfred: Nikolaus Lenau. Ein deutscher Dichter aus dem Banat. Pfinztal 1988.

J
xxx Jahrbuch der Allgemeinbildenden Mittelschule "Nikolaus Lenau". Veröffentlicht anläßlich der Hundertjahrfeier der Schule. Temeswar 1970.

KK
Kahl, Kurt: Die Revolution dringt bis in das Irrenhaus. Manfred Karges "Lieber Niembsch" im Akademietheater. Wiener Kurier vom 20. November 1989.

KNL
xxx Kindlers neues Literaturlexikon. Herausgegeben von Walter Jens. Band 10. München 1990.

FL
Liebhard, Franz: Kraschowa - Lippa - Lenauheim. Die Familie Niembsch im Banat. In: Neue Literatur. (Bukarest) 30 (1979), H. 6, S. 7 - 27.

AM
Mádl, Antal: Auf Lenaus Spuren. Beiträge zur österreichischen Literatur. Wien/Budapest 1982.

ders.: Lenau als politischer Dichter. In: A. M., Politische Dichtung in Österreich. Budapest 1969, S. 55 - 107.

AM/AS
xxx Vergleichende Literaturforschung. Internationale Lenau-Gesellschaft 1964 bis 1984. Herausgegeben von Antal Mádl (Budapest) und Anton Schwob (Graz) im Auftrag der Internationalen Lenau-Gesellschaft. Wien 1984.

AM/FS
Mádl, Antal / Szász, Ferenc: Nikolaus Lenau in Ungarn. Bibliographie. Budapest 1979.

CM
Magris, Claudio: Im Schlamm Pannoniens. Eine Banater Elegie. In: Im blinden Winkel. Nachrichten aus Mitteleuropa. Herausgegeben von Christoph Ransmayr. Frankfurt a. M. 1989, S. 78 - 81.

GM
Mann, Golo: Erinnerungen und Gedanken. Eine Jugend in Deutschland. Frankfurt a. M. 1991.

WM
Martens, Wolfgang: Bild und Motiv im Weltschmerz. Studien zur Dichtung Nikolaus Lenaus. Köln/Graz 1957; 1976.

FM
Milleker, Felix: Lenau im Banat. Wrschatz 1926.

EN
Niendorf, Emma: Lenau in Schwaben. Aus dem letzten Jahrzehnt seines Lebens. Leipzig 1853.

SP
Peine, Sibylle: Uraufführung nach 150 Jahren. Nikolaus Lenaus "Don Juan" in Tübingen. In: Main-Echo vom 7. März 1990.

AP-H
Podlipny-Hehn, Annemarie: Nikolaus Lenau in Rumänien. Eine Bilddokumentation. Bukarest 1988; 1991.

SR
Răducanu, Sevilla: Nikolaus Lenau. Glasul vîntului. Stimme des Windes. Zweisprachige Anthologie. Auswahl und Vorwort. (Temeswar) 1975.

LR
Rusu, Liviu: Eminescu und Lenau. In: Lenau-Forum. Vierteljahresschrift für vergleichende Literaturforschung. (Wien) 2 (1970), Folge 3 - 4. S. 24 - 36.

WS
Scheffler, Walter: Lenau in Schwaben. Eine Dokumentation in Bildern. Marbacher Magazin 5. Herausgegeben von Bernhard Zeller. Redaktion: Friedrich Pfäfflin. Marbach 1977.

ASc
Scherer, Anton: Internationale Lenau-Gesell-

schaft 1964 bis 1984. In: Vergleichende Literaturforschung. Internationale Lenau-Gesellschaft 1964 bis 1984. Herausgegeben von Antal Mádl (Budapest) und Anton Schwob (Graz) im Auftrag der Internationalen Lenau-Gesellschaft. Wien 1984. S. 9 - 98.

HSch
Schmidt, Hugo: Nikolaus Lenau. New York 1971.

HS-B
Schmidt-Bergmann, Hansgeorg: Ästhetismus und Negativität. Studien zum Werk Nikolaus Lenaus. Heidelberg 1984.

AS-E
Schmidt-Endres, Annie: Die Grabstätte der Schwester Lenaus in Lenauheim. In: Lenau-Almanach 1959. Wien 1959. S. 40 - 42.

ASch
Schurz, Anton X.: Lenaus Leben. Erneut und erweitert von Eduard Castle. Band 1. 1798 bis 1831. Wien 1913.

FS
Sengle, Friedrich: Nikolaus Lenau. In: F. S., Biedermeierzeit. Deutsche Literatur im Spannungsfeld zwischen Restauration und Revolution. Band 3. Stuttgart 1980. S. 640 - 690.

HS
Stănescu, Heinz: Beiträge zu einer Lenau-Bibliographie Rumäniens. In: Lenau-Forum. Vierteljahresschrift für vergleichende Literaturforschung. (Wien) 1 (1969) Folge 2, S. 57 - 61; Folge 3 - 4, S. 88 - 95.

HSt
Steinecke, Hartmut: Nikolaus Lenau. In: Deutsche Dichter des 19. Jahrhunderts. Herausgeber: Benno von Wiese. Berlin 1969, S. 342 - 365.

VS
Suchy, Viktor: Der Wandel des Lenau-Bildes in der Literaturwissenschaft. Paris 1976.

JT-T
Turóczi-Trostler, József: Lenau. Budapest 1955.

ders.: Lenau. Aus dem Ungarischen von Bruno Heilig. Berlin 1961.

HW
Wohlrab, Hertha: Lenau - Wohnstätten in Wien. In: Lenau-Almanach 1969/75. Wien 1975, S. 16 - 26.

BZ
Zeller, Bernhard: Lenau und Württembergs Poeten. In: Lenau-Almanach 1976/78. Wien 1978, S. 67 - 82.

PZ
Zimmermann, Petra: Der Dichter Lenau in Härtlings Roman "Niembsch oder der Stillstand". In: Lenau-Forum. Vierteljahresschrift für vergleichende Literaturforschung (Wien) 17 (1991), Folge 1 - 4, S. 83 - 94.

Bildteil

1. Lenaus Eltern

2. Eintragung im Csatader Taufbuch

3. Das Geburtshaus

4. Die Taufkirche

5. Grabstein der Schwester Lenaus

6. Das Denkmal in Lenaus Geburtsort

7. Das Lenau-Museum in Lenauheim

8. Ortsschild

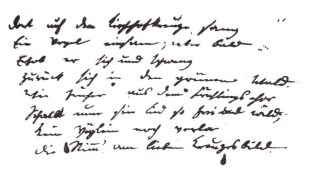

9. Lenaus Handschrift

10. Lenau-Büste in Werschetz   11. Die Temeswarer Nikolaus-Lenau-Schule

12. Der Blocksberg bei Pest

13. Die Ofener Friedhofskapelle

14. Tokaj

15. Lenaus Wohnung in Ungarisch-Altenburg

16. Studienzeugnis aus Preßburg

17. Pußtalandschaft

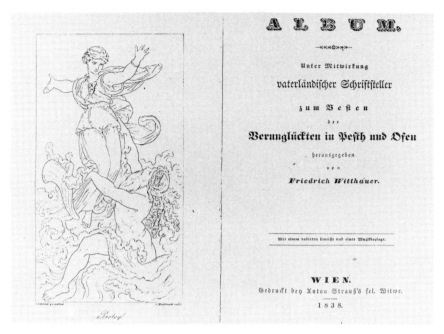

18. „Album". Titelblatt und Zeichnung zu Lenaus „Prolog"

19. Überschwemmung in Pest, 1838

20. „Mischkas Hüttlein mit dem Halmendach..."

21. Katharina Niembsch

22. Alt-Stockerau

23. Familienwappen

24. Joseph Niembsch

25. Gedenkstein in Stockerau

26. Lenau-Büste in Stockerau

27. Stockerauer Kirche

28. Wandmalerei im Gasthof „Lenaustuben"

29. Johann G. Seidl   30. Anastasius Grün   31. Ludwig A. Frankl

32. Anton X. Schurz mit Ehefrau Therese, geb. Niembsch

33. Matthias L. Schleifer

34. Nanette Wolf

35. Gmunden

Der Postillon.

Von N. Lenau.

Lieblich war die Maiennacht,
Silberwölklein flogen
Ob der holden Frühlingspracht
Freudig hingezogen.

Schlummernd lagen Wies' und Hain,
Jeder Pfad verlassen,
Niemand als der Mondenschein
Wachte auf der Straßen.

Leise nur das Lüftchen sprach,
Und es zog gelinder
Durch das stille Schlafgemach
All der Frühlingskinder.

Zagend nur das Bächlein schlich,
Denn der Blüthen Träume
Dufteten so wonniglich
Durch die stillen Räume.

Rauher war mein Postillon,
Ließ die Geißel knallen,
Ueber Berg und Thal davon
Frisch sein Horn erschallen.

Und von flinken Rossen vier
Scholl der Hufe Schlagen,
Die durch's blühende Revier
Trabten mit Behagen.

Feld und Wald im raschen Zug
Kaum gegrüßt — gemieden,
Und vorbei wie Traumesflug
Schwand der Dörfer Frieden.

Mitten in dem Frühlingsglück
Lag ein Kirchhof innen,
Der den flücht'gen Wanderblick
Hielt zu ernstem Sinnen.

Hingelehnt an Bergesrand
War die bleiche Mauer,
Und das Kreuzbild Gottes stand
Hoch, in stummer Trauer.

Schwager ritt auf seiner Bahn
Stiller jetzt und trüber,
Und die Rosse hielt er an,
Sah zum Kreuz hinüber:

„Halten muß hier Roß und Rad,
„Mag's euch nicht gefährden!
„Drüben liegt mein Kamerad
„In der kühlen Erden!"

„War ein herzlieber Gesell,
„Herr, 's ist ewig Schade;
„Keiner blies das Horn so hell
„Wie mein Kamerade."

„Hier ich immer halten muß,
„Dem dort unter'm Rasen
„Zum getreuen Brudergruß
„Sein Leiblied zu blasen."

Und dem Friedhof blies er zu
Frohe Wandersänge,
Daß es in die Grabesruh
Seinem Bruder dränge.

Und des Hornes heller Ton
Klang vom Berge wieder,
Ob der todte Postillon
Stimm' in seine Lieder. —

Wieder ging's durch Feld und Hag
Mit verhängtem Zügel,
Lang mir noch im Ohre lag
Jener Klang vom Hügel.

36. Erstdruck im Stuttgarter „Morgenblatt"

37. Der Lenau-Stein in Bisingen/Steinhofen

38. Stuttgart

39. Dichterrunde im Garten bei Justinus Kerner

40. Gustav Schwab

41. Karl Mayer

42. Justinus Kerner

43. Gustav Pfizer

44. Emilie Reinbeck

45. Mariette Zoeppritz

46. Salon im Hartmann-Reinbeckschen Haus

47. Heidelberg

48. Ludwig Uhland

49. Die Wurmlinger Kapelle bei Tübingen

50. Alexander Graf von Württemberg

51. Schlößchen Serach

52. Emma Niendorf

53. Marie Gräfin von Württemberg

54. Titelblatt der Komposition

55. Emilie Zumsteeg

56. Josephine Lang

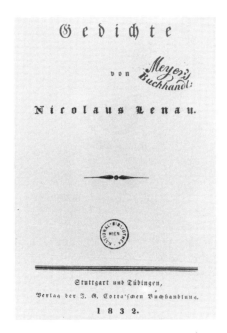

57.

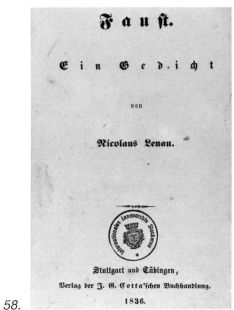

58.

59. Johann Georg Cotta

60.

61. Der Dreimaster „Baron van der Capellen"

62. Baltimore

63. Die Niagarafälle

64. Sophie von Löwenthal mit ihrem Sohn Ernst

65. **Savonarola.**

Ein Gedicht

von

Nicolaus Lenau.

Stuttgart und Tübingen.
Verlag der J. G. Cotta'schen Buchhandlung.
1837.

66. Karoline Unger

68. Marie Behrends

67. Der kranke Dichter

69. „S'ist eitel Nichts..."

70. Die Stadt Winnenden mit Heilanstalt

71. Die Heilanstalt Oberdöbling bei Wien

72. Lenaus Grab in Weidling

NIKOLAUS LENAU

ALBIGENZII

•

În româneşte de
VICTOR TULBURE

EDITURA PENTRU
LITERATURĂ UNIVERSALĂ
Bucureşti — 1967

73.

THE GERMAN CLASSICS

Masterpieces of German Literature
TRANSLATED INTO ENGLISH

Patrons' Edition
IN TWENTY VOLUMES

ILLUSTRATED

THE GERMAN PUBLICATION SOCIETY
NEW YORK

74.

COLLECTION BILINGUE DES CLASSIQUES ÉTRANGERS

LENAU

POÈMES

Présentés, traduits et complétés
par un appendice musical
par
ALBERT SPAETH
édité en collaboration avec
J. P. HAMMER

AUBIER MONTAIGNE
13, quai de Conti, Paris, VIe

75.

FAUST.

KÖLTEMÉNY.

IRTA
LENAU MIKLÓS.

FORDITOTTA
SZOMORY KÁROLY.

BUDAPEST.
FRANKLIN-TÁRSULAT
MAGYAR IROD. INTÉZET ÉS KÖNYVNYOMDA.
1901.

76.

77.

Vergleichende
Literaturforschung

Internationale Lenau-Gesellschaft
1964-1984

Herausgegeben von Antal Mádl (Budapest)
und Anton Schwob (Graz)
im Auftrag der
Internationalen Lenau-Gesellschaft

Bundesverlag

78.

79. „Don Juan" auf der Bühne

Studien

ZORAN KONSTANTINOVIĆ

Nachdenken über Lenau. Zum ständig sich ändernden Standpunkt jeder Betrachtung

Sicherlich spricht ein Dichter immer aus seiner Zeit und für seine Zeit, auch wenn er uns Werte vermittelt, die über diese Zeit hinausgehen und weiterdauern. Demgegenüber jedoch glaubt jede spätere Zeit, diesen Dichter so verstehen zu können, wie sie gewillt ist, ihn zu verstehen. Auf diese Diskrepanz zwischen dem Betrachtenden und der Art des Betrachtens im Sinne der Saussure'schen Opposition des Bezeichnens (signifiant) zum Bezeichneten (signifiée) hat in der Weiterentwicklung dieser grundlegenden strukturalistischen Anregungen durch den französischen Poststrukturalismus vor allem Michel Foucault hingewiesen, indem er, vergleichbar mit den Bemühungen der Archäologie, von der Aufdeckung vergangener Bewußtseinsstrukturen spricht, zu denen wir nur durch die darüberliegenden Schichten vorzustoßen vermögen. Alle diese Schichten müssen entfernt werden, bevor es zu einer klärenden und verstehenden Begegnung unseres Bewußtseins mit den Bewußtseinsstrukturen einer verflossenen Zeit zu kommen vermag. In einer solchen erfolgreichen Begegnung jedoch werden wir auch die wahren Inhalte unseres Bewußtseins und ihre Veränderungen erkennen können, zu denen es durch all diese Schichten hindurch gekommen ist.

Lenau scheint zu einem solchen Nachdenken über die jeweilige Sicht einer Zeit besonders geeignet zu sein. Als 1899, aus Anlaß des fünfzigsten Regierungsjubiläums von Kaiser Franz Joseph der erste Band des großangelegten Werkes *Deutsch-österreichische Literaturgeschichte. Ein Handbuch zur Geschichte der deutschen Dichtung in Österreich-Ungarn* von Johannes Willibald Nagl und Jakob Zeidler erscheint, zu einem Zeitpunkt, da Österreich-Ungarn geradezu auf dem Höhepunkt seiner Weltmacht steht, wird der Standpunkt, von dem dieses Werk ausgehen soll, in dem Sinne bestimmt, daß Österreich in der Vermittlung deutscher Kultur und Literatur zu den übrigen Völkern dieses Raumes schon immer eine bedeutende Rolle zukam und dabei zugleich auch eine "speciell deutsch-österreichische Art" herauszubilden vermochte. Im zweiten Band, der erst 1914 beendet wird, legt man noch mehr Wert auf die Betonung dieses speziell Österreichischen und spricht gelegentlich (so S. 9) von der Notwendigkeit, die "bodenständige Art" gegen Versuche der "Usurpation" durch den deutschen Norden zu verteidigen. Im Begleittext zu den ersten Lieferungen des dritten Bandes, 1927, also nach dem Zusammenbruch der Monarchie, wird daran erinnert, daß Österreich in geschichtlicher Überlieferung wohl eine deutsche Grenzmark war, in kultureller Hinsicht aber zu einem Mittelpunkt von stärkster Wirkungskraft herangewachsen ist. Diese Wirkung, so heißt es, ging nicht etwa nur nach außen und schloß andere Nationen ein, sondern sie ging nicht weniger stark zurück ins Stammland.

Der dritte Band wird 1930 abgeschlossen und der angeführte Text, der ihn begleitet, versucht eine kulturpolitische Position zu definieren, in die sich die junge Republik hineingestellt sah. Mit dem dritten Band hätte dieses Vorhaben einer deutsch-österreichischen Literaturgeschichte beendet werden sollen, aber Eduard Castle ergänzte es noch durch einen vierten Band im Jahre 1937, dessen Vorwort in Vorahnung des unausweichbaren Anschlusses Österreichs an das Dritte Reich fast wie eine Art Entschuldigung für jedes Hervorheben des bis dahin spezifisch Österreichischen klingen mag. Man habe sich, so wird dort gesagt, "der Besonderheit der österreichischen Entwicklung" ausschließlich deswegen gewidmet, weil sie entweder "ganz übersehen oder nur mit geringem Verständnis verfolgt wurde", wobei "Besonderheit noch nicht Absonderung" bedeute.

Der Wandel des Standpunktes zum eigenen kulturellen Erbe durch diese vier Bände hindurch ist offensichtlich. In den Auffassungen jedoch, die den zweiten Band kennzeichnen, hat auch Lenau seinen Platz gefunden, als Vertreter jener österreichischen Generation, die von Eduard Bauernfeld, Ernst Freiherr von Feuchtersleben, Franz Grillparzer, aber auch von Johann Strauß und Joseph Lanner geformt wird. Er ist der große Dichter, der in seinem weichen und tiefen Gemüt durch das Gefühl der Melancholie geprägt wird. Aus einem wahren Naturempfinden überträgt er seine Stimmung und seine Leiderfahrung auf Naturgeschehen und Landschaft, daher seine Vorliebe für die weite Einsamkeit der Pußta, für herbstliche Bilder und dunkle schilfige Teiche. Insgesamt sind es Genrebilder der zur Harmonie strebenden Welt der Donaumonarchie.

Ganz anders ist die Darstellung Josef Nadlers, der mit seiner *Literaturgeschichte des deutschen Volkes – Dichtung und Schrifttum der deutschen Stämme und Landschaften* zweifellos der herausragende Literaturhistoriker der nationalsozialistischen Zeit war. Er gliedert Lenau in die umfassende Stimmung des Weltschmerzes ein, die er als jüdische Angelegenheit betrachtet. Noch in seiner 1951 in zweiter Auflage erschienenen *Literaturgeschichte Österreichs* spricht er von Lenau als Menschen, der aus angeborener Natur und verfehlter Erziehung keine Kraft besaß, das Schicksal zweier Vaterländer und zweier Kulturen zu bewältigen. Statt in seinem Vaterland Wurzeln zu schlagen, suchte er anderweitig immer neue. Letztlich richtete ihn Sophie von Löwenthal selbstsüchtig zugrunde. Nadler bietet keine Kostprobe von Lenaus Dichtung, er begnügt sich damit, von einer kranken Sucht nach Worten zu sprechen. Seine Epen sind nur Vorwand, um eigene Gedanken über Gott und die Welt an den Mann zu bringen. Die Kunstweise, die ihm lag, war längst ausgebildet im Natursinnbild der Romantik, und zum modisch Übernommenen bot er lediglich eine bestimmte Landschaft. Die schimmernde Form erschreckt durch ihre Kälte (S. 252-255).

Nadlers nicht zu verbergendes Bemühen, seine vormaligen Auffassungen rasch zum Zweck einer *Literaturgeschichte Österreichs* zu übertünchen, wirken nicht im geringsten überzeugend, und seine Darstellung Lenaus geradezu verletzend. Aber in dieser Zeit der "austriakischen Renaissance", wie sie von Gerhard Fritsch als spezifische Form der Suche nach einer österreichischen Identität bezeichnet wurde, war damit auch von dieser nun überwundenen Richtung her ein Zeichen gesetzt. In einer solchen Programmsetzung, die zum Zwecke dieser österreichischen Identität die habsburgische Vergangenheit zu verklären versuchte, trafen sich damals, gleich nach dem Zweiten Weltkrieg, sowohl die aus der Verbannung zurückgekehrten Schriftsteller, wie Franz Theodor Csokor, und die aus der inneren Emigration hervortretenden, wie Paula von Preradović, als auch ehemalige Mitglieder des Bundes deutscher Schriftsteller in Österreich, jener nationalsozialistischen Tarnorganisation zur Zeit des Ständestaates, – und gemeinsam griff man nun auf das "österreichische Erbe" zurück, das jedoch noch keineswegs als ein gemeinsames Erbe mit den anderen Völkern dieses Raumes betrachtet wurde. Aber auch die damals gegründete Zeitschrift "Wort in der Zeit", die, vom Staat unterstützt, einer solchen Programmsetzung offiziellen Ausdruck verleiht, weiß mit Lenau nichts Rechtes anzufangen. Nur einmal im Laufe des zehnjährigen Bestehens dieser Zeitschrift stellt ein Kritiker die Frage nach Lenaus Zuordnung.[1]

Die mit dieser Frage aufgeworfene Entscheidung zwischen Lenau als Dichter der Moderne oder des Barock ist insofern bedeutsam, als man damals in die existentiellen Tiefen eines österreichischen barocken Seins versank. Gerade als eine junge österreichische Dichtergeneration aus solchen Tiefen wieder zur Realität auftauchte und einen neuen Weg zur Identitätsfindung einzuschlagen begann, erschien das Werk von Claudio Magris *Il mito absburgico nella letteratura austriaca moderna* (Torino 1963), das besonders, nachdem es ins Deutsche übersetzt wurde (*Der habsburgische Mythos in der österreichischen Literatur*, Salzburg 1966), eine große Wirkung auszuüben begann. Der derart apostrophierte habsburgische Mythos war nämlich von diesem jungen italienischen Wissenschaftler eigentlich als eine leicht ironisierende Metapher für den konservativen Widerstand gegen jegliches revolutionäre, die Welt verändern wollende Bemühen gedacht. Ein solcher Mythos aber wurde von seinen Lesern völlig anders gedeutet, im Sinne nämlich eines Wunschdenkens der "rückwärtsgewandten Utopie", eines Begriffes, der eigentlich von dem Soziologen Max Weber eingeführt wurde, um die so häufige Umdeutung der Vergangenheit als etwas Besseren im Vergleich zur Gegenwart auszudrücken. Einer solchen rückwärtsgewandten Utopie entsprachen vollauf die tiefgehenden nostalgisch-sentimentalen Gefühle, die bei der Lektüre der Werke von Adalbert Stifter bis Stefan Zweig, Joseph Roth und Robert Musil aufkommen.

Zu Lenau äußert sich Magris in diesem Buch nur an zwei Stellen und dies ganz am Rande. So meint er, daß zur Zeit des Biedermeier der Druck des Regimes es verhinderte, daß man jenen "großen mitteleuropäischen Choral, jene übernationale Kultur spürte, die später so viele Schriftsteller verherrlichten", es aber doch nicht "an kraftvollen, eigenartigen Gestalten" fehlte, "wie der Wojwoden oder Zigeunern, die in Lenaus Dichtung so oft vorkommen" (S. 60). An einer anderen Stelle weist Magris darauf hin, daß Lenau keine bessere Figur "für den Unterweiser in der Metternichschen Regierungskunst" finden konnte, "als Mephisto, den scharfsinnigen, weltgewandten Teufel" (S. 62). Der bestehende Kontrast zum habsburgischen Mythos wird zwar in einem Satz erwähnt, nämlich daß "der herrschende Ton ... die Polemik und die Klage der unterdrückten Völker war" (s. S. 60), aber solche Polemik und Klage lösen sich im Mythos auf, und dieser überwiegt völlig.

Wohl hat Magris, als Antwort auf den Vorbehalt einer völlig einseitigen Darstellung der österreichischen Literatur, wie er sie in seinem

Werk geboten hatte, in einem Vortrag zugegeben, daß es neben der Tradition des "mito absburgico" in der österreichischen Literatur schon immer auch eine ständige Rebellion gerade gegen den Konservatismus und politischen Immobilismus gegeben habe, und in diesem Zusammenhang erwähnt er auch Lenau.[2] Persönlich aber ist er auch weiterhin von jenem Verständnis, auf das seine Darstellung des habsburgischen Mythos als Inbegriff verklärter Vergangenheit gestoßen war, fasziniert.

Es war ein völlig neuer Ausblick, der den Weg zu einem gänzlich veränderten und vor allem viel eingehenderen Bild dieses Dichters aufzuzeigen begann. In Anbetracht jener historischen Verbundenheit mit den anderen Völkern dieses Raumes und vor die Tatsache gestellt, daß dieser Raum nun durch einen eisernen Vorhang zwischen Ost und West ideologisch geteilt war, erkannte man in Österreich die große Aufgabe darin, unter solchen Umständen vermittelnd zu wirken und in kultureller Hinsicht an die einstige Zusammengehörigkeit dieser Völker zu erinnern. Nun jedoch nicht mehr im Zeichen einer rückwärtsgewandten Utopie, sondern in voller Anerkennung der begangenen Fehler. Als Brücke für ein solches Bemühen schien Lenau geeignet zu sein, und so wurde dieser Dichter, für den der ungarische Literaturhistoriker József Turóczi-Trostler in seinem Werk *Lenau*, das zwei Jahre vor dem Buch von Claudio Magris deutsch erschienen war, die Behauptung aufstellte, "Lenau band nichts an die österreichische Ideologie, er empfand keine Pietät gegenüber den Traditionen der Monarchie"[3], zum Namensspender einer von Österreich aus gegründeten Vereinigung, der Internationalen Lenau-Gesellschaft (ILG), die sich um die Zusammenarbeit vor allem der Literaturwissenschaftler aus den Ländern dieses Raumes bemühen sollte.

Nachdem man einige Jahre hindurch die wissenschaftlichen Erträge in Jahrbüchern zusammengefaßt hatte, begann 1969 auch eine eigene Zeitschrift, das "Lenau-Forum", zu erscheinen. Im Namen des Redaktionskollegiums geht der tschechische Literaturhistoriker Alois Hofman im einleitenden Beitrag der ersten Nummer von folgenden Gedanken aus: "Es ist unbestritten, daß die geistige Existenz der mitteleuropäischen Völker auf einer gemeinsamen Kultur gründet, die mit der gesamteuropäischen aufs engste verbunden ist. Sollte es wieder zu einer Verständigung der Menschen auf diesem alten Kulturboden kommen, müßte die Erinnerung an jene Grundlage, an die heute nicht mehr ganz präsenten, fast vergessenen Verbindungen, aufgefrischt und lebendig gemacht werden. Nikolaus Lenau gehört zu jenen, die auch heute innerhalb der Beziehungen unserer Welt stehen. Lenau hat mutigen und leidenschaftlichen Anteil an den Bewegungen seiner Epoche genommen, er hat Aufstand und Sturm in der menschlichen Entwicklung immer im Zeichen des Lichtes der menschlichen Freiheit begriffen, er hat beides auch in schmerzlicher Anschauung erlebt. Seine wahre Zuneigung zum ungarischen und polnischen Volk, sein Verständnis für die tschechische Reformation, sein Einfühlungsvermögen und Wissen in Dingen ihrer Natur befähigte ihn wie wenige österreichische Schriftsteller, in den Gegebenheiten des Vormärz den westlichen Geist mit dem östlichen im Bewußtsein ihrer sittlichen Verbundenheit in eine Verbindung zu bringen und künstlerisch in einen lebendig wirklichen

Einklang mit der österreichischen Wesensart zusammenzustimmen."⁴

Der Gedanke, Lenau – den sein Freund und einer seiner ersten Biographen, Anastasius Grün, am Schluß der *Lebensgeschichtlichen Umrisse*, die *Lenaus sämtliche Werke in vier Bänden* einleiten, in die Worte zu fassen versucht: "Verschiedene Nationalitäten können auf Lenau als einen der ihrigen Anspruch erheben, Herkunft und Name seiner Familie weisen auf slawische Voreltern, durch Geburt und die erste Erziehung gehört er dem Magyarenlande, durch Bildung, Gesinnung und Herzenswahl dem Deutschtum an" – nun in den Schnittpunkt einer komparatistischen Betrachtung zu stellen, erwies sich als ungemein ertragreich. – "Es wird – so Hofman (S. 3) – also bei unserer Unternehmung um ein im Grunde komparatistisches Verfahren gehen: um einen geistesgeschichtlichen Versuch, literarische Anschauungsarten zu verstehen und zu erfassen, die mehr als *einem* Sprachgebiet gemeinsam sind, um die Frage nach den Bedingungen, unter denen ein wesentlicher Teil der österreichischen Literatur entstand und wirksam wurde". Es bildete sich ein immer mehr in die Tiefe eindringendes Bild von diesem Dichter, und an seinem Beispiel wurde eine Fülle gegenseitiger literarischer Beziehungen und gemeinsamer Literaturmodelle aufgedeckt. Die Resultate waren sowohl von poetologischer als auch von kulturologischer Bedeutung, sie reichten von der psychologischen Durchdringung dieser dichterischen Persönlichkeit bis zu ihrem weitausholenden, philosophisch begründeten Geschichtsverständnis.

Gerade dieses Geschichtsverständnis war zum gegebenen Zeitpunkt von besonderer Aktualität. Lenau zweifelte nämlich an einer sich im Sinne Hegels erst im letzten Augenblick der Weltgeschichte offenbarenden Vernunft der Geschichte, so wie er auch einem perpetuierten Aufklärungsoptimismus gegenüber Zweifel hegte. Wie oft ist doch, so schrieb er an Sophie von Löwenthal, der Geschichte bei ihren feinsten und schönsten Geweben die Hand plötzlich erzittert und der Faden entfallen, womit zugleich das Glück ganzer Völker unwiederbringlich verlorenging.⁵ In den Jahrzehnten nach dem Zweiten Weltkrieg entsprach ein solches Geschichtsbewußtsein vollauf der historischen Erfahrung der mitteleuropäischen Völker, in dem Sinne nämlich, als man davon ausging, daß die Kleinen und Schwachen nur ein Spielball der Geschichte sind und ihre Wünsche wie auch ihre Hoffnungen bestenfalls als Bruchstücke einer aus dem Heilsplan entlassenen Geschichtsperiode in Erinnerung bleiben. Es sind auch immer nur Bruchstücke, die Lenau mit seinen historischen Epen darbietet, auch dann, wenn er über den mitteleuropäischen Raum hinausgreift. Czesław Miłosz, der polnische Nobelpreisträger, hat diese Erkenntnis in dem Gesamturteil aufgehen lassen, daß Mitteleuropa eine Einheit von Zeit, Materie, Raum und Bewegung darstellt, und deswegen die mitteleuropäische Literatur immer eine von historischen Ereignissen, von Geschichtlichkeit erfüllte Darstellung hervorbringt, worin der eigentliche Held jedoch kein historisches Ereignis oder der Träger dieses Ereignisses ist, der wahre Aktant bleibt immer die Zeit.⁶ Dieses Ringen der Kleinen und Schwachen setzt Lenau mit dem Kampf um Geistesfreiheit gleich, und auf diese Weise ist er auch zu den Ketzerbewegungen gelangt.

Parallelen dazu lassen sich in allen mitteleuropäischen Literaturen finden. In diesen Jahrzehnten jedoch, wo es kein Mitteleuropa mehr gab, entwickelte sich unter den Schriftstellern dieser Länder ein Mitteleuropabewußtsein, das sich von der durch das Buch von Claudio Magris bewirkten Gleichstellung von Mitteleuropa mit der Habsburg-Faszination von Grund auf unterschied. Einer der bedeutendsten Vertreter dieser Schriftsteller, die sich betont als "Mitteleuropäer" bezeichneten und deswegen als Dissidenten angefeindet wurden, Milan Kundera, wies in seinem Essay *The Tragedy of Middle Europe* ausdrücklich darauf hin, daß das österreichische Kaiserreich zwar die große Chance gehabt hätte, Mitteleuropa zu einem starken geeinten Staat zu machen, die Österreicher selbst sich jedoch leider zu sehr hin- und hergerissen fühlten zwischen einem arroganten pangermanischen Nationalismus und ihrer eigenen mitteleuropäischen Mission, so daß es ihnen nicht gelang, eine Föderation gleichberechtigter Völker zu bilden.

Unter den gegebenen Verhältnissen mußten die Wünsche und Vorstellungen, die diese Schriftsteller hegten, ohne sie jemals zu einem gemeinsamen Programm zu postulieren, völlig utopisch wirken. Als inoffizielles Programm allerdings könnte am ehesten ein Essay von György Konrád unter dem Titel *Der Traum von Mitteleuropa* bezeichnet werden, der vom Recht auf Individualität als einem grundlegenden mitteleuropäischen Wertbegriff ausgeht, die ethnische Vielfalt dieses Raumes als einen besonderen Reichtum betrachtet und in diesem Sinne auch die Achtung jeder einzelnen dieser Ethnitäten fordert, um dann in einer träumerischen Vision von einer künftigen geistigen Republik der Intellektuellen in diesem Teil Europas auszuklingen. Eine solche Vorstellung erinnert an die Stelle im schon erwähnten Brief an Sophie von Löwenthal, wo Lenau von den Versäumnissen in der Geschichte und vom Verfehlen der schönsten Anschläge spricht, die jedoch einige geniale Naturen als "tiefste Ahnung verfehlter göttlicher Geschichtsintentionen" in sich tragen. Lenau stand diesen Schriftstellern nahe durch ein solches Geschichtsbewußtsein, denn auch er hatte schon bestätigt, daß sich Gleiches niemals zu wiederholen vermag. So sagt er im Gedicht *Der Brunnen*:

Kein Trost kann mit dem Schmerze ringen;
Du wirst nicht wieder auferstehen,
Wenn Gott dich einmal ließ vergehen,
Kann er dich so nicht wiederbringen.[7]

Dies gilt nun zweifellos auch für jede Form von staatspolitischen Gebilden. Niemals kann eine solche unverändert wieder auferstehen. Aber auch Lenau verneint nicht, daß uns doch aus solchen Gebilden und gleichfalls aus all den mißglückten Bewegungen der Vergangenheit etwas wie ein Entwurf zu einem großen unvollendeten und wahrscheinlich niemals vollendbaren Plan geblieben ist.

Diese Dissidenten jedoch mußten sich Lenau in gleicher Weise wegen seines Rebellentums verwandt fühlen. Ihr Kampf gegen das bestehende System und die zwangsläufige Einordnung ihres Raumes in den Ostblock, der nach Aussage von Václav Havel zu einem Zeitpunkt, da dieser selbst noch Dissident war, nicht nur dem Totalitarismus sowjetischen Typs galt, sondern ebenso gegen den Westen gerichtet war, gegen die Eschatologie des Unpersönlichen und einer den Geist tötenden Verbrauchergesellschaft, war in mancher Hinsicht Lenaus einsamem Kampf gegen das Metternichsche System ähnlich.[8]

Lenau jedoch konnte den Sieg über dieses System, wenn es überhaupt ein Sieg war, geistig nicht mehr miterleben. Die utopischen Träume der mitteleuropäischen Dissidenten aber sehen sich geradezu über Nacht der Möglichkeit einer Verwirklichung gegenübergestellt. Václav Havel wird verhaftet, enthaftet und gleich darauf zum Staatspräsidenten gewählt. Die Dissidenten von gestern werden zu Funktionären der Demokratie. Aus der Illegalität der Selbstverlage im Untergrund, des Samisdat, übernehmen sie die Leitung der großen Verlage und führenden Zeitungen und Zeitschriften. Sie stehen so voll in der neuen Arbeit, daß sie kaum Zeit finden, ihre Erlebnisse zu verarbeiten. Die Anpassung an die neuen Verhältnisse fiel sicherlich nicht leicht. Wir wußten sehr wohl, meint einer von ihnen, der polnische Autor Adam Michnik, wie man unter dem Kommunismus eine freie Marktwirtschaft preist, jetzt aber wissen wir nicht, wie man in ihr überleben kann. Nach vierzig Jahren ist der Weg zur Demokratie nicht leicht, und auch in der Demokratie birgt der Dienst an der Wahrheit, wenn er mit der Macht verbunden ist, Gefahren in sich. Viele nun neue soziale Probleme und völlig vernachlässigte Fragen des Umweltschutzes werden auch als literarische Themen eine verstärkte Aufmerksamkeit erfordern.

Ganz besonders werden die Schriftsteller dieser Länder darauf beharren müssen, nicht in jene marginale Position abgedrängt zu werden, die ihnen von der Konsumgesellschaft bestimmt ist. Das Mißgeschick, das die Vision von Marx erlitten hat, dürfte zudem nicht zur Ablehnung jeder Art von Vision führen. Im Gegenteil, vielleicht ist die Sorge um die Gesellschaft, um die Kultur und um die Zukunft der Menschheit in einem Zeitabschnitt, in dem die Fortschrittsidee aus dem vorigen Jahrhundert sich ausgelebt hat und die kommunistische Ideologie völlig auseinandergefallen ist, noch viel notwendiger als bisher. In diesem Falle wird Lenau sicherlich ein aktueller Dichter dieser Sorge bleiben. Was ihm jedoch besondere Aktualität in unserem Nachdenken verleiht, ist der positive Ansatz, den es in Verbindung mit seiner Persönlichkeit und seinem Werk zur Überwindung des schmerzhaften und im Augenblick mit solcher Vehemenz wieder aufflammenden Nationalitätenproblems zu gestalten gelang. In diesem Sinne bleibt Lenau einer jener Ausblicke und eine der Hoffnungen, die uns die Literatur zu geben vermag.

Anmerkungen

1 Ivar Ivsak in seinem Beitrag: Nikolaus Lenau – Vorläufer der Moderne oder Nachzügler des Barock? (Siehe Heft 5/1964 dieser Zeitschrift).

2 Siehe Claudio Magris: Der unauffindbare Sinn. Zur österreichischen Literatur des 20. Jahrhunderts. Klagenfurt 1978 (= Klagenfurter Universitätsreden 9).

3 József Turóczi-Trostler: Lenau. Berlin 1961 (= Neue Beiträge zur Literatur 12), S. 220.

4 Alois Hofman: Prolegomena zu einer neuen Zeitschrift. In: Lenau-Forum 1 (1969), S. 2f.

5 Vgl. Nikolaus Lenau: Sämtliche Werke und Briefe. Hrsg. von Walter Dietze. Bd. 2. Frankfurt a.M. 1971, S. 546.

6 Czesłav Miłosz sieht auch sein Land als Teil einer gemeinsamen mitteleuropäischen Tradition und weist im Zusammenhang damit auch auf das Bestehen einer gemeinsamen mitteleuropäischen Literatur hin. Seine hier zusammengefaßten Gedanken sind einem Interview entnommen: Osećanje neutaživosti je suštinsko za pesnika (Das Gefühl des Unbefriedigtseins ist wesentlich für den Dichter). In: Književna reč (Belgrad), Nr. 304-305 (1987), S. 10-11.

7 Nikolaus Lenau: Sämtliche Werke und Briefe in 6 Bänden. Hrsg. von Eduard Castle, Bd. 2. Leipzig 1911, S. 383.

8 Dieser hier erwähnte Gedanke entstammt gleichfalls einem Interview, das, in vielen Sprachen veröffentlicht, nach der serbokroatischen Übersetzung wiedergegeben wird: Sudbina sveta je nedeljiva. Razgovor sa Vaclavom Havelom (Das Schicksal der Welt ist unteilbar. Gespräch mit Václav Havel). In: Književne novine (Belgrad), Nr. 733 (1987), S. 1.

HARTMUT STEINECKE

Die Korrosionsbeständigkeit wahrhafter Lyrik*

Warum lesen wir Lenau heute? Warum feiern wir Lenau heute? Diese Fragen sind im Sommer 1991 gewiß berechtigt – angesichts der politischen Situation in einigen der Länder, aus denen die Mitglieder unserer Internationalen Lenau-Gesellschaft (ILG) kommen, angesichts der blutigen Kämpfe in Jugoslawien, angesichts der Probleme hier in unserem Gastgeberland Rumänien, die Sie besser kennen als ich.

Warum lesen und feiern wir Lenau heute? Diese Fragen stellen wir uns eigentlich in jedem Jahr, wenn wir eine Jahrestagung der ILG vorbereiten. Für den Wissenschaftler, der über Lenau spricht und schreibt, lassen sich die Fragen ergänzen: Welchen Lenau lesen und feiern wir heute? Welchen Lenau wollen wir vermitteln?

Jeder weiß, daß es ein historisch und objektiv wahres Bild eines Dichters nicht gibt, daß jedes Bild eines anderen, das wir haben und geben, subjektiv ist, hindurchgegangen durch das Individuum des Betrachters, gespiegelt in seinem historischen Wissen, in seinen lebensgeschichtlichen Erfahrungen. Es wäre ein Irrtum zu glauben, man könne diese subjektiven Faktoren ausschalten; aber als Wissenschaftler muß man sich ihrer bewußt sein, muß sie reflektieren.

Der Reclam-Verlag bat mich im vergangenen Jahr, eine neue umfangreiche Lenau-Gedichtausgabe vorzubereiten. Im Reclam-Verlag Stuttgart werde seit über 25 Jahren, seit 1965, eine schmale Auswahl immer wieder nachgedruckt, von der man nun oft genug gehört habe, sie sei ebenso veraltet wie das fünfseitige Nachwort dürftig.[1] Und die Auswahlausgaben der DDR seien ja gewiß parteipolitisch einseitig gewesen. Kurz: Der neue Reclam-Verlag, wieder mit dem Stammhaus in Leipzig vereint, wolle eine neue Auswahl herausbringen.

Da mit Sicherheit diese Ausgabe des größten deutschen Taschenbuchverlags viel weiter verbreitet werden wird als jede andere, ist ihre Zusammenstellung zweifellos eine sehr reizvolle Aufgabe für jemanden, der sich seit langem mit Lenau befaßt und der einer Gesellschaft angehört, deren satzungsmäßiges Ziel es ist, Lenaus Werke zu verbreiten. Allerdings liegt in einer solchen Ausgabe auch eine Verantwortung – man nimmt Einfluß auf das Lenau-Bild vieler künftiger Leser, ob man will oder nicht.

Daher holte ich mir Rat bei dem bedeutendsten Herausgeber, den der Lyriker Lenau bisher gefunden hat, bei Günter Kunert. Er ist sicher der prominenteste der heute lebenden deutschen Autoren, die sich ausgiebiger mit Lenau befaßt und ausführlicher über ihn geäußert haben. Kunerts Auswahl erschien 1969 als Fischer-Taschenbuch,[2] sie ist seit langem vergriffen. Im Vorwort der Ausgabe steht das Wort, das ich in den Titel meines Vortrages gesetzt habe: Lenaus "Gedichte beweisen die Korrosionsbeständigkeit wahrhafter Lyrik".[3] Und Kunert fährt fort: "Ein grauer Glanz liegt über ihnen, eine Schwermut und Melancholie, wie sie gegenwärtig nur in Peter Huchels Gedichten lebt; sie sind erfüllt von einer unverwechselbaren und hoffnungslosen Herbstlichkeit."[4]

Etwa in der gleichen Zeit schrieb Kunert das Gedicht *Beim Lesen Lenaus:*

Gleichgültigkeit des Regens und der Wolken,
Gleichgültigkeit: ein trister Flüsterlaut,
ergeben seinen Kopf dem Regen hinge-
    halten,
der ihn beweint bis auf die bleiche Haut.

Absterben bei belebtem Leib, mit offnen
    Augen,
verhängt von dichten Schleiern aus Melan-
    cholie,
verfolgt vom ewig gleichen Regen allerorten,
bis daß er endet: Doch er endet nie.[5]

Ich habe das Gedicht und den Essay Kunerts nicht zitiert, um zu zeigen, daß Lenau auch noch heute Schriftstellerkollegen fasziniert und anregt. Wichtiger ist mir die Frage, welche Elemente des Lenauschen Werkes heutige Schriftsteller als Leser ansprechen.

Als Kunert die zitierten Passagen und Verse schrieb, hatte er bereits einen Weg von zwei Jahrzehnten als Lyriker zurückgelegt[6]: Sein erster Band, *Wegzeichen und Mauerinschriften*, 1950 in Berlin, der Hauptstadt der DDR, erschienen, hatte ihm die Aufmerksamkeit Johannes R. Bechers und Bertolt Brechts verschafft; er galt in den fünfziger Jahren als eine der großen Hoffnungen der neuen DDR-Literatur, wurde in den sechziger Jahren auch im Westen bekannt. Es war die Zeit, in der Lenau in den sozialistischen Ländern als kämpferischer Autor der Weltrevolution entdeckt und gefeiert wurde. Gegen das als traditionell gescholtene sogenannte bürgerliche Lenaubild, in dem die Begriffe Weltschmerz, Schwermut, Melancholie dominierten, stellten sozialistische Literaturwissenschaftler wie Ernst Fischer aus Österreich, József Turóczi-Trostler aus Ungarn oder Walter Dietze aus der DDR ein neues, bis dahin angeblich – von wem auch immer – unterdrücktes Lenaubild, das sich am deutlichsten im Schlußgesang der *Albigenser* dokumentierte. Die Schlußzeile "die Stürmer der Bastille und so weiter" wurde als Vordeutung auf die Klassenkämpfe bis heute interpretiert, was Lenau als Propheten in die erste Reihe der Revolutionsdichter katapultierte.

In diesem historisch-politischen Kontext stehen Kunerts Essay und Gedicht: Seine frühen Träume vom Fortschreiten und Sieg des Sozialismus waren seit dem Überfall auf Ungarn 1956 und dem Mauerbau 1961 erschüttert. Er begann, gegen die herrschende Ideologie zu kämpfen – an allen Fronten und mit den Mitteln des Schriftstellers.

Während offiziell das sogenannte klassische und sozialistische Erbe gepflegt und angeeignet wurde, entdeckten er und eine Reihe anderer Schriftsteller wie Christa Wolf und Günter de Bruyn die Ausgestoßenen dieser Heldengeschichte: Kleist, Hölderlin, die (durch Lukács' unsinniges Faschismus-Vorwort verfemte) Romantik. In diese Gegen-Literaturgeschichte der Subjektivität und Individualität reiht Kunert auch Lenau ein. So ist sein Bild des Dichters auch und primär ein Zeitzeugnis, zu lesen vor dem Hintergrund seiner politischen Vereinnahmung.

Kunerts Vorwort beginnt unter diesem Aspekt geradezu programmatisch-polemisch: Lenaus "verschwommene Religiosität, seine wirre Philosophie läßt sich nicht übersehen, wohl aber ignorieren, da sie nur einen Teil seiner Gedichte deformiert; 'Weltanschauung' steht im Vordergrund nur in den sogenannten größeren lyrisch-epischen Dichtungen, über die hier nicht gesprochen werden soll."[7]

Diesem politisch vereinnahmten Lenau stellt Kunert einen anderen Autor entgegen:

Was mich mit ihm, mit seinem Schicksal und manchen von seinen Gedichten verbindet, ist Mitleid, Mit-Leid im ursprünglichen Sinne des Begriffs, ist ein durch seine Verse hervorgerufenes, tief-innerliches Verstehen seiner Verzweiflung...[8]

Diese geistige Nähe läßt Begriffe wie Melancholie und Schwermut auch als Protest gegen den staatlich verordneten Optimismus erscheinen.

Kunert, bereits um 1970 einer der prominentesten deutschsprachigen Lyriker, geriet mit seiner Skepsis, seinem Pessimismus, seiner Haltung gegen die Diktatur von Menschen über Menschen in einen immer stärkeren Gegensatz zur Regierung der DDR, wurde schikaniert, zensiert, schließlich – als einer der Wortführer der Schriftsteller, die sich 1976 gegen die Ausbürgerung Wolf Biermanns wandten – aus dem Lande gewiesen.

Nach einem Jahr in der Bundesrepublik, 1980, veröffentlichte Kunert abermals einen Essay über Lenau mit dem Titel *Abschied und Angst*.[9] Wer nun jedoch glaubte, er verfolge die gezogenen Linien weiter, sah sich getäuscht. Vielmehr stellte sich Kunert wiederum quer zur aktuellen Rezeption seines neuen Heimatstaates, die mit dem Stichwort "Biedermeierzeit", dem Titel von Friedrich Sengles bedeutender Literaturgeschichte, angedeutet werden kann:

Das übliche Bild, biedermeierlich gerahmt, von einem, der immerzu tote Geliebte bedichtet und herbstliche Wälder...ist nicht bloß einseitig; es stößt auch den Dichter ins Abseits einer privaten Existenz und bringt ihn um die Bedeutung innerhalb eines gesellschaftlichen Geflechts. Auf diese Weise haben wir Lenau fast verloren und ihn absinken lassen in Halb-, gar Dreiviertelvergessenheit, ohne seiner beispielhaften Existenz gewahr zu werden.[10]

Das Beispielhafte sieht Kunert in Lenaus Melancholie. In diesem Sinne ließe sich sogar auf den alten Begriff des Weltschmerzes zurückgreifen, wenn man ihn so versteht, wie das Heinrich Heine getan hat: als Schmerz an der Welt, über den Zustand der Welt. Kunert schreibt weiter über Lenau – und das geheime Selbstporträt wird hier vielleicht am deutlichsten:

Aber das Leiden an der Blindheit und Borniertheit der Optimisten gehört noch zu den geringeren Übeln. Das größere war die Angst, die im Laufe von hundertvierzig Jahren weder geschrumpft, geschweige denn verschwunden, vielmehr allgemeinverbindlicher geworden ist – zu einem Element unseres Tagesablaufs. Die Anzahl der Optimisten hat ganz sicher abgenommen, kaum jedoch die Umstände, die einen Dichter das Fürchten lehren können.[11]

Kunert zitiert Lenau: "Wie schrecklich ist es, in einem Lande und unter einer Regierung zu leben, wo ich keinen Augenblick sicher bin, daß man mich nicht überfalle und mir meine Manuskripte wegnehme".[12] Und: "Ich konnte das Gespräch nicht abbrechen und meinen Gegner verlassen, weil dieser es als ein Zeichen meines Geschlagenseins genommen hätte. Ich mußte bleiben. Ich wußte überdies, daß meine Worte gegen ihn weitern Orts referirt werden und ich ergriff die Gelegenheit, der hiesigen (...) Partei zu erklären, wessen sie sich gegen mich zu versehen habe."[13]

Dazu der Kommentar Kunerts:

Die Staatsgewalt in ihrem Mißtrauen und ihrer Selbstisolation entzog sich dem Dialog mit der von ihr usurpierten Gesellschaft und reduzierte ihre eigene Informationsaufnahme auf den engen Kanal ihres Spitzelwesens; sie, die allen den Mund verbot, mußte schließlich ihr Ohr an Wände legen, um etwas zu erfahren.[14]

Kunerts Lenau-Bild 1980 – ein Spiegel seiner Erfahrung in der sozialistischen DDR, in einem Spitzel- und Stasi-Staat, der das Individuum unterdrückt, als aufklärende Warnung auch an den Westen gerichtet.

Einem solchen Staat kann das Individuum, so Kunert, vor allem eines entgegensetzen – die "Kraft der Negation"[15] – 'nein' zu sagen gegen die Vereinnahmungen, gegen die herrschenden Meinungen, die allzu oft nur die Meinungen der Herrschenden sind.

Selbstverständlich ist auch dieses Lenaubild subjektiv, einseitig, es projiziert eigene Probleme, Ängste, Träume in den Autor, den er selbst den "armen Bruder im Wort"[16] nennt.

Kunerts internationaler Ruhm wuchs in den achtziger Jahren, seine Rolle wurde zugleich immer mehr die des Warners und Mahners vor der Apokalypse, dem Weltuntergang, der Zerstörung der Natur, der Umwelt, dem globalen Kollaps. In dieser Situation, abermals ein Jahrzehnt später, eine dritte und letzte Momentaufnahme. Ich habe Kunert im Frühjahr dieses Jahres für einen Sammelband, den ich über ihn herausgebe[17], interviewt, ihm bei dieser Gelegenheit die beiden Briefbände unserer neuen Lenau-Ausgabe mitgenommen und ihn zu seiner Einstellung zu Lenau heute befragt. Ich hätte mir vorstellen können, daß den vehementen Streiter gegen die ökologischen Katastrophen z.B. Lenaus Polemik gegen die Zerstörung der Natur zur Aktualisierung hätte reizen können: Der Ungar lebt in natürlichem Einklang mit der Natur, die "Nachlässigkeit hat doch was Edles, mit welcher der Bauer Pannoniens sein Korn in die seichte Furche wirft und seinen Weinstok mit ein Paar Schnitten abfertigt"; der Deutsche hingegen beutet die Natur aus, er wolle stets, daß sie für etwas gut sei, "die Faust des Deutschen pakt die gute Frau (die Natur) gleich an der Gurgel, und drükt und würgt sie so gewaltig, daß ihr das Blut aus Nas' und Ohr hervorquillt".[18] Kunert versagte sich diese oder ähnliche Aktualisierungen: Er verwies auf den Satz von 1969, den ich in den Titel gestellt habe: Lenaus Gedichte zeigten die Korrosionsbeständigkeit wahrhafter Poesie. Das heißt, daß letzten Endes die Lyrik sich der Inanspruchnahme durch Ideologien gleich welcher Herkunft und Couleur entziehe, daß sie vielmehr ihre Bedeutung aus sich selbst, aus dem Poetischen erhalte.

Das bedeutet natürlich alles andere als einen Rückzug der Poesie auf sich selbst, denn ihr

Material ist die Wirklichkeit, die Sprache, in der wir leben, mit der wir uns ausdrücken, sind die Bilder, mit denen wir die Welt und die Wirklichkeit sehen. Aber der Dichter soll die eigenen Bilder dieser Welt geben, nicht die durch eine Ideologie vorgegebenen Bilder wiederholen oder in schöne Formen und Verse bringen.

Meine Damen und Herren,
ich habe über die Frage, welchen Lenau lesen und feiern wir heute? anhand eines deutschen – oder wie man früher in charakteristischer Schizophrenie sagte: eines deutsch-deutschen – Beispiels gesprochen.
Ich überlasse es Ihnen, die Beispiele aus *Ihrer* jüngsten Geschichte hinzuzudenken, beispielsweise über den Umgang mit der rumäniendeutschen Literatur. Als Anleitung noch ein Zitat über die Einstellung des Staates zu Lenau:

bei Staatstendenzen, Unterrichtsanstalten und Polizeibevormundungen, wie die unsrigen sind, (wird) eine literarisch oder artistisch bedeutende Erscheinung auf dem heimatlichen Boden als etwas Abnormes angesehen und mit einigem Mißtrauen behandelt werden müssen, bis nicht die Länder sie gelten lassen, wo Geist und Intelligenz der Untertanen immer ein freies, von der Staatsgewalt nicht mit Verhauen, Gräben und Wällen durchschnittenes Feld ihrer Tätigkeit gefunden haben.[19]

Soweit das Zitat über das Verhalten der Machthaber gegen Lenau, überliefert von Max von Löwenthal, dem Mann Sophies, der selbst hoher Staatsbeamter war.

Der erste Teil dieser Feststellung trifft in einem nicht geringen Maß auf die Behandlung der rumäniendeutschen Schriftsteller in den siebziger und frühen achtziger Jahren in ihrer Heimat zu. Gerade die bedeutendsten haben diese Heimat verlassen, nicht immer freiwillig, wie Lenau, wie Kunert. Sie wurden verfolgt von Unverständnis, von Mißtrauen, von Zensur, von Haß. Mittlerweile sind viele von ihnen in Deutschland und in Westeuropa zu Ruhm gelangt: Herta Müller, Rolf Bossert, William Totok, Richard Wagner, Werner Söllner – die rumäniendeutsche Literatur der siebziger und achtziger Jahre gilt heute als die bedeutendste deutschsprachige Literatur, die außerhalb des geschlossenen deutschen Sprachraums entstanden ist. Und auch ohne diese Einschränkung sagen nicht wenige Literaturkenner: Hier entstand ein zentraler, ein wesentlicher Teil der deutschen Lyrik und Kurzprosa, der innerhalb der deutschen Literatur dieser beiden Jahrzehnte bleiben wird.
Ich hoffe, daß der von Löwenthal vorhergesagte zweite Teil des Prozesses – nach der Anerkennung im Ausland die Anerkennung in der Heimat – sich nun auch hier verstärkt. Anknüpfungspunkte sind vorhanden. Die meisten der genannten Schriftstellerinnen und Schriftsteller haben mittlerweile mehrere Literaturpreise erhalten, in einigen Fällen beginnt diese Liste mit dem Lyrikpreis des rumänischen Schriftstellerverbandes (Wagner 1980) oder mit dem Adam-Müller-Guttenbrunn-Preis. Bei der Verleihung dieses Preises 1983 sagte Rolf Bossert:

Ich suche mir nicht Bausteine für einen Elfenbeinturm zusammen. Der Schriftsteller, so wie ich ihn sehe, steht nicht über den Dingen, son-

dern darunter. Im Doppelsinn des Wortes. Ich baue auf keinen negativen, keinen umgestülpten Elfenbeinturm. Ich plädiere für eine Macht. Nicht für jene des Schriftstellerpolitikers, sondern für die des Politikerschriftstellers. Ich plädiere für die poetische Macht. Ich glaube an ihre Brisanz. Auch diese Macht steht jenseits des Moralischen. Ich plädiere für einen Gegenentwurf, für eine Utopie.
Ich vermute, daß der konsequenteste Schriftsteller jener ist, der aufhört zu schreiben oder zu leben. ... Ich will, im vollsten Bewußtsein meiner Inkonsequenz, weitermachen.[20]

So Bossert 1983. Drei Jahre später starb er, einunddreißigjährig.

Die meisten der genannten Autoren gehörten in den frühen siebziger Jahren zur "Aktionsgruppe Banat", die anderen schlossen sich später, nach dem Verbot der Gruppe, in lockerer Weise zusammen. Für die meisten Banater Autoren war Lenau eine große Traditionsgestalt, sie hielten Distanz zu dem Dichter, der Schulbuchautor war und staatlich geehrt wurde. Sie hätten sich im Einverständnis mit jenem anderen Lenau fühlen können, den auch Kunert in der Unterdrückung für sich entdeckte: mit dem Lenau der Melancholie und der Angst, der für die Kraft der Negation eintrat, die Subjektivität letzten Endes doch zur politischen Waffe werden läßt. Es ist, um noch einmal Kunerts Formulierung zu zitieren, ihr "armer Bruder im Wort".

Meine Damen und Herren,
Welchen Lenau lesen und feiern wir heute?
Das Beispiel Kunert zeigt, wie subjektiv, wie situationsgebunden, oft geprägt von Aktualitäten oder modischen Ansichten, unsere Bilder sind. Die Anthologien bewahren diese Stationen der Wirkung auf.

Eine heutige Anthologie kann Ausdruck einer radikal subjektiven Lektüre sein: Das ist berechtigt, das ist insbesondere das Vorrecht von Künstlern – es wäre sicher reizvoll, eine Anthologie zusammenzustellen, in der heutige Künstler die Lenau-Gedichte versammeln, die ihnen am meisten sagen und zusagen.

Ein Wissenschaftler wird seine Individualität nicht so hoch veranschlagen, daß er sie zum zentralen Maßstab seiner Auswahl machen wird. Ohne seine subjektiven Vorlieben zu verleugnen, kann er sich zugleich andere Ziele setzen: etwa die Vielfalt deutlich zu machen, die Lenaus Lyrik aufweist, natürlich mit besonderer Hervorhebung der Gedichte, deren Korrosionsbeständigkeit gegenüber 150 Jahren Lektüre, Zitieren, Mißverstehen sich bereits erwiesen hat.

Es gibt eine interessante wirkungsgeschichtliche Arbeit über Lenau[21], die aus dem Zeitraum 1850-1918 273 deutschsprachige Lyrik-Anthologien statistisch auswertet; in fast allen ist Lenau mit einigen, nicht selten mit zahlreichen Gedichten vertreten. Eine Tabelle zeigt die am häufigsten abgedruckten Gedichte: An der Spitze liegen die *Schilflieder*, *Bitte* und *Die drei Zigeuner*, es folgen *Der Postillon*, *Liebesfeier*, *An die Entfernte*, *Die Werbung*, *Lenz* und *Die Heideschenke*. Ich meine, daß man die meisten dieser Gedichte auch in einer heutigen Auswahl finden sollte.

Das gilt gewiß für Werke wie die *Schilflieder* und *Liebesfeier*, in denen die Natur zum Gleichnis und Spiegel des menschlichen Lebens, seines Leidens, seiner Liebe, seiner Gefühle gemacht wird. Diese liedhaften Gedichte weisen, wie beim frühen Heine, einen sehr einfachen Strophenbau und unkomplizierte Reime auf. Der Wortschatz ist schlicht, wenn auch differenziert. Die musikalische, der Spätromantik verwandte Grundhaltung wird durch die Parallelstellungen einzelner Teile und Bilder, durch Wiederholung, durch Alliteration und Vokalspiele unterstrichen. Es ist verständlich, daß viele dieser liedhaften Gedichte (die zum großen Teil der Frühzeit angehören) vertont wurden (u.a. von Robert Schumann, Hugo Wolf, Franz Liszt), nicht wenige mehrfach, am häufigsten *Bitte* (*Weil auf mir, du dunkles Auge*), von dem über 80 Kompositionen bekannt sind.

Wird eine heutige Auswahl auf diese früher bereits beliebten Gedichte nicht verzichten dürfen, so könnte sie meiner Meinung nach bei der laut Hochheims Statistik *zweiten* Gruppe des lange Populären zurückhaltender in der Auswahl sein. Es sind die Gedichte, mit denen Lenau das Ungarn-Bild Westeuropas im 19. Jahrhundert und teilweise bis heute prägte: Es zeigt Heide und Pußta, belebt von freiheitsliebenden Räubern und feurigen Zigeunern, deren Haupttätigkeit es ist, melancholische "alte Lieder" auf der Geige zu spielen. Es ist sicher nicht notwendig, diese Seite Lenaus in mehr als einer knappen Probe zu dokumentieren.

Es fällt auf, daß in den Lenau-Anthologien bis 1918 – und das gilt, wie Stichproben ergeben haben, weitgehend bis heute – der frühe Dichter deutlich überrepräsentiert ist. Meine heutige Auswahl verschiebt die Akzente deutlich, berücksichtigt auch die spätere Schaffenszeit weit stärker. Damit rücken auch andere Gedichttypen in den Vordergrund, vor allem werden die großen Entwicklungen deutlich, die Lenau als Naturlyriker durchlaufen hat. In den Gedichten nach der Rückkehr aus Amerika wird die Trauer und Melancholie der frühen Gedichte zwar aufgegriffen, aber zugleich gesteigert zu einer Einsamkeit, die aus der existentiellen Verlassenheit des Menschen in der Welt resultiert. Das zeigt etwa das Doppelsonett, das eben diesen Titel *Einsamkeit* trägt, von 1837. War früher die Einheit des Menschen mit der Natur sein Trost, so erfährt der Mensch jetzt das Abstoßende der Natur, er wird "umsonst um eine Trosteskunde werben". Die Natur steht dem Menschen hier fremd gegenüber, sie ist "beschäftigt nur mit ihrem eignen Sterben". Auch die Teile der Natur, die vorgeführt werden – die Heide, der Stein, der Wind – fügen sich in diesen feindlichen Kontext ein, obwohl deutlich wird, daß es die Interpretation des Menschen ist, der die Natur als feindlich ansieht.

Die Eingangsworte, die das Schlußterzett als verzweifelten Aufschrei wiederholt – "lieblos und ohne Gott!" – erweisen die Einsamkeit als Kehrseite der Selbstherrlichkeit des Faustischen Menschen. Die Bilder des Sterbens und der Vernichtung sind in *Einsamkeit* in der Form von zwei Sonetten wiedergegeben. Die barocke Tradition dieser Verbindung von Thematik und Form war in Österreich auch noch im 19. Jahrhundert viel lebendiger als in Deutschland. Das Wort und die Form stehen gegen die Vernichtung, das Leben stockt, aber die Wörter und die Rhythmen fließen noch.

Der Pessimismus des Doppelsonetts mit seiner schroffen Absage an die Natur bildet nicht Lenau letztes Wort. Den Höhepunkt der späten Naturdichtung bilden die u.a. von Hugo von

Hofmannsthal und Rainer Maria Rilke sehr geschätzten *Waldlieder*, sie wären der Kern eines *vierten* Komplexes. Der Dichter möchte wie der mythische Zauberer Merlin in die Geheimnisse der Natur eingeweiht werden. Diese Einweihung wird im Laufe des Gedichts nach und nach vollzogen, sie ist mit den Versen erreicht: "Und im Kelch der feinsten Moose, tönt das ewige Gedicht". Dieses "Tönen" verweist auf die Musikalität, auf den Rhythmus, die auch diese Lieder prägen. Insgesamt zeigen die neun Gedichte dieses Zyklus die ganze Spannweite, die das Lenausche Dichten gegen Ende seines Lebens erreicht hat. Die Fülle der Versformen und der Reimarten paßt sich den wechselnden Inhalten an. Das Schlußgedicht variiert wieder einmal das Hauptthema, die Vergänglichkeit der Natur. Allerdings sind es diesmal nicht wie im Doppelsonett die verzweifelten, ja nihilistischen Klagen, sondern wiederum, wie meistens, zurückhaltend-melancholische Verse der Schwermut und des leidenden Sterbens ("Ich liebe dieses milde Sterben").

Das Doppelsonett *Einsamkeit* und die *Waldlieder* zeigen, wie sich die neue Naturdichtung entfaltet: Natur will weniger Abbild psychischer Stimmungen eines einzelnen, eines privaten Ichs sein, sondern auch größere Zusammenhänge reflektieren, geistige und politische Probleme spiegeln. Das zeigen besonders eindrucksvoll etwa die beiden letzten großartigen Gedichte Lenaus, *Blick in den Strom* und *Eitel nichts !* ohne die mir eine heutige Auswahl nicht vorstellbar erscheint.

Eine Auswahl wird selbstverständlich - fünftens und letztens - den Gesellschaftskritiker Lenau zeigen, etwa die Anti-Metternich-Gedichte oder den Sozialkritiker der *Räuber im Bakony*. Allerdings sollte auch deutlich werden, daß die gesellschaftskritischen und politischen Gedichte meistens weniger auf einzelne Personen und konkrete Mißstände zielen, daß auch hier immer wieder Zweifel durchbrechen. Dem Gedicht *Das Blockhaus*, das im amerikanischen Urwald die Frage stellt: "Uhland! wie steht's mit der Freiheit daheim?" hat Lenau in der Handschrift ein Motto vorangestellt und wieder gestrichen:

Mag poetischer sein Europa's Kettengeklirre,
Aber tröstlicher ist Amerika's Thalergeschwirre.[22]

Das Motto und seine Streichung zeigen ein Kernproblem und Dilemma Lenaus: die Verstrickung des Poetischen und die der Freiheit in die Alltäglichkeit, das Bekenntnis zu einer Position und deren Zurücknahme, allerdings ohne Votum für die Gegenposition.

Als lyrische Freiheitsdichtung nach 1840 populär wurde, hielt Lenau sich wieder stärker zurück, lenkte seinen Blick auf die geschichtliche Dimension von Gewalt und Terror, zeigte die Trostlosigkeit jedes Krieges mit schaurigen Bildern von Tod, Grauen, Metzeleien. Die Kriegsbilder verbinden sich nicht selten mit Lenaus melancholischem Grundton, aber auch mit plötzlicher wilder Anklage - die Skala reicht von stiller Trauer bis zu Hohn und Nihilismus.

In dem Gedicht *Die Drei* wird der Blick gleich zu Beginn auf das Ende der Schlacht gerichtet: Wir erfahren von den tödlichen Verwundungen dreier Reiter - alle Bilder von kriegerischem Ruhm werden destruiert in ihrer Trauer, ihrer Einsamkeit, ihren Erinnerungen an ein schönes Früher.

Die Desillusionierung wirkt besonders durch den unbeteiligten und undramatischen Tonfall und die lyrisch-gehobene Sprache: ein Sinn des Sterbens – etwa patriotische Pflichterfüllung – wird nicht einmal erwogen. Das Gedicht aus dem zeitlichen und motivischen Umkreis der *Albigenser* setzt zugleich deren optimistischer Schlußvision dialektisch das Bild vom häßlichen und sinnlosen Ende des Kämpfens entgegen. Beide Denk- und Schreibweisen gehören auch bei dem "politischen" Lenau zusammen.

Soweit einige Aspekte meiner Überlegungen zu einer Auswahl von Lenau-Gedichten, meiner Antworten auf die Frage: Welchen Lenau sollten wir heute lesen und feiern? Damit ist ja indirekt auch jene Eingangsfrage beantwortet: Warum lesen und feiern wir Lenau heute? Natürlich fällt meine Antwort wie meine Auswahl subjektiv aus. Vermutlich wird sie bei jedem weniger oder mehr, vielleicht bei dem einen oder anderen auch grundsätzlich anders ausfallen.

Aber ich glaube, daß mein von Kunert erborgter Maßstab in jedem Fall eine gute Hilfe sein kann. Lenau schrieb: "Ich glaube die Poesie bin ich selber; mein selbstestes Selbst ist die Poesie"[23] und: "Künstlerische Ausbildung ist mein höchster Lebenszweck, alle Kräfte meines Geistes, das Glück meines Gemüthes betracht' ich als Mittel dazu."[24] Diese rigorose Konzentration auf die Poesie macht die Eigenart und den Rang dieses Werkes aus. Daß es auch rund 150 Jahre nach seiner Entstehung noch so viele Leser interessiert, Künstler fasziniert, Menschen in seinem Namen versammelt, zeigt die "Korrosionsbeständigkeit wahrhafter Lyrik". Und um diese wenigstens an *einem* Beispiel zu zeigen, soll eines dieser Gedichte Lenaus am Ende meines Vortrags stehen, das auf diese Weise die Epochen, die Moden, die Ideologien unbeschadet überstanden hat. Lenaus letztes Gedicht, *Blick in den Strom*,[25] entstanden im September 1844:

Sahst du ein Glück vorübergehn,
Das nie sich wiederfindet,
Ists gut, in einen Strom zu sehn,
Wo Alles wogt und schwindet.

O! starre nur hinein, hinein,
Du wirst es leichter missen,
Was dir, und solls dein Liebstes sein,
Vom Herzen ward gerissen.
Blick unverwandt hinab zum Fluß,
Bis deine Thränen fallen,
Und sieh durch ihren warmen Guß
Die Fluth hinunterwallen.

Hinträumend wird Vergessenheit
Des Herzens Wunde schließen;
Die Seele sieht mit ihrem Leid
Sich selbst vorüberfließen.

Anmerkungen

* Vortrag zur Eröffnung der Jahrestagung 1991 der Internationalen Lenau-Gesellschaft (ILG) in Temeswar.

1   Nikolaus Lenau: Gedichte. Auswahl und Nachwort von Heinz Rieder, Stuttgart 1965 und öfter (=Reclams Universal-Bibliothek 1449).
2   Nikolaus Lenau: Gedichte. Ausgewählt von Günter Kunert, Frankfurt a.M. 1969 (=Fischer

Taschenbuch 955). Vorwort S. 11-32 (fortan zitiert: Kunert, Vorwort).

3 Kunert, Vorwort, S. 12.

4 Ebda.

5 Günter Kunert: Warnung vor Spiegeln. Unterwegs nach Utopia. Abtötungsverfahren. Gedichte. München 1982, S. 42 (zuerst in: Warnung vor Spiegeln, 1970).

6 Zum Werk Kunerts vgl. übergreifend den von mir mitherausgegebenen Sammelband: Günter Kunert. Beiträge zu seinem Werk. Hrsg. von Manfred Durzak und Hartmut Steinecke, München 1992.

7 Kunert, Vorwort, S. 11.

8 Ebda.

9 Günter Kunert: Abschied und Angst. In: Monatshefte 72 (1980), S. 373-378. (Zitiert: Kunert, Abschied).

10 Kunert, Abschied, S. 373.

11 Kunert, Abschied, S. 375.

12 Lenau und die Familie Löwenthal. Briefe und Gespräche. Gedichte und Entwürfe. Hrsg. von Eduard Castle, Leipzig 1906, S. 115.

13 Lenaus Aufzeichnungen für Sophie von Löwenthal, 11. Juni 1837.

14 Kunert, Abschied, S. 376.

15 Kunert, Abschied, S. 377.

16 Kunert, Abschied, S. 373.

17 In dem in Anm. 6 erwähnten Sammelband.

18 Nikolaus Lenau: Werke und Briefe. Historisch-kritische Gesamtausgabe. Hrsg. von Helmut Brandt u.a. Bd. 5/1. Briefe 1812-1837. Hrsg. von Hartmut Steinecke und András Vizkelety in Zusammenarbeit mit Norbert Otto Eke und Karl Jürgen Skrodzki. Wien 1989, S. 98. (Zitiert: HKA).

19 Lenau und die Familie Löwenthal (siehe Anm. 12), S. 69.

20 Rolf Bossert: Dankrede. In: Neue Banater Zeitung, 3.7.1983, S. 2f.; zitiert nach Norbert Otto Eke: "Niemand ist des Anderen Sprache". Zur deutschsprachigen Literatur Rumäniens. In: Südostdeutsche Vierteljahresblätter 39 (1990), S. 103.

21 Rainer Hochheim: Nikolaus Lenau. Geschichte seiner Wirkung 1850-1918. Frankfurt a.M., Bern 1982.

22 Nikolaus Lenau: Sämtliche Werke und Briefe in 6 Bänden. Hrsg. von Eduard Castle, Bd. 6, Leipzig 1923, S. 334.

23 HKA 5, 1, S. 112.

24 HKA 5, 1, S. 181.

25 HKA 6: Briefe 1838-1847. Teil 1: Text. Wien 1990, S. 417.

HANSGEORG SCHMIDT-BERGMANN

Zur Konfiguration des europäischen "Weltschmerzes": Nikolaus Lenau, Lord Byron und Giacomo Leopardi

In der Euphorion-Szene des *Faust II* hat Goethe dem englischen Poeten Lord Byron ein rätselhaftes literarisches Denkmal gesetzt. In der Regieanweisung nach Euphorions tragischem Ende heißt es:

Ein schöner Jüngling stürzt zu der Eltern Füße, man glaubt in dem Toten eine bekannte Gestalt zu erblicken; doch das Körperliche verschwindet sogleich, die Aureole steigt wie ein Komet zum Himmel auf, Kleid, Mantel und Lyra bleiben liegen.[1]

Hinter der "bekannten" Gestalt, die man im Augenblick von Euphorions Untergang zu erkennen glaubt, verbirgt sich, wie man weiß,[2] der von Goethe geschätzte englische Dichter Byron. Nun ist - wie Wilhelm Emrich in seiner Interpretation der *Symbolik von Faust II* zu Recht vermerkt hat[3] - für den Aufbau der vielschichtigen Euphorion-Allegorese Goethes konkretes Vorbild nur ein Element und im geschichts- und kunstphilosophischen Kontext des *Faust II* sicherlich nicht das entscheidende; Goethe selbst schränkt den konkreten Bezug daher auch ein, man "glaubt" eine "bekannte Gestalt" zu erblicken, heißt es, wodurch die Eindeutigkeit des konkreten Bildes relativiert wird. Doch die Charakteristik Euphorions, der Sohn des faustischen Weltdrangs und der hellenischen Schönheit, in der gesamten Szene suggeriert deutlich und bewußt die Assoziation mit Leben und Werk Byrons. Euphorion ist eine Allegorie für die moderne Künstlerexistenz, und die erscheint voll Lebenslust und Tatendrang, grenzüberschreitend und manisch, aber letztlich, wie Euphorions Untergang zeigt, lebensunfähig und sich selbst zerstörend. "Ich konnte", bemerkte Goethe gegenüber Eckermann, "als Repräsentanten der neuesten poetischen Zeit niemanden gebrauchen als ihn, der ohne Frage als das größte Talent des Jahrhunderts anzusehen ist."[4] Daher lassen sich die Verse über Euphorion nicht nur wie ein Kommentar zu Leben und Werk des englischen Dichters lesen, sondern zugleich auch als Diagnose der Grenzen moderner Poesie. Und die Strophen des Trauergesanges nach dem Untergang Euphorions klingen wie ein Resümee über das tragische Ende Lord Byrons und der modernen Poesie gleichermaßen:

Doch du ranntest unaufhaltsam
Frei ins willenlose Netz,
So entzweitest du gewaltsam
Dich mit Sitte, mit Gesetz;
Doch zuletzt das höchste Sinnen
Gab dem reinen Mut Gewicht,
Wolltest Herrliches gewinnen,
Aber es gelang dir nicht.[5]

Manisches Verlangen und Lebensüberdruß, Melancholie und eine paradoxe Hoffnung auf ein gelungenes Leben, diese Charakteristika sind nicht allein dem Werk Byrons eigen, sondern dem europäischen "Weltschmerz" im ganzen. Und auch das lyrische und epische Werk

Lenaus ist bestimmt von diesen Stimmungen und verbindet ihn mit den europäischen "Weltschmerzpoeten" seiner Zeit, insbesondere mit Lord Byron, dem auch Lenau gehuldigt hat. Ein "deutscher Byron" zu sein, diese häufig gebrauchte Klassifizierung, teilte Lenau in seiner Zeit mit dem jungen Heinrich Heine, und es wird ihm nicht unlieb gewesen sein, sich in diese Tradition gestellt zu sehen. In einem Brief vom 25. Februar 1842 schreibt Lenau an den Byron-Übersetzer Adolf Böttger:

Durch die mir gewidmete Übersetzung einiger meiner Lieblingsgedichte meines Lieblingsdichters fühle ich mich zu diesem selbst gewissermaßen in ein näheres und traulicheres Verhältnis gesetzt.[6]

Siegfried Korninger hat in seiner ausführlichen Studie auf die Parallelen zwischen Lenau und Byron hingewiesen und zeigen können, daß ganze Partien einzelner Gedichte sich direkt auf Byron zurückführen lassen.[7] Und wie die Protagonisten von Byrons Dichtungen sind auch Lenaus poetische Figuren Projektionen der eigenen Widersprüchlichkeit, denen die ganze Last des Verdrängten aufgeladen wird: *Faust*, *Savonarola* und *Don Juan*, sie alle teilen den manisch destruktiven Gestus, der auch Byrons Figuren eigen ist. Es ist dieses Selbstzerstörerische, das Goethe seinem Euphorion zugeschrieben hatte, und das Byron, Leopardi und Lenau unter anderem verbindet und das sie bis zum Äußersten durchlebt haben.

Lord Byron, der rebellische Dichter und "weltschmerzliche" Modeheld einer ganzen Generation, der ungestüme Genius als Repräsentant der klassischen Epigonen: Subjektivismus, Zerissenheit, Lebensunfähigkeit und Epigonalität als Signum der modernen Poesie also? Nicht nur für Lord Byron allein kann Goethes allegorische Verkleidung der modernen Poesie Geltung beanspruchen. Der unaufhebbare und sich selbst verzehrende Weltschmerz gilt ja geradezu als typisch für die Generation der zwischen 1815 und 1840 dichtenden Schriftsteller: "Weltschmerz", "Melancholie", "mal du siècle", "male del secolo" oder "noia" und "Byronism" sind nur verschiedene Begriffe für das geistige Stigma der Restaurationsepoche, für die politische Desillusionierung, das allgemeine Unbefriedigtsein und die existentielle Schwermut im nachrevolutionären Europa – und dieser Weltschmerz findet sich dann auch in allen europäischen Literaturen, in den romanischen ebenso wie in der deutschen, englischen, russischen, polnischen und ungarischen, und zwar mit verblüffenden Ähnlichkeiten in Motivik, Gestalten und in der Verwendung literarischer Formen, wie eine übergreifende Darstellung der Weltschmerz-Literatur zeigen würde.[8]

Wie das Phänomen, so stammt auch der Begriff "Weltschmerz", der sich im deutschsprachigen Bereich als Charakteristik für einen existentiell gewordenen Pessimismus bis heute gehalten hat, aus der Zeit nach 1815, wenn auch ursprünglich in einer vom heutigen Gebrauch verschiedenen Bedeutung. Als sein Schöpfer gilt Jean Paul. In seinem 1827 postum erschienenen Werk *Selins oder über die Unsterblichkeit der Seele* ist der Begriff zum ersten Mal nachgewiesen. Anders als im heutigen allgemeinen oder auch im engeren literarhistorischen Verständnis benutzt Jean Paul den Begriff "Weltschmerz" für den Ausdruck des schmerzlichen Gefühls Gottes für das Weltelend. Erst bei Heinrich Heine wird der Begriff dann im Sinne eines subjektiven Schmerzes über die Vergänglichkeit alles Irdischen gebraucht. In seinem Bericht über die *Gemäldeausstellung in Paris 1831* heißt es über Delaroches Bild *Oliver Cromwell vor Karl I. Leiche*: "Welchen großen Weltschmerz hat der Maler hier mit Strichen ausgesprochen".⁹ Aber auch diese Konnotation, die auf die Trauer über die alles umfassende Vergänglichkeit zielt, ist zur Charakteristik des Weltschmerzes unzureichend - wenn auch nicht bestritten werden kann, daß das stereotyp immer wieder besungene Vanitas-Gefühl und der "horror vacui" den "Schmerz am Leben", wie es bei Nikolaus Lenau heißt, noch zu steigern vermochten. Doch aus der melancholischen Reflexion der Vergänglichkeit resultiert gerade das Verlangen nach dem Leben und dieses rastlose Begehren ist bei Byron, Leopardi und Lenau, die hier als Beispiele stehen sollen, gleichermaßen ungeduldig, oftmals rasend, übermütig und ohne Mäßigung.

Es ist genau dieses anmaßende Verlangen, das Goethe seinem Euphorion zugeschrieben hat und an dem er ihn frühzeitig zugrunde gehen ließ. Wie Euphorion sind Byron, Leopardi und Lenau frühvollendete und jung erschöpfte Künstler, die, wie ihre Biographien zeigen, ihr ganzes Leben von einer manischen Rastlosigkeit getrieben worden sind. Getrieben eigentlich von was und auf der Flucht wovor? Denn wie eine Flucht erscheint ihr ruheloses und unstetes Leben. Selbstvergessenheit suchten sie, und auf der Flucht waren sie nicht zuletzt vor ihrer Vergangenheit, vor ihrem ungestümen Begehren, den Forderungen ihres Leibes, vor ihrem hetero- und homosexuellem Verlangen, wie noch Byrons letztes Gedicht *An Loukas Chalandritsanos* zeigt. Vergessenheit aber auch des ganz realen körperlichen Leidens, denn Lebensunfähigkeit, das war für Byron, Leopardi und Lenau mehr als nur eine bloße poetische Metapher. Byron und Leopardi waren von Geburt an körperlich behindert, sie litten ständig unter Krankheiten. Die nervöse Rastlosigkeit ihres Lebens wird von ihnen selbst mit dem Hinweis auf den geahnten frühen Tod erklärt: Byron starb 1824 mit sechsunddreißig, Leopardi 1837 mit neununddreißig, und Lenau - nach über sechsjährigem Wahnsinn - 1850 mit achtundvierzig Jahren. Was ihr Weltschmerz beklagt, ist die dauernd erfahrene Diskrepanz zwischen einem leidenschaftlichen Begehren und einer sich versagenden Realität. Denn der Weltschmerz ist eine Folge des individuellen Protestes gegen die erfahrenen und erlittenen Begrenzungen des Lebens, er klagt einen Zustand an, der die Verwirklichung einer autonomen Subjektivität versagt - und das nicht lediglich im Sinne einer abstrakten Verzweiflung oder eines metaphysischen Leidens, sondern ganz real bezogen auf die gesellschaftliche Realität im Europa der Restauration: "I was born for opposition", heißt es in Byrons *Don Juan*.

Mit der Veröffentlichung der ersten beiden Gesänge von *Childe Harolds Pilgrimage* 1812 wurde der 1788 in London geborene George Gordon Noël Byron, der seit seinem elften Lebensjahr den Titel Lord Byron of Newstead führen konnte, über Nacht berühmt. In nur fünf Wochen erlebten diese Gesänge sieben Auflagen. 1816 erschien der dritte, 1818 dann der abschließende vierte Gesang. 1809, während seiner Reise durch die Mittelmeerländer und Kleinasien, hatte Byron die Arbeit an dieser Versdichtung begonnen. Die Stationen der Wanderschaft seines Protagonisten Harold sind die Stationen von Byrons eigener Reise: Spanien, Italien, Griechenland, Albanien und die Schweiz. Schon der Auftakt des ersten Gesanges zeigt, daß Byron ohne Umschweife sich selbst in den Mittelpunkt seiner Dichtung gestellt hat:

> Er fühlte satt sich von dem Einerlei!
> Da trieb der Ekel ihn, sein Land zu fliehn,
> Das nun ihm öder als des Klausners Zelle
> schien.[10]

Byrons Verse sind wörtlich zu nehmen, wörtlich in dem Sinne, daß die Dichtung für ihn zu einem fortlaufenden Kommentar seines Lebens wird und der *Childe Harold* daher wie ein poetisches Reisebuch zu lesen ist. Wie Byron versucht Harold seiner Vergangenheit durch Reisen zu entkommen. Aber Byrons Intention ist eine kritische und nicht zu verwechseln mit dem modischen romantischen Exotismus seiner Zeitgenossen. Byrons Blick fällt auf das reale Leben seiner Zeit, und Harolds Flucht muß daher notwendig mißlingen. Zu dem eigenen individuellen Schmerz gesellt sich die Empörung über die verlorene Freiheit der europäischen Völker – und diese Empörung ist ernst zu nehmen, sie entbehrt jeglicher Stilisierung und gipfelt in der offenen Aufforderung zur politischen Tat.[11] So wie Harold beließ es dann auch Byron nicht bei der poetischen Anklage. 1816 verließ er endgültig England, unterstützte in Italien die Einigungsbewegung und beteiligte sich schließlich am griechischen Kampf gegen die türkische Fremdherrschaft. Mehr als der Ironiker Byron, wie er sich beispielsweise in dem Fragment gebliebenen *Don Juan* äußert und dessen Spuren sich bei Heinrich Heine verfolgen ließen, hat Byrons rebellischer Gestus auf seine Zeitgenossen gewirkt und Nachfolger gefunden. Doch dieser rebellische Gestus ist nicht ungebrochen. Unverkennbar ist, daß Byrons poetische Gestalten – wie er selbst – Gezeichnete und Außenseiter der Gesellschaft sind, die der Hölle ihrer Verzweiflung nicht zu entkommen vermögen, wie *Manfred*, der Protagonist seiner Faust-Bearbeitung, die neben Goethes *Faust* auch die englische Schauerromantik aufnimmt. Ambiente und Namen des Helden sind Horace Walpoles *The Castle of Otranto* entlehnt. "Gebt mir Vergessen, gebt mir Selbstvergessen!", fordert Manfred von den Geistern, die er rief – doch sein Pakt endet in völliger Verzweiflung. Deutlich schließt Lenau in seinem *Faust* an Byron an. "Sei dir selbst die Hölle, du!", ruft Luzifer Manfred zu – und wiederum ist es die eigene psychische Hölle, die Byron offenbart. Aus seiner Verzweiflung und aus seiner Einsamkeit gibt es für ihn kein Entrinnen. Am 22. Januar, knapp drei Monate vor seinem Tod, dichtete Byron Verse, die seine dauernde Einsamkeit in aller Deutlichkeit offenlegen. Die ersten drei Strophen des Gedichtes mit dem Titel *An diesem Tag vollende ich mein 36. Jahr* lauten:

> Mein Herz, nie soll es mehr sich freun,
> Derweil es andre nimmer freut;
> Doch soll ich auch geliebt nicht sein:
> Ich lieb allzeit!

Mein Leben ist schon herbstlich fahl,
Verwelkt der Liebe Blütenzier;
Der Wurm, der Krebs und Leid und Qual
Nur bleiben mir.

Die Glut, die mir am Herzen frißt,
Flammt wie ein Meteor allein;
Sie zündet nimmer – ach, sie ist
Ein Leichenschein![12]

Bei aller Verzweiflung und Einsamkeit, die hier deutlich werden, an der Legitimität der Poesie hat Byron nicht gezweifelt. In ihr, und nur in ihr, erblickte er den Schein eines tieferen Lebens, wie es in dem dritten Gesang des *Childe Harold* heißt:

Zu schaffen und im Schaffen tiefres Leben
Zu finden, darum dichten, formen wir
Den Traum der Seel und ernten, was wir geben,
Dasein der Phantasie – so wie ich hier.
Was bin ich? Nichts. Ein andres ist's mit dir,
Geist meiner Dichtung, der durch alle Welt
Unsichtbar, aber schauend zieht mit mir:
Durchglüht von dir, von deinem Hauch geschwellt,
Fühlt noch mein Herz mit dir, das schon in Asche fällt.[13]

Die Kunst als Antizipation eines besseren Lebens, als utopisches Versprechen einerseits, als biographischer Kommentar, als Dokument des eigenen Leidens andererseits – das ungestüme Verlangen, das in der Realität ohne Einlösung bleiben mußte, nur in der Kunst konnte es sich austoben. Für die Weltschmerz-Poeten blieb so die Poesie der letzte und einzige Fluchtort: Medium der gesteigerten Sehnsucht nach einem anderen Zustand und das Mittel des Protestes. Diese Authentizität zeichnet auch das Werk des italienischen Dichters Giacomo Leopardi aus.

Obwohl Schopenhauer und Nietzsche Leopardis Bedeutung früh erkannt und ihn mit Byron auf eine Stufe gestellt hatten, ist Leopardi, der in Italien aufgrund seiner Formvollendung als einer der wichtigsten Lyriker seit Petrarca gilt, in Deutschland nie richtig bekannt worden. An Übersetzungen hat es nie gefehlt. Seine *Canti* wurden erstmals in einer deutschen Übertragung bereits 1837 publiziert, der österreichische Epiker Robert Hamerling gab 1866 eine von ihm übersetzte Sammlung der Gedichte Leopardis heraus, und 1886 folgte Paul Heyse mit einer zweibändigen Werkauswahl, aber über einen kleinen Kreis hinaus fand Leopardi im deutschsprachigen Raum nur wenige Leser. Die Stationen seiner Biographie sind rasch aufgezählt. Leopardi, der sich schon früh in die imaginären Gegenwelten der Poesie und des Studiums der klassischen Philologie flüchtete, schreibt in lakonischem Ton 1826 an den Grafen Carlo Pepoli über sein Leben:

Hier hast Du die wenigen, unbedeutenden Lebensdaten: Geboren als Sohn des Grafen Monaldo Leopardi aus Recanati, einer Stadt in den Marken, unfern Ancona, und der Markgräfin Adelaide Antici aus derselben Stadt, am 29. Juni ebendort. Lebte bis zum vierundzwanzigsten Jahre ohne Unterbrechung in der

Heimatstadt. Lehrer hatte er nur für die ersten Grundlagen, und zwar wurde er von Erziehern unterrichtet, die sein Vater eigens zu diesem Zwecke hielt. Überdies stand die Bibliothek, die sein Vater, ein hochgebildeter Mann, zusammengebracht hatte, zu seiner Verfügung.
In dieser Bibliothek verbrachte er den größten Teil seines Lebens, so lange und weit es seine Gesundheit zuließ, die er schließlich durch Überanstrengung zerstörte. Mit den Studien begann er, unabhängig von seinen Lehrern, als Zehnjähriger und betrieb sie ruhelos, ohne eine andere Beschäftigung zu kennen.
Als Vierundzwanzigjähriger ging er nach Rom. Dort lehnte er die Prälatenwürde ab und ließ sich auch nicht auf den raschen Aufstieg ein, den Kardinal Consalvi ihm aufgrund einer dringenden Befürwortung von seiten des Geheimen Rats Niebuhr, des damaligen außerordentlichen preußischen Gesandten in Rom, zugesagt hatte.
Er kehrte in die Heimat zurück. Von dort begab er sich nach Bologna.[14]

So wie er sein Studium ruhelos betrieben hatte, so unstet war sein übriges Leben. Leopardi lebte abwechselnd in Rom, wiederum in Bologna, Pisa und schließlich in Neapel, wo er am 14. Juni 1837 starb. Einer regelmäßigen beruflichen Tätigkeit ist Leopardi ebensowenig nachgegangen wie Byron oder Lenau. Das Angebot des erwähnten preußischen Gesandten und Historikers Niebuhr, ihm in Bonn einen Lehrstuhl für Italianistik zu verschaffen, es wäre der erste im deutschsprachigen Raum gewesen, lehnte Leopardi ab. Als einen der "letzten großen Nachzügler der italienischen Philologen-Poeten" hat Nietzsche Leopardi bezeichnet,[15] und es war diese Synthese, die ihn für die Epigonen Hamerling und Heyse so interessant erscheinen ließ. Aber im Gegensatz zu ihnen, entbehrt Leopardis Gelehrsamkeit der schulmeisterlichen Attitüde. Seine Zitate der Geschichte und der kulturellen Tradition sind für Leopardi ein Mittel des Protestes und der Anklage. Die idealisierte Synthese von Geist und Tat, Gelehrsamkeit und "vita activa" wird dem geistigen und politischen Verfall Italiens entgegengestellt. So kontrastiert Leopardi in der 1818 entstandenen Canzone *All'Italia* radikal Vergangenheit und Gegenwart. Seine Zeitgenossen fordert er auf, sich an die vergangene Größe Italiens zu erinnern:

Mein Vaterland! Ich sehe noch die Mauern,
die Bögen, Säulen und die festen
        Türme der Alten,
aber den Ruhm nicht mehr:
Das Schwert, der Lorbeer sind uns nicht
        erhalten,
die unsere Väter trugen. Ohne Wehr,
das Haupt, die Brust entblößt, seh ich dich
        kauern.[16]

Mit diesem Gedicht, das von den patriotischen Dichtungen Vittorio Alfieris und Ugo Foscolos beeinflußt ist, beginnen programmatisch die 1831 veröffentlichten *Canti*, eine Sammlung, die die wichtigsten Gedichte Leopardis enthält. 1827, im gleichen Jahr wie Manzonis *I promessi sposi*, waren Leopardis *Operetti morali* erschienen, eine Sammlung von zunächst vierundzwanzig, in der Ausgabe von 1834 dann sechsundzwanzig Dialogen, Lehrstücken und

Essays. Diese beiden Sammlungen und das postum erschienene Diarium mit dem Titel *Zibaldone*, was man umschrieben mit "Sammelsurium" übersetzen kann, muß man als die Hauptwerke Leopardis ansehen, die auch in Deutschland einige wenige aufmerksame Leser gefunden haben. Schopenhauer beispielsweise hat Leopardis Gedichte als einen poetischen Beleg für seine Lehre von der "Nichtigkeit des Lebens" genommen:

Überall ist der Spott und Jammer dieser Existenz sein Thema, auf jeder Seite seiner Werke stellt er ihn dar, jedoch in einer solchen Mannigfaltigkeit von Themen und Wendungen, mit solchem Reichtum an Bildern, daß er nie Überfluß erzeugt, vielmehr durchwegs unterhaltend und anregend wirkt.[17]

Leopardi überläßt sich nur selten den bloßen lyrischen Eindrücken – er nimmt sie vielmehr als Spiegel des Lebens, stellt sie in Korrespondenz zu seiner Biographie und verwandelt sie zu Allegorien, die den existentiellen Schmerz am Leben in immer neuen Bildern verwandeln und beschwören. Als Beispiel läßt sich dafür sein vielleicht bekanntestes Gedicht mit dem Titel *L'Infinito* zitieren, das Gedicht Leopardis, das Rainer Maria Rilke 1912 während seiner Arbeit an den *Duineser Elegien* übertragen hat:

> Lieb war mir stets hier der verlaßne Hügel
> und diese Hecke, die vom fernsten Umkreis
> so viel vor meinem Blick verborgen hält.
> Doch hinter ihr – wenn ich so sitze, schaue,
> endlose Weiten formt sich dort mein Denken,
> ein Schweigen, wie es Menschen nicht vermögen,
> und tiefste Ruhe; da verlernt die Seele
> das Fürchten bald. Und wenn des Windes Rauschen
> durch diese Bäume geht, halt ich die Stimme
> dem Schweigen, dem unendlichen, entgegen,
> ihm zum Vergleich: des Ewigen gedenk ich,
> der toten Jahreszeiten und der einen,
> die heute lebt und tönt. Und so versinken
> im Unermeßlichen mir die Gedanken,
> und Schiffbruch ist mir süß in diesem Meere.[18]

Man kann Leopardi nur schwerlich davon freisprechen, daß er in vielen seiner Gedichte die erlittene Schwermut ästhetisiert. Im Gegensatz dazu äußert sich in seinen Tagebüchern ein reflektierter, existentiell und philosophisch begründeter Pessimismus, dem jegliche Stilisierung mangelt. Sein *Zibaldone* – mit dem Untertitel *Gedanken über Verschiedenes aus der Philosophie und der schönen Literatur* – besteht aus Aufzeichnungen, Exzerpten und Kommentaren über Philosophie, Moral, Psychologie, Ästhetik und Gesellschaft. Walter Benjamin hat von einem "Handorakel, die Kunst der Weltklugheit für Rebellen" gesprochen[19] – und wie Baltasar Gracián, auf den Benjamin hier anspielt, dem barocken Hof den Spiegel vorgehalten hat, so wollte auch Leopardi in seiner Dichtung ein kritisches Bild seiner Zeit zeichnen. So schreibt er beispielsweise über seine *Operetti morali*:

In meinen Gesprächen will ich versuchen, was sonst der Tragödie vorbehalten war, auf heitere Art darzustellen: die Laster der Großen, die ei-

gentlichen Ursachen des menschlichen Unglückes, die Torheiten der Politik, das Falsche der üblichen Moral, die Unzulänglichkeit aller philosophischen Systeme, den geistesgeschichtlichen Aspekt des Jahrhunderts; ich will ein Bild der Welt, der Gesellschaft, des gegenwärtigen Bürgertums, der politischen Umwälzungen und der nationalen Verhältnisse geben. Und ich glaube, daß ich, und zumal heute, mit den Waffen der Komik mehr erreiche als mit Leidenschaft, Liebe, Einbildungskraft, Beredsamkeit, sogar mehr als mit dem Räsonnement, obschon dieses heute viel Macht besitzt. Wenn ich mein armes Vaterland und meine arme Zeit aufrüttle, so brauche ich Liebe und Begeisterung, Beredsamkeit und Phantasie für meine Lyrik und eine bestimmte Art von Prosa, die mir hoffentlich gelingt; Räsonnement für die Lyrik und die Philosophie in den Abhandlungen, an die ich denke; und das Heitere und Komische für die Gespräche und Novellen nach der Art Lukians, die ich vorbereite.[20]

Leopardis Ästhetisierung des Schmerzes erscheint vor diesem Hintergrund in einem anderen Licht. Was hinter der biographisch unaufhebbaren Verzweiflung aufscheint, ist ein bitterer Moralismus, der in seiner Verzweiflung die gesellschaftliche Unvollkommenheit mit aller Schärfe sieht und benennt. Leopardis Dichtung ist das Dokument einer paradoxen Hoffnung: aus dem beschriebenen Zustand der Verzweiflung resultiert erst die Forderung, die individuelle Schwermut aufzuheben, durch die Darstellung des Bestehenden schimmert auch hier die Utopie eines besseren Lebens.[21] Dies verbindet die europäischen Weltschmerzpoeten über die Grenzen hinweg. Wenn auch die Weltschmerz-Dichtung Leopardis – und auch die Byrons – unmittelbarer einen politischen Protest formuliert, so lassen sich doch ganz ähnliche Charakteristika am Werk Nikolaus Lenaus festmachen, und deutlicher noch als an seinem Werk an dem Leben von Lenau selbst. Denn auch das gehört zur Weltschmerz-Dichtung, Werk und Autor verschmelzen, der Dichter allein bürgt für die Authentizität seiner Dichtung. Lenaus artistischer und aristokratischer Habitus, die Verweigerung jedes bürgerlichen Berufes, veranlaßten Lenaus langjährigen Freund, den dänischen Theologen und vehementesten Gegner Sören Kierkegaards Hans Lassen Martensen, zur folgenden Charakterisierung:

Was sein Verhalten betrifft, so folgte er einem bequemen laisser-aller, unterwarf sich nicht der Zucht und der Disciplin des Gesetzes, wovon die Folge war, daß er mit den Jahren dazu kam, mehr ästhetisch zu leben als ethisch.[22]

Die Übernahme der von Kierkegaard in *Entweder-Oder* entfalteten Antinomien – ästhetisches oder ethisches Leben – zur kritischen Charakterisierung der Haltung Lenaus, für sein anarchisches Rebellentum und ästhetisches Verlangen, ist durchaus gerechtfertigt. Lenau nimmt den Typus des Kierkegaardschen melancholischen Ästheten teilweise vorweg. Dazu gehört auch die bewußte Poetisierung des Lebens, die Selbstinszenierung der eigenen Biographie zum Kunstwerk. Ausschließlich Künstler sein, das ganze Leben nur der Kunst zu verschreiben, das war Lenaus dauerndes Verlangen. In einem Brief an Karl Mayer kommt dieses deutlich zum Ausdruck:

Künstlerische Ausbildung ist mein höchster Lebenszweck, alle Kräfte meines Geistes, das Glück meines Gemütes betrachte ich als Mittel dazu. Erinnerst Du Dich an das Gedicht von Chamisso, wo der Maler einen Jüngling ans Kreuz nagelt, um ein Bild vom Todesschmerze zu haben? Ich will mich selber ans Kreuz schlagen, wenns nur ein gutes Gedicht gibt.[23]

Vielleicht ist es diese unbedingte artistische Haltung, die den jungen Hugo von Hofmannsthal so tief beeindruckt hat, und die erklärbar macht, daß er seine eigenen frühen lyrischen Dramen in Beziehung zu dem Werk Lenaus gestellt hat.[24] Diese unmittelbare Beeinflußung gilt zwar nur für die Form seiner frühen Dichtungen, die so eindeutig aus der Stimmung des österreichischen *Fin de siècle* heraus gedichtet sind, aber Verweise auf Lenau, die von Hofmannsthals erster Prosaarbeit *Der Geiger vom Traunsee*, in der er, gerade fünfzehn Jahre alt, die Vision einer Begegnung mit Lenau darstellt, bis hin zu seinem letzten Opernlibretto *Arabella* zu verfolgen sind, lassen vermuten, daß der von Lenau verkörperte ästhetische Typus die Herausbildung von Hofmannsthals Kritik am Ästhetizismus zumindest mit beeinflußt hat. Und wenn Hofmannsthal kurz vor der Jahrhundertwende die Ästheten seiner lyrischen Dramen *Gestern*, *Der Tor und der Tod* und *Der Tod des Tizians* sämtlich scheitern läßt, so ist das nur ein poetischer Reflex auf die auch durch Leben und Werk Lenaus vermittelte Erfahrung, daß der unbedingte ästhetische Anspruch dem Leben gegenüber versagt, daß er Kunst bleiben muß und zum Leben keinen Zugang finden kann. Die Negativität des Ästheten, sein Haß auf die Realität, der zugleich ein Selbsthaß ist, nimmt zunehmend auch das Kunstwerk nicht mehr aus. Hofmannsthal demonstriert in seiner frühen lyrischen Dramatik, daß die ästhetische Stilisierung des Lebens eine verzweifelte Gebärde ist, die der individuellen Existenz noch einmal eine Dignität zu geben versucht, die ihr von der Realität längst genommen wurde. "Denn lebend sterben wir", die Hinfälligkeit der Physis wird für Hofmannsthal, wie zuvor bei Lenau und Schopenhauer, zunehmend zu einem Modell auch für den geschichtlichen Prozeß.

Lenaus Leben und Werk drücken bereits eine Lebenshaltung aus, die das Dasein und die Welt nur noch als "ästhetisches Phänomen" zu ertragen vermag. Wie die Hoffnungslosikeit das Bestimmende und Übergreifende des melancholischen Bewußtseins ist, so ist sie es auch, auf die sich die Motive und Stoffe der Lenauschen Gedichte zurückführen lassen. Lediglich seine Gedichte über die ungarische Heimat, aus der er sechzehnjährig nach Wien übersiedeln mußte, enthalten noch eine Spur von möglicher Harmonie. Aber auch sie, z.B. das Gedicht *Einst und Jetzt*, sind durchsetzt mit elegischen Tönen und geprägt von der Erfahrung des unwiederbringlich Verlorenen, der Heimat und der Jugend. Anders als der uneingeschränkte an Hegel geschulte Glauben an die sich durchsetzende Vernunft in der Geschichte bei den jungdeutschen Autoren Karl Gutzkow, Ludolf Wienbarg, Georg Herwegh, Ludwig Börne und dem jungen Heinrich Heine dominiert bei Lenau – nicht nur in seiner Lyrik, auch in seiner Ketzerdichtung *Die Albigenser* – der melancholische Blick auf die Trümmer und Ruinen: sein Erschrecken vor den Katastrophen der Geschichte führten ihn zum Aufspüren der

Opfer, der "Trümmer ihres Glücks und ihres Leidens". Seine eigene Zerrissenheit konnte er dadurch jedoch nicht aufheben, wie die Fragment gebliebene Dichtung *Don Juan*, die Richard Strauß als Vorlage für eine symphonische Dichtung diente, eindrucksvoll belegt. Zwar ist auch Lenaus *Don Juan*, wie bereits sein *Faust*, noch geprägt vom Erkenntnistrieb, jedoch ist es gerade die dauernde Suche nach einer unbedingten Erfüllung alles Ersehnten, die immer tiefer in die Resignation führt. Gelangweilt vom Leben läßt sich Lenaus Don Juan in einem Duell töten. Doch nicht Langeweile ist es, die Lenau selbst endgültig verzweifeln läßt, sondern eine sich bis zur Todessehnsucht steigernde Zerrissenheit und Melancholie. Daß Lenau nicht einfach starb, sondern im Wahnsinn verging, unterstreicht die Wahrhaftigkeit seines Schmerzes, von dem sein Werk schon immer zeugte.

"Kleid, Mantel und Lyra" bleiben nach Euphorions Untergang zurück, die Insignien der Poesie werden aufgenommen und weitergereicht, die Poesie besteht auch in der Moderne weiter: "Denn der Boden zeugt sie wieder/ Wie von je er sie gezeugt", heißt es in den abschließenden Versen des Trauergesanges. Hinzuzufügen wäre: die Kunst bleibt zwar auch nach der Kunstperiode bestehen, aber nur um den Preis des Weltschmerzes, der in Leben und Werk Nikolaus Lenaus, Giacomo Leopardis und Lord Byrons so selbstzerstörerisch wirksam gewesen ist und der seitdem ein unaufhebbares Element der literarischen Moderne zu sein scheint.

Anmerkungen

1 Johann Wolfgang von Goethe: Faust. Der Tragödie zweiter Teil. In: Werke (= Hamburger Ausgabe in 14 Bänden), Bd. 3. (= Dramatische Dichtungen I), München 1981, S. 299.

2 Vgl. u.a. Wilhelm Emrich: Die Symbolik von Faust II. Königstein 1981^5, S. 340.

3 Vgl. ebda., S. 353ff.

4 Johann Peter Eckermann : Gespräche mit Goethe. In den letzten Jahren seines Lebens 1823-1832. Wiesbaden o.J., S. 390.

5 Johann Wolfgang von Goethe: Faust II, a.a.O., S. 299.

6 Nikolaus Lenau: Sämtliche Werke und Briefe. Hrsg. von Walter Dietze. Bd. 2. Frankfurt a.M. 1971, S. 897.

7 Siegfried Korninger: Lord Byron und Nikolaus Lenau. Eine vergleichende Studie. In: Englisch Miscellany. A symposium of history, literature and the arts. Editor: Mario Praz. Edizoni di Storia e Letteratura, 3. Roma 1952, S. 61-123.

8 Vgl. dazu als Einführung Klaus Heitmann: Der Weltschmerz in den europäischen Literaturen. In: Klaus Heitmann: Europäische Romantik II, Wiesbaden 1982, (= Neues Handbuch der Literaturwissenschaft, Bd. 15), S. 57-82.

9 Heinrich Heine: Sämtliche Schriften, Hrsg. von Klaus Briegleb. Bd. 5. München/Wien 1976, S. 62.

10 George Gordon Lord Byron: Sämtliche Werke. Bd. 1. München o.J. (=Winkler-Dünndruckausgabe), S. 14.

11 Vgl. dazu im einzelnen: Christina Ujma: Byron. Ein Romantiker in der Tradition der Aufklärung. In: Philosophischer Taschenkalender. Jahrbuch zum Streit der Fakultäten. Hrsg. im Auftrag der Gesellschaft für Philosophie von Rüdiger Schmidt und Bettina Wahrig-Schmidt. Lübeck 1991, S. 127-146.

12 Lord Byron: Sämtliche Werke. Bd.2, S. 841f.

13 Ebda. Bd. 1, S. 74.

14 Giacomo Leopardi: Gedichte und Prosa. Ausgewählt und übersetzt von Ludwig Wolde. Mit einem Nachwort von Ralph-Rainer Wuthenow. Frankfurt a.M. 1974, S. 263f. Einen guten Einblick in das Gesamtwerk Leopardis bietet die Auswahl: Giacomo Leopardi: Ich bin ein Seher. Leipzig 1991 (= Reclam). Zu Lenau und Leopardi vgl.: Arturo Farinelli: Über Leopardis und Lenaus Pessimismus. In: Ders.: Aufsätze/Reden und Charakteristiken zur Weltliteratur. Bonn und Leipzig 1925, S. 166-176.

15 Friedrich Nietzsche: Sämtliche Werke. Kritische Studienausgabe. Hrsg. von Giorgio Colli und Mazzino Montinari. Bd. 1. München 1980, S. 502.

16 Giacomo Leopardi: Gesänge. Dialoge und andere Lehrstücke. Übersetzt von Hanno Helbling und Alice Vollenweider. Mit einem Nachwort von Horst Rüdiger. München o.J., S. 7.

17 Arthur Schopenhauer: Die Welt als Wille und Vorstellung. Teilbd. 2. Zürich 1977 (= Zürcher Ausgabe. Werke in zehn Bänden), Bd. 4, S. 689.

18 Giacomo Leopardi: Gesänge. Dialoge und andere Lehrstücke, a.a.O., S. 93.

19 Walter Benjamin: Gesammelte Schriften. Hrsg. von Rolf Tiedemann und Hermann Schweppenhäuser. Bd 3. Frankfurt 1980, S. 118.

20 Giacomo Leopardi: Gedichte und Prosa, a.a.O., S. 241.

21 Giacomo Leopardi hat die Differenz dieser Haltung im Vergleich mit der europäischen Romantik selbst eingehend dargestellt. Vgl. dazu die zweisprachige Ausgabe von Giacomo Leopardis: Rede eines Italieners über die romantische Poesie. Discorso di un italiano intorno alla poesia romantica. Übersetzt und eingeleitet von Franca Janowska. Tübingen 1991 (= Italienische Bibliothek; Bd. 3).

22 Hans Lassen Martensen: Aus meinem Leben. Mittheilungen. 1. Abt. 1808-1837. Karlsruhe, Leipzig 1883, S. 226.

23 Nikolaus Lenau: Sämtliche Werke und Briefe in 6 Bänden. Hrsg. von Eduard Castle. Bd. 3, Leipzig 1911. S. 142.

24 Vgl. dazu im einzelnen den Abschnitt: Nikolaus Lenau und Hugo von Hofmannsthal. In: Hansgeorg Schmidt-Bergmann: Ästhetismus und Negativität. Studien zum Werk Nikolaus Lenaus. Heidelberg 1984 (= Frankfurter Beiträge zur Germanistik), S. 91-102.

WOLFGANG MARTENS

Lenau in der Prachtausgabe

In rotem, mit leichter Goldprägung versehenem Leineneinband im Quartformat, auf der Einbandvorderseite das Bildnis des Dichters auf schwarzem Grund von Rankenwerk umspielt, der Text selber mit zahlreichen, oft großflächigen Schwarz-Weiß-Illustrationen versehen, – so präsentiert sich uns eine zweibändige Lenauausgabe aus dem letzten Drittel des 19. Jahrhunderts, laut Titelblatt: *Lenau's Werke. Illustrirt von Wiener Künstlern. Herausgegeben von Heinrich Laube. Wien, Leipzig, Prag. Verlag von Sigmund Bensinger.* Die Ausgabe war übrigens auch in grünem Einband, wiederum mit Goldpressung, versteht sich, zu haben. Preis pro Band 11 Mark, – eine damals beträchtliche Summe ! – Ein teurer Lenau ! Ein anderer Lenau? Ein Lenau für wen?

Die bisherigen Lenau-Werkausgaben waren weit schlichter ausgefallen, sachlich, im Oktavformat, ohne Illustrationen, vor 1850 noch ohne einen Verlagseinband, von örtlichen Buchbindern in ansprechende Form gebracht. Das erste Gedicht Lenaus war gar biedermeierlich in einem Duodezbändchen erschienen (1828 im Taschenbuch "Aurora"). Jetzt aber tritt Lenaus Dichtung anders einher: großformatig, imposant, repräsentativ. Und gleichsam zeitlos. Daß der Verlag das Erscheinungsjahr – tatsächlich war es 1884/85 – unterschlug, ist kennzeichnend. Lenau als zeitenthobener Dichterheros; sein Busen auf dem Einband-Brustbild ist von römischer Toga umhüllt, darunter, von Ornamenten umspielt, figurieren emblematisch Lyra und Lorbeerkranz! (Abb. 1)

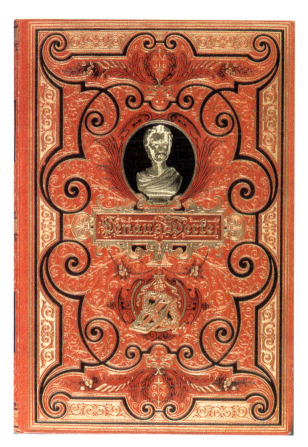

Abb. 1

Freilich, der in solcher Aufmachung Präsentierte steht nicht allein in der Runde. Bereits in der Zeit um 1800 begann mit Prachtausgaben eine Art Klassikerkult in Deutschland. Und seit nach 1835 mit der Technik des Holzstichs, der Xylographie, der Druck von Illustrationen revolutionär vervollkomnet worden war – holzgestochene Bilder hoher Qualität konnten nun z.B. auf der gleichen Seite mit gedrucktem Text reproduziert werden –, hatten namhafte deutsche Verlage nationale Klassiker mit ihren Werken reich illustriert und in großen Formaten auf den Markt gebracht. Künstler wie Wilhelm von Kaulbach, Julius Schnorr von Carolsfeld und Anton von Werner wurden hier mit Aufträgen überhäuft. Goethe-, Schiller-, Uhland-, Körner- und Grillparzerausgaben, üppig bebildert, luxuriös eingebunden, fanden seit der Mitte des 19. Jahrhunderts ihr Publikum. Der Bensinger-Verlag hat neben unserer Ausgabe auch ähnliche Prachtwerke von Lessing, Körner und Heine vorgelegt.

Die große Konjunktur aber hatten solche Prachtwerke nach 1871, in den Gründerjahren und in der wilhelminischen Zeit, offenbar einem gesteigerten Repräsentationsbedürfnis des besitzenden Bürgertums entsprechend. Ästhetische Bildung, kunstsinnige Kultiviertheit – das war damals neben Stand und Vermögen diskret bis unverhohlen zu demonstrieren.

Und der Ort solcher Demonstration war der Salon als Empfangs- und Vorzeigeraum des Hauses. Zu seiner üppigen Ausstattung gehörte, kaum verzichtbar, eine Auswahl ansehnlicher Bücher und Alben, – Literaturwerke, die das Bildungsniveau des Hauses unter Beweis stellten, für den Besucher kaum zum Lesen, sondern eher zum Anschauen, zum Darinblättern bestimmt, wenn etwa der Gast bei förmlicher Visite schicklich einige Minuten zu warten hatte. Die Ausstattungsbücher der Zeit empfahlen derartiges, wenn sie auf den Salon zu sprechen kamen. Zitieren wir ein Ausstattungsbuch von 1871 hinsichtlich des Salons. Prachtbände spielen dort ihre Rolle:

Dagegen mag man denn im Salon entfalten, was man an Glanz und Pracht, an elegantem Scheine zur Repräsentation des Hauses für nöthig hält. Der Salon ist die Stätte der Geselligkeit, die Stätte für den Verkehr der Familie mit der Außenwelt; mag sich darum auch hier das Haus, wo es repräsentiert, von seiner glänzendsten Seite zeigen. (...) Kunstgegenstände aller Art, Statuen, Statuetten, Büsten in den Ecken und auf Consolen, moderne Bilder mit ihrem lebhaften, bunten Colorit, Prachtbände und Kupferwerke auf den Tischen, all das vermag in glänzender Mannigfaltigkeit seine Stelle zu finden.[1]

Und die Anstandsbücher der Zeit lehrten Ähnliches – übrigens auch, wie sich ein Besucher angesichts des Gebotenen im Salon angemessen zu verhalten habe:

Will man z.B. in einem Empfangszimmer oder Salon von dem Inhalte eines Albums oder Prachtwerkes Kenntnis nehmen, so durchblättere man dasselbe nicht mit Hast, sondern schlage eine oder die andere Seite auf und vertiefe sich wenigstens anscheinend im Anblick des Bildes oder im Annehmen des Lesestoffes.[2]

Das Rezept ist aufschlußreich genug. Kunstsinnigkeit, Respekt fürs "Höhere" hatte der großbürgerliche Hausherr wie der Besucher gleichermaßen zu beweisen. Darbietung und gebührend respektvolles Rezipieren von Klassikerpracht war "guter Ton" – ein Element der wilhelminischen Fassadenkultur. Unsere Lenauausgabe gehört in diesen Kulturzusammenhang. Eine zeitgenössische Rezension hat denn auch anläßlich dieser Ausgabe die Bestimmung für den Salon sogleich notiert: ... *Einen schönen Schmuck für den Salontisch bildet dieser illustrierte Lenau auf alle Fälle*.[3]

Schauen wir uns diesen Salon-Lenau näher an! Er enthält, mit dem Nachwort 385 und 384 Quartseiten stark, tatsächlich alle Texte, die die damals maßgebliche vierbändige, von Anastasius Grün eingeleitete Werkausgabe bei Cotta aufwies, und er übernimmt auch die dort vorgegebene Anordnung nach Sachgruppen bei den Gedichten (im Band 1) und nach epischen bzw. episch-dramatischen Werken (im Band 2). Lediglich einige Gedichte innerhalb der jeweiligen Gruppen sind umgestellt, vielleicht aus Rücksicht auf eine anzubringende Illustration. Keine einzige Textseite ist ohne Bildschmuck geblieben.

Abb. 2

Jede weist am Kopf eine Zierleiste auf mit dem jeweiligen Kolumnentitel (z.B. "Herbst" oder "Reiseblätter" oder "Liebesklänge"), es sei denn, eine großformatige Illustration verdränge sie völlig. Diese Zierleisten arbeiten mit wechselnder figuraler und floraler Ornamentik, oft mit manieristischen Elementen (Abb. 2).

Zudem sind Gedichte zuweilen am Schluß mit Vignetten geschmückt. Am Textanfang finden sich hier und da kunstvolle Initialien, die sich zu eigenen kleinen Bildskizzen auswachsen können (Abb. 3). Die eigentlichen Illustrationen sind in verschiedener Größe über das ganze Werk hin verteilt.

Abb. 3

Heinrich Laube stammt, sondern – zeitgenössischen Rezensionen zufolge – von Alfred Klaar, dies Nachwort geht mit keinem Wort auf den Bildschmuck und seine Urheber ein.

Abb. 4

Die Namen der Künstler sind nicht genannt. Zuweilen freilich finden sich in einer unteren Bildecke deren Anfangsbuchstaben: hier könnten Spezialstudien weiter Aufschluß geben. Das Nachwort mit dem Titel *Das Leben Lenau's*, das übrigens nicht vom Herausgeber

Abb. 5

Auffallend ist, daß der erste, der Lyrik gewidmete Band reicher bebildert ist als der zweite. Und wenn *Faust* im zweiten Band illustratorisch noch recht gut versorgt ist, so überrascht zunächst die Zurückhaltung bei den Epen, namentlich bei *Savonarola* und den *Albigensern.* Offensichtlich verlockten beide Texte wenig zu künstlerischer Schmückung.

Und damit ist zugleich schon etwas über den Charakter all dieser Illustrationen gesagt. Radikales, Revolutionäres und Hart-Realistisches bis zum Grauenvollen, in den beiden Epen thematisiert, scheint als zur künstlerischen Ausschmückung eines Salonwerks wenig geeignet befunden worden zu sein.

Abb. 6   Abb. 7

Savonarolas Eifer wider Kunst und Schönheit – das paßte so wenig wie sein Märtyrertum, seine "Tortur", ins Konzept von edlem Menschentum im Zeichen des Wahren, Guten und Schönen, dem die arrivierte Gesellschaft kulturbewußt zu huldigen vorgab. Das Grauen der Albigenserkriege, vom Dichter im schwarzen Realismus beschworen, bis hin zu den Fliegenschwärmen auf den Leichen – dies Grauen auch noch szenisch-graphisch ins Bild zu setzen (vielleicht à la Goya!), das hätte dem Geist repräsentativ würdiger Salonkultur widersprochen, dem die Prachtausgabe zu dienen hatte. Die Holzschnittillustrationen unserer Ausgabe idealisieren und harmonisieren. Sie bevorzugen edle Gestalten, erhaben und melancholisch, zumeist bedeutsam in der Einsamkeit posierend (Abb. 4), zuweilen in heldischer Attitüde, zuweilen von allegorischem Personal umschwebt (Abb. 5), fern jedem trivialen Durchschnitt, fern auch jedem biedermeierlich-liebevollen Realismus etwa in der Art Ludwig Richters. Es gibt Kriegsszenen im Pathos idealistisch-romantischer Historienbilder, Interieurszenen mit durchaus wilhelminisch-vornehm anmutendem Wohnambiente (Abb. 6), Naturszenen nächtig oder winterlich oder symbolträchtig bei Sonnenuntergang (Abb. 7). Stets sind die Gestalten ins Edelmäßige stilisiert – ein Erdenrest, zu tragen peinlich, haftet ihnen nicht an. Lenaus Dichtung erscheint als "Poesie" im Sinne von Überhöhung und Verklärung. Der Leser wird herausgeführt aus dem Alltag. Er begegnet dem "Höheren". Minuten der Weihe für den Gebildeten – beim Durchblättern im Salon.

Daß mit Illustrierung und Bebilderung Dichtung schon generell eigentlich verfälscht wird, liegt im übrigen auf der Hand. Wortkunstwerk und Bildkunstwerk haben sehr verschiedene Seinsweisen – Lessing hatte einst darauf hingewiesen. Greift bildende Kunst über neutral schmückende Funktionen hinaus mittels Illustration in die Deutung von Dichtung ein, wie im vorliegenden Fall, so wird das Eigentliche dieser Dichtung, das durch Wort, Maß und Klang Evozierte, tangiert, das Verstehen wird präjudiziert, in eine bestimmte Richtung gedrängt, optisch festgelegt. Es dürfte bezeichnend für die gründerzeitliche bzw. wilhelminische Kultur sein, daß sie derartiges mittels illustrierter Prachtwerke von der Art unserer Lenauausgabe ertrug und begünstigte. Freilich: zur gleichen Zeit eroberten auch die schmucklosen kleinformatigen Reclam-Heftchen ihre Leserschaft – geradezu antipodisch zur großmannsmäßigen Prachtwerkekultur. Und auch Lenaus Dichtungen zählten zu den Reclam-Titeln! – Habent sua fata libelli. Zum Schicksal von Lenaus Dichtungen jedenfalls gehörte um 1890 sowohl das bescheidene Reclambändchen als auch unsere illustrierte Prachtausgabe für den Salontisch.[4]

Anmerkungen

1 Jakob Falke: Die Kunst im Hause. Geschichtliche und kritisch-ästhetische Studien über Dekoration und Ausstattung der Wohnung. Wien 1871. Zitiert nach: Prachtausgaben. Literaturdenkmale in Quart und Folio, bearb. von Ira Diana Mazzoni, Marbach am Neckar 1991 (= Marbacher Magazin 58/1991, hrsg. von Ulrich Ott), S. 59f. Diesem Marbacher Magazin verdankt der Verfasser manche Anregung. Die Il-

lustrationen aus der Lenau-Prachtausgabe sind für den Katalog verkleinert woden.

2 A. von Egging: Der gute Ton, ein Wegweiser des Wohlbenehmens in allen Gesellschaften und Lebenslagen. Wien o.J. (1906), S. 12. Vgl. dazu allgemein: Wolfgang Martens: Der gute Ton und die Lektüre. Anstandsbücher als Quelle für die Leserforschung. In: Buch und Leser. Vorträge des ersten Jahrestreffens des Wolfenbütteler Arbeitskreises für Geschichte des Buchwesens. Hrsg. von Herbert G. Göpfert. Hamburg 1977, S. 203-229.

3 Leipziger Zeitung vom 6. 11. 1884, S. 532.

4 Vgl. dazu auch Rainer Hochheim: Nikolaus Lenau. Geschichte seiner Wirkung 1850-1918. Frankfurt a.M., Bern 1982. Zum großen kulturgeschichtlichen Hintergrundphänomen der illustrierten Klassiker-Prachtausgaben siehe Thomas Nipperdey: Deutsche Geschichte 1866-1918, Bd. 1: Arbeitswelt und Bürgergeist. München 1990.

ANTAL MÁDL

Lenau und Ungarn. Erlebnishintergründe und Erinnerungsbilder

In einem seiner frühen Gedichte mit dem Titel *Nach Süden*, das noch sehr konventionell wirkt und vom späteren Dichter nur wenig ahnen läßt, heißt es:

Dort nach Süden will mein Herz.

Dort im fernen Ungarnlande
Freundlich schmuck ein Dörfchen steht,
Rings umrauscht von Waldesrande,
Mild von Segen rings umweht.[1]

Diese Sehnsucht nach dem Süden, die sich bei Lenau auf den Geburtsort und auf die in Ungarn verbrachten Kinder- und Jugendjahre bezieht, nimmt in seiner gesamten Dichtung einen beachtlichen Stellenwert ein. Wenden wir uns aber, um den Zusammenhang besser verstehen zu können, vorerst den biographischen Fakten zu.

Nikolaus Lenau (Nikolaus Niembsch von Strehlenau), der zweifellos bedeutendste Lyriker der österreichischen Literatur des 19. Jahrhunderts, wurde im heutigen Rumänien, im damaligen Königreich Ungarn, das wiederum Bestandteil des Deutsch-Österreichischen Kaiserreiches war, am 13. August 1802, in Csatád (heute nach ihm Lenauheim benannt) geboren. Der Familienname Niembsch deutet auf den slawischen Bereich Schlesiens hin, wo die Vorfahren mit deutscher Herkunft die slawische Bezeichnung Niembsch für "Deutscher" erhielten. Der traditionelle Beruf der Familienväter Niembsch war bezeichnend für den Vielvölkerstaat: Sie dienten als Militärs oder Beamte, und zwar auf Weisung gelegentlich in entferntesten Orten der Monarchie. Der Offiziersstand des Großvaters ging mit Lenaus Vater ins Beamtentum über, was dazu führte, daß der einundzwanzigjährige Kadett Franz Niembsch, aus der Armee auf eigenen Wunsch entlassen, als Rentamtschreiber in das Banat verschlagen wurde. Der Anlaß zu diesem Berufswechsel war seine beabsichtigte Heirat mit der sechs Jahre älteren Maria Theresia Antonia Maigraber, der Tochter des jung verstorbenen Pester Obersyndikus, Franz Xaver Maigraber.

Franz Niembsch lernte Therese Maigraber anläßlich eines Besuches bei seinen Eltern in Altofen (Óbuda, heute Teil von Budapest) kennen. Die leidenschaftliche Liebe der jungen Leute führte trotz des Widerstandes der Eltern beider Seiten am 6. August 1799 zur Heirat, und Therese folgte ihrem Ehemann ins Banat, in eine ungewisse Zukunft. Der Kindersegen setzte bald ein: Zuerst wurden zwei Mädchen geboren (1799 und 1801), ihnen folgte 1802 ein Junge (Nikolaus Franz, der spätere Dichter) und noch eine Tochter (1804). Durch die Trunk- und Spielsucht des Vaters wurde die junge Familie in kürzester Zeit völlig ruiniert, was sie veranlaßte, bereits 1803 aus dem Banat nach Buda zu übersiedeln. Das ausschweifende Leben hatte die Gesundheit von Franz Niembsch aber dermaßen angegriffen, daß er bereits dreißigjährig starb und seine Frau mit drei Kindern zurückließ (die erstgeborene Tochter war inzwischen gestorben).

Der spätere Dichter verlebte so ab seinem ersten Lebensjahr die Kinderzeit in der heutigen ungarischen Hauptstadt. Die Mutter versuchte durch eine neue Eheschließung, die Existenz ihrer Kinder zu sichern. Sie heiratete 1811 den früheren Militärarzt Dr. Karl Vogel, die Familie vermehrte sich um zwei weitere Töchter. Im Mittelpunkt stand aber nach wie vor der einzige und von der Mutter heißgeliebte Sohn Niki. Er erwies sich als sehr begabt und interessiert an seiner unmittelbaren Umwelt. Er erhielt Privatunterricht in Musik und besuchte das Piaristengymnasium zu Pest, die damals beste Mittelschule der Stadt. Damaligen Richtlinien entsprechend war der Unterricht in lateinischer Sprache sehr intensiv, aber auch das Studium der deutschen und der ungarischen Sprache sowie der Musik erreichte ein ähnlich hohes Niveau.

Niki war ein Musterschüler, der besonders in Latein und in der Musik fleißig Kenntnisse sammelte. Der Sprachverkehr war in der Familie ausschließlich deutsch, und der Anteil deutschsprachiger Schulkameraden dürfte aufgrund der damaligen Zusammensetzung der Bevölkerung Pests bedeutend höher gewesen sein als der der ungarischen.

Im Jahre 1816 zwang die soziale Not die kinderreiche Familie zu einem neuen Umzug. Dr. Vogel versprach sich auf dem Lande, in der ungarischen Provinz, eine bessergehende Praxis als in Pest-Buda. So kam Lenau nach Tokaj, in ein damals aufblühendes Städtchen, das seine Berühmtheit - viel mehr als heute - seinem Wein zu verdanken hatte. Europäische König- und Fürstenhöfe bezogen mit Vorliebe ihren Tafelwein aus Tokaj und richteten dort - wie u.a. der russische Zarenhof - sogar eine "Handelsvertretung" ein. Dadurch kam viel Leben in das Städtchen, das durch den Zuzug von Handelsleuten slawischer und griechischer Herkunft auch eine besondere ethnisch-konfessionelle Note erhielt. Zu einer Schule, die die Funktion des Pester Gymnasiums hätte ersetzen können, reichte es aber in Tokaj nicht, und auch die ärztliche Praxis brachte Dr. Vogel nicht viel ein. Niki erhielt einen Privatlehrer und hatte als Externist im Juli 1817 seine Prüfungen ebenfalls bei den Piaristen zu bestehen, und zwar in Sátoraljaujhely, in der heutigen Grenzstadt zur Slowakei. Dieses eine Jahr, der Umgang mit Menschen, die nur ungarisch sprachen, sowie die Landschaft - der Übergang der Tiefebene in die nordungarische Hügellandschaft - prägte sich dem Gymnasiasten stark ein. Diese Eindrücke werden später in zahlreichen dichterischen Bildern wiederkehren.

Der Tokajer Aufenthalt ging nach anderthalb Jahren für den jungen Niembsch zu Ende. Waren es die Sorge der Mutter um ihren Niki oder eine Spannung zwischen Dr. Vogel und seiner Frau, oder vielleicht auch beides, belastet noch durch die materielle Not, die zur vorübergehenden Trennung führten - man weiß es nicht. Die Familie kehrte jedenfalls ohne den Vater nach Buda zurück, wo sich ihre Lage aber weiter verschlimmerte: Vorübergehende Unterkunft fand die Mutter für sich und ihre Kinder in einer zur dürftigen Wohnung umgestalteten Kapelle eines früheren Militärfriedhofes in der Nähe des heutigen Südbahnhofes, mit Blick auf die sogenannte Blutwiese und auf die ungarische Königsburg. Unter solchen Umständen absolvierte Niki das Gymnasium bei den Pester Piaristen, deren Direktor ihm eine glänzende dichterische Zukunft prophezeite. Damit ging der kontinuierliche Aufenthalt des jungen Lenau in Ungarn zu Ende, denn die Niembsch-Großeltern, der pensionierte Offizier und seine adelige Frau, wollten hinfort selbst für die Zukunft des einzigen männlichen Sprosses der inzwischen geadelten Familie Niembsch von Strehlenau aufkommen.

Es folgten vom Herbst 1818 der Aufenthalt in Stockerau und anschließend ein dreijähriges Studium der Philosophie an der Wiener Universität, die Freundschaft mit Fritz Kleyle, die Heirat seiner Schwester Therese mit Anton Xaver Schurz, dem späteren Biographen des Dichters, und Lenaus Bekanntschaft mit Bertha Hauer, der unehelichen Tochter eines Wiener Beamten und einer Dienstmagd. All diese Umstände hatten den jungen Niembsch vorübergehend von Ungarn und auch von der Familie etwas abgerückt, wenn auch die um ihren Sohn besorgte Mutter von Buda nach Preßburg zog, um so Wien und Stockerau näher zu sein. Der Sohn war in Wien Hörer der Philosophie, unterbrach aber frühzeitig sein weiteres Studium und ging nach Preßburg – sicher auch von der Mutter beeinflußt –, um dort das ungarische Recht zu studieren.

Preßburg, die damalige ungarische Krönungsstadt, hatte den Dichter wieder den ungarischen Verhältnissen näher gebracht und seine Erlebnisse der Kinderzeit vertieft. Das Studium dort scheint keinen besonderen Eindruck auf ihn gemacht zu haben, hingegen setzt sich die dichterische Berufung in ihm jetzt durch. Nach dem Tod des Großvaters väterlicherseits wurde der Haushalt in Stockerau aufgelöst, die Großmutter zog nach Wien, und damit hörte der von dieser Seite angestrebte Einfluß auf ihn auf. Es wirkte aber die mütterliche Fürsorge weiter und veranlaßte den künftigen Dichter, nachdem er auch die Rechtswissenschaft aufgegeben hatte, es in Ungarisch-Altenburg mit dem Studium der Landwirtschaft zu versuchen. Die Eltern ließen sich im benachbarten Wieselburg nieder, und Lenau besuchte die Landwirtschaftliche Akademie in Altenburg. Im Vordergrund seines Interesses stand aber keinesfalls das Berufsstudium, sondern, zu diesem Zeitpunkt bereits unverrückbar, die Literatur- und Dichtkunst. Seine ersten Versuche aus dieser Zeit lassen den Einfluß Klopstocks, Höltys und des jungen Schiller erkennen.

Nach einem "verbummelten" Jahr endete Lenaus Ungarnaufenthalt endgültig. Es folgte von 1823 bis 1830 wieder eine Wiener Periode mit dem Studium der Rechte und der Medizin, das aber unabgeschlossen blieb, dann, von der Amerikareise unterbrochen, ein zehnjähriges "Pendeln" zwischen der Donaustadt und Schwaben. Ungarn hat er gelegentlich auf kurze Zeit noch besucht, wie das aus seinen Briefen hervorgeht. Besonders großes Interesse zeigte er für den Beginn des sogenannten ungarischen Reformzeitalters; er reiste deshalb auch nach Preßburg, wo er Sitzungen des ungarischen Landtages miterleben wollte. Er dürfte die Umgebung von Ungarisch-Altenburg und Wieselburg mehrmals besucht haben, und es gibt auch Andeutungen auf Kontakte, die tiefer landeinwärts führten. Überblickt man den gesamten Ungarn-Aufenthalt, so ergeben sich die ersten sechzehn Lebensjahre und dann nach einer Pause von drei Jahren noch einmal zwei Jahre, zusammen also achtzehn Jahre, die er von seinen insgesamt bewußt erlebten zweiundvierzig Jahren in Ungarn verbracht hatte, was mengenmäßig beinahe die Hälfte seines Lebens ausmachte. Berücksichtigt man noch, daß der Ungarnaufenthalt die gesamte Kindheit und die wesentlichsten Jugendjahre umfaßte, so ist leicht zu verstehen, daß die Erlebnisse dieser Zeit für sein dichterisches Schaffen ausschlaggebend waren, nicht zuletzt weil Lenau seine Jugendzeit als die schönste Zeit seines Lebens bezeichnete.

In diesem Sinne wurde für ihn die Welt zu einem Blütengarten und *Auf seinem Antlitz ruht ein schön Erwarten,/ Die Welt ist Himmel ihm, der Mensch ein Gott.* In den Jugendträumen dieser Jahre erlebt er *...wohl das beste,/ Was ihm für diese Welt beschieden ist.* Aber bereits der Ausklang des Gedichtes führt mit einem Gefühl der Furcht vor der Zukunft in die Realität zurück: *... dem Jüngling wird so bange,/ Da er sie* (die Vögel) *weiter sieht und weiter ziehn.*[2]

Aus zahlreichen Quellen geht hervor, so unter anderm auch aus Lenaus Briefen und aus verschiedenen biographischen Aufzeichnungen, daß er den Großteil seiner Gedichte nicht als unmittelbare Erlebnis-Gedichte, als sogenannte Reflexionsgedichte, geschrieben hat. Abgesehen von Gedichten, wie das eben zitierte, oder einigen, die bereits in seinen letzten Ungarn-Jahren geschrieben wurden, sind es meistens aus der Erinnerung auftauchende Jugenderlebnisse, die bei Lenau zu Werken mit ungarischer Thematik führen. Seine zuerst bekannt gewordenen Ungarn-Gedichte wie *Die Heideschenke* oder *Die Werbung*[3] sind Gedichte der Erinnerung an seine Zeit in Tokaj, Preßburg und Ungarisch-Altenburg. Der Verweis auf die ungarische Vergangenheit in den beiden genannten Gedichten geht zum Teil noch auf das aus der Schule mitgebrachte Bildungsgut zurück. Der darin formulierte Freiheitsdrang mit Hinweis auf die ungarischen Helden vergangener Zeiten wirkt eher instinktiv, wenig bewußt und gliedert sich in eine bunte Landschaftsmalerei ein. Die Texte stehen einer Dichtungsart nahe, die im ungarischen Reformalter ebenfalls in Mode war und als Genre-Bild-Dichtung bezeichnet wird. Beide Texte sind in der zweiten Hälfte der zwanziger Jahre entstanden und lassen einen Dichter erkennen, der gerade dabei ist, die Erlebnisse seiner Kinder- und Jugendjahre künstlerisch zu erfassen und zu gestalten.

Einen bedeutenden Schritt weg von diesen reinen Erinnerungsbildern bringen uns zwei weitere Ungarn-Gedichte: *Die drei Zigeuner* (zweite Hälfte der dreißiger Jahre) und *Der Räuber im Bakony*[4] (1841/1842 entstanden). Lenaus Mutter und auch die Großeltern väterlicherseits waren inzwischen verstorben, Hoffnungen auf einen Brotberuf scheiterten, und auch die Reise nach Amerika war letzten Endes eine große Enttäuschung. Er erlebte aber auch seinen Erfolg als Dichter, und in Schwaben nahm ihn ein Freundeskreis auf. In diesen Jahren begann auch Lenaus leidvolle, nie zur Erfüllung gelangte Liebe zu Sophie von Löwethal. All das zusammen veranlaßte den Dichter zum Nachdenken über das Ziel des eigenen Lebens, über soziale und politische Spannungen in der Gesellschaft, wofür die genannten beiden Gedichte prägnante Beispiele liefern.

Die Lebensführung des Dichters nach seiner Amerikareise, ohne ein ständiges Heim, ohne in einer Heimat verwurzelt zu sein, hin- und hergerissen zwischen seinen Freunden in Schwaben und seiner Bindung an Sophie, machten ihn zu einem unsteten Wanderer, für den Ahasver, der ewige Jude, der nirgends Ruhe findet, zum wiederkehrenden Symbol wurde. Er sucht nach Gegenbeispielen, an die er sich anklammern könnte, und findet diese bei den Zigeunern der ungarischen Pußta. Im Gegensatz zu seinen früheren Ungarn-Gedichten bringt der Dichter hier nicht einfach ein idyllisches Pußta-Bild, sondern er führt eine Lebensweise vor, die von der Zerrissenheit einer modernen, großstädtischen Atmosphäre noch nicht gefährdet ist. Die Steigerung ins Negative beim Verhalten der drei Zigeuner – der eine geigt, der andere raucht und der dritte schläft "behaglich", wobei alle drei in ihrer völligen Anspruchslosigkeit vollkommen glücklich sind – veranschaulicht Lenaus Nachdenken über die eigene Lebenshaltung. Das einstige Ungarnerlebnis hilft ihm so, bildhaft eine Existenzform darzustellen, nach der er sich sehnt, die er aber für sich nicht verwirklichen kann.

Während dieses Gedicht die eigene Lebensfrage behandelt, ohne sie lösen zu können, weist ein anderes, einige Jahre später entstandenes, *Der Räuber im Bakony*, auf ein tiefgreifendes soziales Problem der eigenen Zeit hin. Auch diesmal ist es das Land seiner Jugendjahre, wohin er die Handlung verlegt. Die ungelöste und zunehmende soziale Spannung, die im Begriff ist, aus einer früheren Relation einer feudalen Welt in eine Welt zeitgenössischer Gegensätze zwischen Reichen und Armen überzugehen, wird am Schicksal des Räubers aufgezeigt, der seinen unerbittlichen Brotkampf gegen die Neureichen führt. Ein Gegensatz der westeuropäischen bürgerlichen Welt wird hier vom Dichter mit prophetischer Mahnung gestaltet und auf einen ungarischen Schauplatz verlegt, ohne die geringste Spur von idyllischer oder romantischer Verklärung.

Eine dritte Phase seiner Ungarngedichte bilden die *Mischka*-Gedichte und das Gedicht *Die Bauern am Tissastrande*.[5] Das epische Element tritt hier stärker hervor, aber ohne an die anspruchslose Landschaftsmalerei einer früheren Zeit zu gemahnen. Die Jugenderlebnisse in der Tokajer Gegend mit den Flüssen Theiß und Bodrog bieten den Schauplatz, zu dem sich im zweiten *Mischka*-Gedicht ein anderer Fluß, die Marosch, gesellt, die an die Herkunftslandschaft des Dichters erinnern soll. Diese Schauplätze werden von den sozial unterdrückten ungarischen Bauern und von den aus der Gesellschaft völlig verstoßenen Zigeunern bevölkert. Der Dichter steht auf ihrer Seite, ohne daß er ihnen besondere Hoffnung zu geben vermag. Im Gedicht *Die Bauern am Tissastrande* werden die Dorfleute bei ihrer lustigen Unterhaltung durch die Klänge der Zigeunermusik in die Vergangenheit entführt. Diese Bauern leben aber in einer Vergangenheit im doppelten Sinne. Die Zigeunermusik ruft ihnen ihre eigene Jugend, die Zeit, als sie zu Soldaten angeworben worden waren, in Erinnerung, und angeregt von Musik und Wein versetzen sie sich auch in die Vergangenheit ihrer Heimat, als es noch gegen die Türken zu kämpfen galt. Unter der Wirkung von Lied und Trunk bemerken sie gar nicht, daß der Tag bereits angebrochen ist, und die Realität der ungarischen Reform-Landtage mit Heldentaten der Vergangenheit kaum was anzufangen vermag.

Das erste *Mischka*-Gedicht bewegt sich in einem ähnlichen Rahmen, nur sind es diesmal drei Husaren, die an der Zusammenmündung der Flüsse Theiß und Bodrog, an einem Ort, der sich in Lenaus Gedächtnis durch seine einmalige Schönheit eingeprägt hat, auf den Zimbalschlag des Zigeuners aufmerksam werden und sich ebenfalls unter der Wirkung der Musik und des Tokajer Weines in die heldenmütige Zeit der Türkenkämpfe zurückträumen. Auch sie kehren ernüchtert in die Wirklichkeit zurück. Das zweite *Mischka*-Gedicht schildert das Schicksal eines Zigeunermädchens, der Tochter Mischkas. Der Zigeuner hat sich nach dem Tod seiner Frau an die Marosch zurückgezogen und will dort in Frieden seine einzige Tochter, Mira, erziehen. Während er aber seinem Musikantenberuf im adligen Haus nachgeht, wird seine Tochter verführt und stirbt nachher an Liebeskummer. Mischkas einziges Ziel ist nun, an dem Täter Rache zu üben, was er auch mit Hilfe seiner Geige, dem Klang der Musik, durchführt, indem er den jungen Grafen in seiner Hochzeitsnacht ins Verderben treibt.

Das Gemeinsame dieser Gedichte ist die Parteinahme für die Unterdrückten und ein pessimistischer Ausklang. Nicht unerwähnt bleiben sollte dabei, daß diese Art von dichterischer Stellungnahme in Lenaus Werk am prägnantesten bei der Gestaltung ungarischer Thematik zum Ausdruck gebracht wird.

Die Jugenderlebnisse Lenaus fanden ihren Niederschlag aber nicht nur in den durch ihre Thematik bekannten Ungarn-Gedichten. In vielen anderen Gedichten und auch in den umfangreicheren epischen Werken finden wir wiederholt Anspielungen und Hinweise, die an ungarische Eindrücke erinnern. Das Landschaftsbild der Tiefebene und ihrer Bewohner, die Räuber und Zigeuner, verbunden mit den Bauern und den Husaren treten bei Lenau auch völlig unerwartet in Erscheinung und motivieren viele seiner Gedichte. Es kommt daher sicher nicht von ungefähr, wenn, im Einklang mit Lenaus Bekenntnis zum Lande seiner Geburt, bereits von seinen Zeitgenossen gelegentlich auch seine Dichtkunst selbst als eine ungarische betrachtet wurde. Diese Eigenschaften seiner Dichtung haben ihm zu Lebzeiten im Westen des Kontinents bei Gelegenheit leichter den Weg geebnet; das umso mehr, als von ihm selbst Dichtung und Lebensweise immer als Einheit aufgefaßt wurden. In der Nachwelt haben diese Eigenschaften auch zu manchen Vorwürfen und zu manchen Polemiken um seine Dichtung geführt. Ungarischerseits wurde er bis in die letzten Jahrzehnte hinein nicht ganz von der Schuld freigesprochen, er habe im Westen den Ungarn dem Zigeuner gleichgestellt und dadurch zur Verbreitung eines falschen, romantisierten, idyllischen Ungarnbildes beigetragen. Einer ganz anderen Einschätzung seiner Dichtung und seiner Persönlichkeit trachtete man um die Jahrhundertwende, zu seinem hundertsten Geburtstag und dann in den dreißiger Jahren unseres Jahrhunderts, zur Geltung zu verhelfen. Es begann ein Streit um Lenaus Zugehörigkeit. Eine Lenau-Renaissance, die um 1900 einsetzte, führte dazu, daß Ungarn, Österreich und Deutschland, aber auch das Banat ihn jeweils als den ihrigen beanspruchten. Bei diesen Streitigkeiten war der mitteleuropäische Nationalismus tonangebend. Um die Jahrhundertwende hat sich besonders der ungarische Nationalismus damit hervorgetan, daß er aus Lenau einen in deutscher Sprache schreibenden ungarischen Poeten machen wollte. Dagegen wurden dann mitunter auch Stimmen aus Wien oder Berlin laut. Nach dem Ersten Weltkrieg sollte Lenaus Dichtung wieder für politische Zwecke benützt werden. Der ungarische Nationalismus setzte sich von neuem ein für ihn, und stärker als früher trat auch in der Lenau-Frage jenes Deutschland hervor, das 1933 zur Macht kam.

Diese Streitigkeiten führten dann zeitweilig dazu, daß Lenaus Zugehörigkeit zur österreichischen Literatur in Vergessenheit geraten konnte und der Dichter nach Kriterien beurteilt wurde, die eine einseitige Einschätzung seiner dichterischen Leistung zur Folge hatten.

Anmerkungen

1 Nikolaus Lenau: Sämtliche Werke und Briefe in 6 Bänden. Hrsg. von Eduard Castle. Bd. 1, Leipzig 1910, S. 7.

2 Ebda, S. 31.

3 Ebda, S. 69-73 bzw. S. 156-159.

4 Ebda, S. 259 bzw. S. 223.
5 Ebda, S. 388-403 bzw. S. 422-425.

ANTAL MÁDL

Lenau und Österreich. Gefühlsmäßige Bindung und politische Entfremdung

Zehn Jahre nach seinem Eintreffen in Wien, im Herbst 1828, klagt Lenau in einem Brief an seinen Freund Fritz Kleyle, daß er sich "in Wien, überhaupt in der Welt noch nicht eingebürgert" habe. Er komme sich "vor wie ein Schlüssel, der in kein Schloß paßt."[1] Der Literaturwissenschaftler Josef Nadler begründet diese Situation des Dichters damit, daß Lenau, "das Schicksal zweier Vaterländer und zweier Kulturen wie andere zu bewältigen und zu seinem Glück zu machen", nicht fähig gewesen sei,[2] läßt aber offen, ob er den Gegensatz zwischen zwei Kulturen in österreichischer und deutscher Relation meine oder den zwischen der ungarischen und der deutschsprachigen Kultur. Etwa fünf Jahre nach diesem Brief äußert sich der Dichter in einem Schreiben an Joseph Klemm über seine enttäuschenden Erfahrungen in der Neuen Welt und resümiert: "Will man einem stürmischen und haltungslosen Leben entrinnen und festeren Wandel gewinnen auf Erden, so muß man vor allem hinaus in die Wüste, d.i. in eine wahre Einsamkeit."[3] Es ist dies derselbe Gedanke, den er auch in seinem 1837-1838 entstandenen und schnell berühmt gewordenen Gedicht *Die drei Zigeuner* zum Ausdruck bringt. Den unmittelbaren Anstoß zu diesem Gedicht soll ihm eine Begegnung mit ungarischen Zigeunern in Wien gegeben haben,[4] die ihn den Kontrast zwischen natürlicher Existenz und dem Leben in der Kaiserstadt besonders deutlich erkennen ließ: Lenau, der Amerika nach nicht ganz einem Jahr verlassen hatte, mußte nach den drei Zigeunern "im Weiterfahren lang noch schauen", freilich ohne ihrer Lebensführung folgen zu können.[5] Was sich dem Dichter vermeintlich als Lösung anbot, war in seinen letzten zehn Jahren vor der Umnachtung das ständige Unterwegssein zwischen Schwaben und Wien. Adolf Muschg nennt Lenau gelegentlich einen "Reisewütigen",[6] und eine grobe Rechnung ergibt denn auch eine etwa 54.000 Kilometer lange Strecke, die der Dichter auf seinen verschiedenen Reisen zurückgelegt hatte, und die noch mit dem ca. 13.000 Kilometer langen Seeweg nach Amerika und zurück zu ergänzen wäre.[7] Am 30. September 1844 – bereits erkrankt – teilte Lenau Sophie von Löwenthal mit, daß er in den letzten zwei Monaten "644 Poststunden hin und wieder, kreuz und quer im Eilwagen unter beständigen Gemüthserschütterungen gefahren" sei.[8] Zwei Monate vorher, bemüht die nötigen Schritte zu seiner geplanten Heirat mit Marie Behrends zu unternehmen, schrieb er am 11. 8. 1844, fast klagend, er sei von Frankfurt aus nach "fünfzig Stunden in der Residenz des gesalbten Blödsinns" angekommen.[9]

Diese wenig schmeichelhafte Bezeichnung für Wien ist zum Teil sicher auch damit zu erklären, daß Lenau, der keinen festen Wohnsitz hatte, bei der Einholung der zur Eheschließung nötigen Bescheinigungen besonders viele Schwierigkeiten zu überwinden hatte. Die Frage stellt sich trotzdem: Wie war Lenaus Verhältnis zu Wien eigentlich? Er kam im Oktober 1818 zum erstenmal dorthin, um einen Philosophiekurs zu absolvieren. Bald schloß er innige Freundschaft mit Fritz Kleyle und freundete sich mit jungen Literaten der Kaiserstadt an.

Auch seine erste große Liebe, die zu Bertha Hauer in den Jahren 1821-1828, gehört zu den frühen Erlebnissen in Wien. Besondere Erwartungen verknüpfte die stolze Großmutter mit Nikis Wiener Aufenthalt. Er sollte, ihren Wünschen gemäß, reiten und fechten lernen und sich der jungen adligen Schicht Wiens anpassen.[10] Nach dem ersten verbummelten Studienjahr nahm sich der junge Student auch tatsächlich zusammen und konnte der Mutter am 11. 3. 1820 berichten, daß er "aus dem schwersten *Studio der Philosophie* Prüfung gemacht" und "unter 240 Mütschülern am besten bestanden" habe.[11] Von ähnlichen Wiener Studienerfolgen erfahren wir auch aus einem Brief an Fritz Kleyle vom 6. 11. 1827: Er habe, heißt es dort, "das erste medizinische Lehrjahr ... mit Applaus zurückgelegt, auf alle Prüfungen Eminenz gekriegt".[12] Es schien also im Studium des jungen Niembsch alles reibungslos zu verlaufen, trotzdem brachte er es zu keinem Abschluß, weder in Wien, noch in Preßburg und Ungarisch-Altenburg oder später in Heidelberg. "Der Schlüssel paßte" also, Wien und das Berufsleben betreffend, tatsächlich "in kein Schloß".

Ähnlich verliefen die Dinge im Privatleben des künftigen Dichters. Seine Beziehungen zum Haus der Großeltern, von Anfang an gespannt, wurden nach dem Tod des Großvaters im Jahre 1822 unterbrochen. Zur selben Zeit lockerten sich die Kontakte zum Stiefvater Dr. Vogel und zu den Geschwistern, ausgenommen seine Schwester Therese, die 1821 Anton Xaver Schurz heiratete und zusammen mit ihrem Mann auch später zu den beständigsten Unterstützern des Dichters gehörte. Allein das Verhältnis zur Mutter, mit der Lenau bis zu ihrem 1829 erfolgten Tod in Wien größtenteils zusammenwohnte, blieb ein inniges, ungestörtes.

Lenaus Liebe zu Bertha Hauer, von 1821 an in überschwenglichen Briefen an den Freund Fritz Kleyle bezeugt,[13] hat auch die Inspiration des jungen Dichters bedeutend beeinflußt. Was dann Jahre später, als Bertha ein Kind bekam, zur Trennung führte, bleibt ungewiß. Sicher ist, daß die gescheiterte Beziehung in Lenau einen tiefen Schmerz hinterließ.

Das Wien jener Jahre war für den jungen Niembsch aber auch die Stätte seiner ersten dichterischen Erfolge. Bereits als Student der Philosophie, der Rechte und der Medizin verkehrte er im Kreise bekannter literarischer Persönlichkeiten und war ein eifriger Besucher der Wiener Kaffeehäuser. Mehrmals gab er das Kaffeehaus Neuner sogar als seine Briefadresse an.[14] Dies war in den zwanziger Jahren noch jenes Wien, das auf den Geist des jungen Dichters anregend wirkte – den Druck des Metternichschen Regimes bekam er erst später zu spüren. Wien und Österreich wurden so nach den ungarischen Jugenderlebnissen für Lenau in einem gewissen Sinn zur Heimat. Die Sehnsucht, den inneren Drang nach etwas anderem, den Wunsch, in die Ferne, in die Einsamkeit, in eine andere Welt zu ziehen, sollte er trotzdem nie überwinden können.

Diesem Drang waren vorerst Grenzen gesetzt; wir wissen von einem Besuch bei dem Onkel seines Freundes Fritz Kleyle in Ungarisch-Altenburg und von Wanderungen in den österreichischen Alpen, die er bereits Anfang der zwanziger Jahre schnell liebgewonnen hatte. Der Kontrast zwischen der Großstadt Wien und einer "natürlichen" Welt trat dadurch immer stärker hervor. Treffend kommt dieser Gegensatz in einem Brief an Nanette Wolf zum Ausdruck, nachdem er aus Gmunden zurückgekehrt war und sich an seine dortigen Erlebnisse erinnerte: "Da bin ich nun wieder in dem vielbewegten Wien, wo tausend und abertausend Kräfte im ewigen Kampfe liegen, wo alle Abstufungen des menschlichen Loses vom höchsten bis zum tiefsten Elende täglich vor meinen Blicken stehen, wo die Kunst und Wissenschaft ihre Schätze auftürmen, aber wo die Herzen kälter schlagen, als von wannen ich gekommen bin."[15]

Aus dieser "Kälte der Herzen" werden dann in den folgenden Jahren zwei Ausbruchsversuche unternommen, beide ursprünglich als "Geschäftsreisen" gedacht. Einer dieser Ausbrüche, die Reise nach Amerika, brachte für die spätere Dichtung nicht wenige Motive ein, endete aber bald mit großer Enttäuschung für Lenau. Die amerikanische "Einsamkeit" bewegte ihn, wie er aus Übersee schreibt, allein dazu, "eine stille Einkehr zu halten in sich selber, und sein Inneres ungeschont und unerschrocken zu visitieren, und strengen Rath zu halten, was noch zu thun sei für die ferneren Tage. ... Auf mich wenigstens wirkt es (Amerika) durchaus nur in der Eigenschaft eines negativen Reizes."[16] Zu diesem "negativen Reiz" gehörte der Eindruck: "Man meine ja nicht, der Amerikaner liebe sein Vaterland, oder er habe ein Vaterland. ... Was wir Vaterland nennen, ist hier blos eine *Vermögensassekuranz*".[17]

In Amerika wird es Lenau erstmals tief innerlich bewußt, daß ihm selbst bisher etwas abgegangen war, nämlich das Vaterland, die Heimat. In dem nach der Landung in Europa verfaßten Brief vom 12. 7. 1833 an seinen Schwager Schurz versucht er den "negativen Reiz" ins Positive umzukehren: "Wie freue ich mich auf Schleifer, den herrlichen Freund! auf meine Östreicher Alpen: den Schneeberg u. Traunstein, meine zwei alten poetischen Schulmeister, die mich so eigentlich erzogen haben; und auf Dich, mein treuer, lieber Bruder, meine Tertschi!"[18] Denselben Prozeß der Umkehrung des "negativen Reizes" in Vaterlandsliebe finden wir auch in dem Gedicht *An mein Vaterland* vor, das noch in Amerika entstanden ist und das die Sehnsucht Lenaus nach seiner österreichischen Heimat ausdrückt:

Wie fern, wie fern, o Vaterland,
Bist du mir nun zurück!
Dein liebes Angesicht verschwand
Mir, wie mein Jugendglück!

Auf das Meer blickend, wird es ihm schwer ums Herz, und aus der Ferne vermeint er zu hören "... deiner Herden Glockenschall..." und leise den verlornen "Hall von deinem Alpenlied".[19]

Der andere Ausbruchversuch begann mit einer Reise nach Schwaben, um dort zu studieren und für seine Gedichte einen Verleger zu finden. Die anfangs rein geschäftlich gedachte Angelegenheit verwandelte sich bald in eine Dauerfreundschaft mit den Vertretern der schwäbischen Dichterschule, mit ihren Familien und Bekannten. In Schwaben nahm er von nun an bis 1844 immer wieder Aufenthalt, um seine Werke zu redigieren und zu veröffentlichen; hier bot sich ihm auch immer wieder eine Möglichkeit, sich von der "Kälte der Herzen" Wiens und der großstädtischen Betriebsamkeit zu erholen. Von Amerika zurückgekehrt, verbrachte der Dichter – ohne nach wie vor einen festen Wohnsitz zu haben – im Jahr mehrere Monate bei seinen schwäbischen Dichterfreunden. Verfolgt man den Briefwechsel dieser mehr als zehn Jahre, so geht daraus hervor, daß für Lenau, trotz aller Unbeständigkeit, doch Wien bzw. Österreich zur eigentlichen Heimat geworden war. Im Jahre 1834 lehnte er eine Mitarbeit am Jahrbuch *Schwäbischer Dichter* mit der Begründung ab: "Meine Landsleute würden mir eine literarische Auswanderung mit Recht übel nehmen."[20]

Dieses Gefühl der Zugehörigkeit zur österreichischen Literaturszene äußerte sich auch darin, daß er in Schwaben und in Deutschland überhaupt zum ständigen Anwalt seiner österreichichen Dichterkollegen wurde. Er verhalf nicht nur Max von Löwenthal zu einem Verleger, sondern setzte sich auch für andere österreichische Autoren, wie Schleifer, Manfred Dräxler oder Johann Gabriel Seidl bei Cotta ein. Andererseits unterstützte er mit dichterischen Beiträgen gemeinsame Bestrebungen dortiger Kollegen: Aufgefordert, sich an einem österreichischen Musenalmanach mit Gedichten zu beteiligen, reagiert er in einem Brief an Anastasius Grün wie folgt: "Braunthal gibt einen Österreichischen Musenalmanach heraus. ... er behauptete, wenn ich nicht beitrete, werden auch Grillparzer, Bauernfeld und andere nicht beitreten, und an meiner Weigerung müsse das ganze Unternehmen scheitern. ... ich ließ mich bewegen, ihm einen kleinen Beitrag zu geben, um nicht den gehässigen Schein auf mich zu nehmen, als hätte ich ein vaterländisches Institut hintertrieben."[21] Lenau fühlte sich als Österreicher, er hatte Heimweh nach Österreich, wie das aus seinen Briefen an Sophie und an Schurz wiederholt hervorgeht. Er kehrte aus Schwaben immer nach Wien in "die Heimat" zurück, seine Reisen aus Stuttgart nach Wien sind "Heimreisen".[22] Wien war für ihn der Ort der intensiven dichterischen Betätigung. Hier verbrachte er viele Tage und Wochen in der Hofbibliothek, um für seine großen epischen Werke Material zu sammeln. Die Vorstudien zu seinem *Faust*, *Savonarola*, den *Albigensern* und *Don Juan* werden in Wien betrieben. Auch die weit größere Zahl seiner Gedichte, besonders die umfangreicheren wie *Ziska*, die *Waldlieder*, die *Mischka*-Gedichte und andere sind in Wien entstanden. Wien stand für Lenau in diesem Sinn für ganz Österreich (gelegentlich auch für Ungarn); es war ihm bestimmt, in Wien auch seine letzten Lebensjahre zuzubringen. Bereits erkrankt, schwört er im September und Oktober 1844 seinen Angehörigen, Therese und Anton Xaver Schurz, auch seiner Braut Marie Behrends sowie Sophie von Löwenthal, daß er sich in Wien niederlassen wolle: "Sie sollen noch staunen" – schrieb er am 13. Oktober 1844 an die Freundin –, "was ich jetzt für ein anhänglicher und sitzbarer Wiener sein werde."[23] Zwei Tage später heißt es dann in einem ebenfalls an Sophie gerichteten Brief: "Ich gebe das viele Reisen auf, setze mich in Wien und arbeite und lebe meiner Marie und meiner Sophie, meiner Therese, meinen Freunden, meinem Gott, meiner Kunst."[24]

Diese gefühlsmäßige Bindung an Wien blieb die ganze Zeit über konstant, auch wenn Lenau – ähnlich anderen österreichischen Vormärz-Dichtern wie etwa Anastasius Grün oder Franz Grillparzer – das zeitgenössische, das Metternichsche Österreich der dreißiger und angehenden vierziger Jahre sehr negativ beurteilte. Dazu hatte er über die bedenkliche allgemeine Lage hinaus auch hinreichend private Beweggründe. Gegen die österreichischen Zensur- und Polizeibehörden führte er beinahe ein Jahrzehnt hindurch erbitterte Kämpfe. Seine Aussagen, die er bei verschiedenen Anlässen der Polizei zu Protokoll geben mußte, weil er im Ausland veröffentlicht und seine Manuskripte den österreichischen Zensurbehörden nicht vorgelegt hatte, sind unerfreuliche Beispiele dieses aussichtslosen Kampfes gegen die Zensur. Aber schon bevor er persönlich Schikanen dieser Art ausgesetzt war, äußerte er sich unzufrieden über die Verhältnisse in Österreich. Zutiefst pessimistisch sind seine am 17. 2. 1831 an Karl Johann Braun von Braunthal gerichteten Worte: "Sie freuen und sehnen sich nach unserem Östreich zurük. Ja das Land! das Land ist göttlich, noch göttlicher durch den Contrast der Menschen. Mögen hier die Alpen ragen, Bergströme stürzen, Lawinen donnern; das geschwächte Herz des Menschen zukt im Staube und kann an den kühlen Felsen nicht hinaufklettern zu hohen Gedanken und Empfindungen. Einst waren die Menschen hier gewiß anders; einst haben tapfere Männer, heldenmüthige Ritter hier gelebt. Aber was uns an jene Zeiten erinnert, schmerzt uns. Jede Burgruine kommt mir in diesem Lande vor, wie eine versteinerte, bittere Lache der Zeit die vom grauen Gestein herabgrinst in das entartete Herz."[25]

Zwei Gedichte, in derselben Stimmung verfaßt, geben künstlerisch die Meinung des Dichters über die österreichischen Verhältnisse wieder. Das Gedicht *Abschied Lied eines Auswandernden*, 1832 mit dem getarnten Untertitel *Lied eines auswandernden Portugiesen* bei Cotta in der ersten Ausgabe der *Gedichte* erschienen, ist ein Ausdruck der Stimmung Lenaus vor seiner Amerikareise:

Wohl schlief das Kind in deinem Arm;
Du gabst, was Knaben freuen kann;
Der Jüngling fand ein Liebchen warm;
Doch keine Freiheit fand der Mann.[26]

Es führt bereits hinüber zum nächsten, etwa zur selben Zeit entstandenen Gedicht *Am Grabe eines Ministers*:

Das Vaterland mit Lachen und Singen
Hält Wacht an deinem Grab,
Scheucht Tränen und Seufzer und
                Händeringen
Fort mit dem Bettelstab.[27]

1833 von Amerika zurückgekehrt, fand Lenau aber keinesfalls die erwünschte Freiheit vor. Der in breiten Kreisen verhaßte Metternich wirkte noch bis in die Märztage des Jahres 1848.

In einem Brief kommt der Dichter auch auf das Geistesleben in Österreich zu sprechen: "Das Treiben der hiesigen Literatoren ist höchst unerquicklich und anwidernd", stellte er fest. "Das feindet sich an, das beneidet sich wechselseitig um jeden Bissen Ruhm und sucht sich solchen vom Maule wegzuschnappen. Diese Menschen, wenige abgerechnet, kommen mir vor, als hätten sie, eine Diebsbande, ein Paar Fetzen Reputation gestolen, um welche sie sich nun mit Gezänke herumbalgen. Widerlich, sehr widerlich! ich möchte hier keinen Almanach herausgeben. Einige Auftritte unter den hiesigen Schöngeistern, wobei es, wie man mir erzählte, zu Stockschlägen gekommen ist, haben mich dermaßen abgestoßen, daß ich statt aller literarischen Conversation hier lieber nach meiner alten Geige greife ..."[28] Auch gegen das Wiener literarische Publikum wendet er sich: "Die hiesige Literatorenschaft ist in zwei Parteien zerworfen: pro und contra Safir, die sich aufs grimmigste anfeinden, und das alberne Publikum hält sich an den Theil, wo es am meisten zu lachen gibt."[29] Angesichts dieser Situation sei es für einen österreichischen Dichter viel wichtiger als sonst, Auslandsreisen zu unternehmen.[30] Hinzu kommt noch, daß in Österreich ein Dichter erst dann anerkannt werde, wenn er zuvor im Ausland hatte Erfolg erzielen können.[31]

Nach dieser überwiegend negativen Meinungsäußerung über Österreich und über die Großstadt Wien mit "kaltem Herzen", stellt sich die Frage, was Lenau doch zu einem österreichischen Dichter und letztendlich auch zu einem österreichischen Patrioten gemacht hat: Es spielen dabei neben den Erfahrungen seiner Frühzeit besonders zwei Bereiche eine ganz wichtige Rolle.

Zum einen ist es die österreichische Landschaft, besonders die Alpenwelt, die ihn bereits vom Anfang der zwanziger Jahre gefesselt hat und mit der er sich immer mehr verbunden fühlte. Wanderungen seit seinen ersten Wiener Jahren liefern überzeugende Beweise für diese Naturbezogenheit und sind eine unerschöpfliche Quelle seiner Lyrik, die er gerade aufgrund dieser Naturerlebnisse als eine neue Art der Naturpoesie zu definieren versuchte. Er will nicht wie die Naturpoesie des 18. Jahrhunderts "eine Reihe von Naturerscheinungen aufzählen" oder eine "Parallele zwischen irgendeiner Erscheinung aus der Natur" ziehen. Die "wahre Naturpoesie" soll - nach Lenaus Auffassung - "die Natur und das Menschenleben in einen innigen Konflikt bringen und aus diesem Konflikte ein drittes *Organischlebendiges* resultieren lassen."[32] In diesem Sinne spricht er die Natur an:

Alpen! Alpen! unvergeßlich seid
Meinem Herzen ihr in allen Tagen;
Bergend vor der Welt ein herbes Leid,
Hab ich es zu euch hinaufgetragen.[33]

Nicht nur Gedichte, die unmittelbar die österreichische Alpenlandschaft ansprechen, zeugen von dieser engen Verbundenheit mit der österreichischen Natur, sondern auch umfangreichere Werke anderer Thematik. So wird *Der ewige Jude* in eine Alpenlandschaft geführt, wo:

... Alpenlerchen hört ich jubelnd schmettern,
Und Adler sah ich steigen in die Lüfte,
Die scheue Gemse springen über Klüfte,
Den Jäger nach im Morgenrote klettern.[34]

Lenaus *Faust* wird mit Absicht in einen österreichischen *Faust* umgewandelt, der die gesamte österreichische Welt und die Alpenlandschaft durchwandert. Der "Hofgarten einer Residenz" erinnert an das vormärzliche Österreich, und die Hinweise des Mephistopheles, wie das Volk zu behandeln sei – "verkümmert stets, doch nie zu scharf,/ Dem Volk den sinnlichen Bedarf" – oder was zu tun sei, damit das Volk sich nicht empöre: "Nur in zwei Fällen brichts das Gitter:/ Wenn Ihrs geplaget allzubitter,/ Wenn Ihrs zu plagen aufgehört;"[35] – sind Erfahrungen des Dichters, die vor allem unter Metternich zu machen waren. Lenaus *Faust* bewegt sich auch sonst in österreichischer Umwelt. Im *Morgengang* des Ostermontags soll Faust sich freuen:

... der stillen Pflanze,
Der Alpenlerche, die sich einsam schwingt,
Am Schneegebirg, das durch den Himmel
                dringt![36]

Die Beziehung zur Natur ist für Lenaus *Faust* ausschlaggebend. Sobald der Kontakt mit ihr verloren geht, ist Fausts Schicksal entschieden:

Natur, die Freundin, ist ihm fremd geworden,
Hat sich ihm abgewendet und verschlossen;
Er ist von jeder Blüte kalt verstoßen,
Denn jede Blüte spricht: Du sollst nicht
                morden.[37]

Neben dem Hochgebirge ist es die unmittelbare Umgebung Wiens und der Wiener Wald mit seinen Naturschönheiten, die Lenau angezogen und zum Schreiben angeregt haben. Aufenthalte im Landhaus der Löwenthalschen Familie sowie in Schurzens Heim in Kierling haben Lenaus Naturverbundenheit verstärkt und unter anderem zur Entstehung der *Waldlieder* beigetragen. Für den im Lebenskampf ermüdeten Dichter wird der sanfte Wienerwald in seinem herbstlichen Schimmer zum Bild seiner Seelenlage. Eine resignierende Einstellung ist bezeichnend für diesen späten Gedichtzyklus, in dem die Gestaltung von Konfliktsituationen vermieden wird. Das Verweilen an einem Kirchhof führt den Dichter zurück zur Natur:

Natur! will dir ans Herz mich legen!
Verzeih, daß ich dich konnte meiden,
Daß Heilung ich gesucht für Leiden,
Die du mir gabst zum herben Segen.[38]

Das in die *Waldlieder* eingebrachte Gefühl der Sehnsucht leitet über zu dem anderen "Wiener" und "österreichischen" Grunderlebnis des Dichters, zu seiner über ein Jahrzehnt andauernden, unerfüllten Liebe zu Sophie von Löwenthal. Dieses seltsame Verhältnis wird für uns heute nur verständlich, wenn wir uns das geistige und gesellschaftliche Leben der Vormärzepoche Österreichs vor Augen halten. Lenaus Schwanken zwischen tiefem Glauben und religiösem Nihilismus gehört ebenso dazu wie die unbedingte Gläubigkeit Sophies, verknüpft mit dem Festhalten an Konventionen und an der gutbürgerlichen Ehe mit Max von Löwenthal. Zerwürfnisse, zu denen es in diesem Verhältnis nach etwa vier Jahren kam, eine Auseinandersetzung zwischen Lenau und dem Vater Sophies, Lenaus zweimaliger Versuch durch Heirat sich von der Liebe zu Sophie zu befreien, lassen etwas von den Problemen erahnen, die diese Beziehung belasteten. Was Sophie Lenau auferlegt hatte – "freudig kämpfen und entsagen" –, war für ihn nicht leicht zu bewältigen. Briefe an Sophie, aus Rücksicht auf den Ehegatten zurückhaltend im Ton, und die damit parallel laufenden Tagebucheintragungen, die sogenannten Sophie-Zettel, bezeugen den inneren Kampf, den Lenau durchzustehen hatte. Bemerkenswert ist ein Brief vom 14. 5. 1841. Die Bedeutung, die Sophie für Lenau hatte, bringt der Dichter darin in Verbindung mit der für ihn so bedeutsamen Beziehung zu seiner verstorbenen Mutter und zur österreichischen Heimat. Er schreibt: "Einst scheide ich von dieser Welt mit dem freudigen Bekenntnisse, daß Sie theure Frau, es waren, die mir mein Vaterland gegeben, die mir den Wurm des Zweifels geknickt und den Sturm des Hasses gestillt, die an Geist und Herz mächtig wie wenige ihres Geschlechts, in einem höhern Lebenskreis das für mich gethan, was jene längst modernde andere theure Frau so gerne gethan hätte."[39]

Ein Schreiben vom 6. 7. 1843, mit dem Lenau Sophie für Brief und Rose dankt, deutet an, wie wichtig ihm die Heimat Österreich als Nährboden seiner Dichtung war:

Gerne möchte ich Ihnen mit einem hübschen Liede danken, doch die Lieder wollen hier (in Stuttgart) *nicht kommen, und ich muß sie schon auf meinem heimischen Boden Österreichs aufsuchen, wo ich einst meine ersten gefunden.*[40]

Dieser Zwang des "heimischen Bodens" führte ihn von seinen Ausbruchsversuchen nach Schwaben ein volles Jahrzehnt hindurch immer wieder zurück zu Sophie und nach Österreich. Im Herbst 1844 war dann der müd-kranke Körper nicht mehr bereit, die Spannungen, die Lenau im Leben und in seiner Dichtung auf sich genommen hatte, weiterhin tragen zu helfen. Seine letzten sechs Jahre verbrachte er teils in Schwaben, teils in Oberdöbling bei Wien, in geistiger Umnachtung.

Anmerkungen

1 Nikolaus Lenau: Werke und Briefe. Historisch-kritische Gesamtausgabe. Hrsg. von Helmut Brandt u.a. Bd. 5,1: Briefe 1812-1837. Hrsg. von Hartmut Steinecke und András Vizkelety in Zusammenarbeit mit Norbert Otto Eke und Karl Jürgen Skrodzki. Wien 1989, S. 79. (Zitiert HKA).

2 Josef Nadler: Literaturgeschichte Österreichs. Linz 1948, S. 259.

3 HKA 5,1, S. 243.

4 Max von Löwenthal schreibt in seinen Notizen (Nr. 83) am 21. 4. 1838: "Der Dichter sah die Zigeuner auf dem Glacis in Wien herumspazieren, zerlumpt und hungrig, redete sie auf Ungarisch an, nahm sie mit sich ins Bierhaus, versorgte sie mit Speise und Trank und ließ sich von ihnen aufspielen." (Zitiert nach Heinrich Bischoff: Nikolaus Lenaus Lyrik. Ihre Geschichte, Chronologie und Textkritik. Bd.1, Bruxelles 1920, S. 513-514.)

5 Nikolaus Lenau: Sämtliche Werke und Briefe in 6 Bänden. Hrsg. von Eduard Castle. Bd.1, Leipzig 1910, S. 259. (Zitiert: Castle).

6 Walter Muschg: Tragische Literaturgeschichte. Bern 1957³, S. 269.

7 Vgl. Lenau-Almanach 1961-1962. Hrsg. v. Nikolaus Britz. Wien 1962, S. 47; außerdem Nikolaus Britz: Nikolaus Lenau und Wien. Wien-Heidelberg 1972, S. 16.

8 Nikolaus Lenau: Werke und Briefe. Historisch-kritische Gesamtausgabe. Bd. 6,1. Briefe 1838-1847. Hrsg. v. Norbert Oellers und Hartmut Steinecke in Zusammenarbeit mit Norbert Otto Eke und Karl Jürgen Skrodzki. Wien 1990, S. 416.

9 Brief an die Mutter von Marie Behrends. In: HKA 6,1, S. 383.

10 Vgl. Brief der Großmutter an die Mutter des Dichters vom 30. 5. 1820. In: Karl Gladt: Lenau in Stockerau. Aus Briefen der Familie Niembsch von Strehlenau. Stockerauer Beiträge zur Fünfjahrfeier der Internationalen Lenau-Gesellschaft. Wien 1969, S. 13.

11 HKA 5,1, S. 19.

12 HKA 5,1, S. 74.

13 Vgl. dazu u.a. Briefe an Fritz Kleyle vom 8. 12. 1823 und vom 13. 2. 1825. In: HKA 5,1, S. 51f. bzw. S. 58.

14 Im Winter 1835-1836 und Frühjahr 1836 wohnte Lenau in der Plankengasse, über dem Kaffeehaus, das er bereits seit 1833 regelmäßig besuchte. Der Besitzer ließ die Speisen in silbernen Gefäßen servieren, weshalb das Haus den Namen "Silbernes Kaffeehaus" erhielt. – Vgl. dazu Nikolaus Britz: Nikolaus Lenau und Wien, S. 16 und 22 (Anm. 7).

15 Brief vom Herbst 1830. HKA 5,1, S. 82.

16 Brief aus Amerika an Anton Xaver Schurz vom 8. 3. 1833. HKA 5,1, S. 246.

17 Brief aus Amerika an Joseph Klemm vom 6. 3. 1833. HKA 5,1, S. 244.

18 Brief aus Stuttgart an Anton Xaver Schurz vom 12. 7. 1833. HKA 5,1, S. 251.

19 Castle 1, S. 149f.

20 Brief an Wilhelm Zimmermann vom 17. 7. 1834. HKA 5,1, S. 334.

21 Brief vom 5. 12. 1836. HKA 5,1, S. 469.

22 Vgl. Brief an Sophie von Löwenthal vom 25. 7. 1843. HKA 6,1, S. 308; "Ich habe überhaupt Heimweh". In: Brief an dieselbe vom 13. 6. 1840, HKA 6,1, S. 131. Vgl. noch den Brief an Anton Xaver Schurz vom 8. 7. 1837. In: HKA 5,1, S. 481.: "... die Zeit meiner Heimreise kann ich noch nicht bestimmen..."

23 HKA 6,1, S. 424.

24 HKA 6,1, S. 429.

25 HKA 5,1, S. 85f.

26 Castle 1, S. 121f.

27 Castle 1, S. 123.

28 Brief an Emilie von Reinbeck vom 5. 10. 1834. In: HKA 5,1, S. 353.

29 Brief an Emilie von Reinbeck vom 11. 4. 1835. In: HKA 5,1, S. 395.

30 Im Brief an Matthias Leopold Schleifer vom 7. 2. 1832 versucht Lenau teils eine Rechtfertigung für seine Reisen ins Ausland zu geben. Gleichzeitig ist der Brief auch als guter Rat für den Freund gedacht. In: HKA 5,1, S. 164.

31 Ebenda.

32 Mit dem Titel "Über die Naturpoesie" erschienen. In: Castle 6, S. 33.

33 Castle 1, S. 364.

34 Castle 1, S. 232.

35 Vgl. das Kapitel "Die Lektion" in Castle 2, S. 36-40.

36 Castle 2, S. 2.

37 Aus "Dem Abendgang" in Lenaus Faust. Castle 2, S. 74.

38 Castle 1, S. 446.

39 HKA 6,1, S. 203.

40 HKA 6,1, S. 302.

WALTER SCHEFFLER

Lenau in Schwaben unter besonderer Berücksichtigung seines Aufenthalts in Eßlingen am Neckar *

Ehe man bei Nikolaus Lenau einem so einengenden Lebensraum wie dem alten Württemberg und innerhalb dessen gar seinen Beziehungen zu *einer* Stadt nachgeht, sollte man sich unbedingt vor Augen halten, *wie* weiträumig sein Lebensweg verlief, ja wie er schon von seinen Vorfahren her eine gewisse Weltläufigkeit mitbekommen hat und in seinem Umgang zu bewähren und zu erweitern wußte. Hier kann das freilich nur von den Hauptlebensstationen aus angedeutet werden.

Der in der Banater Heide 1802 Geborene, dessen Geburtsort heute den deutschen Namen "Lenauheim" trägt und zu Rumänien gehört, hat lange Kindheitsjahre im ungarischen Sprachraum verbracht: in Buda, Pest, Tokaj. Zeitweilig bekam er Privatunterricht von dem Ungarn Kövesdy. Er sprach ebenso fließend ungarisch wie deutsch. Später studierte er eine Zeitlang Ungarisches Recht, danach besuchte er die Landwirtschaftsakademie in Ungarisch-Altenburg. Aber er lebte und studierte auch in Preßburg, dem heutigen Bratislava (Slowakei), wo er mit slowakischen Bevölkerungskreisen in Berührung kam. Nach dem Tod der Mutter (1829) freundete er sich mit dem Polen Nikolaus B. von Antoniewicz an und bezog mit ihm während des Wiener Studiums eine gemeinsame Wohnung. In der schwäbischen Zeit stand er mit polnischen Emigranten, die nach dem negativen Ausgang des "Novemberaufstands" von 1830/31 ihr Land hatten verlassen müssen, in herzlichen Beziehungen.

So ließe sich noch manches nachweisen, auch vom Stoff seiner Dichtungen her, was seine Verwurzelung in dem auf so erstaunliche Weise völkerverbindenden, kulturträchtigen Südosten Europas bezeugt. Aber aus seinen Dichtungen wie seinem Umgang oder mancherlei Reiseunternehmungen ließe sich der Bogen noch viel weiter spannen bis nach Nordamerika, Pennsylvanien (1832/33). So zeigt sich neben der Naturliebe, dem wachen Blick für die Besonderheiten einer Landschaft auch ein aufgeschlossener Sinn für alle menschlichen Bezüge und Probleme. Gerade für Belächelte, Unterdrückte, Unterprivilegierte seiner Zeit hatte Lenau ein offenes Herz: für Juden, Zigeuner, Indianer – ihren Schicksalen ging er in eindrucksstarken Versgestaltungen nach. Eine Reise nach den Vereinigten Staaten war damals immerhin etwas Außergewöhnliches, noch mehr die Rückkehr nach guter Jahresfrist. Zwar wanderten viele aus Not aus, aber wer von ihnen konnte schon an eine Rückkehr denken? Der "Weltbürger" Lenau, der überall sein Blickfeld zu erweitern trachtete, konnte sagen: "Die Betrachtung des Menschenlebens in seinen mannigfachen Erscheinungen ist mir der größte Reiz, nach dem Reize, den die Natur für mich hat."[1]

Und ein solcher Geist, der die Weite und Vielfalt suchte, der (nach Karl Mayer) an seinen Dichtungen besonders gern "im Zimmer" oder "in den vier Wänden des dahinziehenden Reisewagens"[2] arbeitete, der gern in Wirtshäusern wohnte – "da komme ich mir weniger fixiert vor, gleichsam immer auf der Reise",[3] – soll ein so typisch Unseßhafter für die Enge und Strenge des alten Württemberg gewonnen werden, soll Lenau gar, wie es schon geschah, zum "Wahlschwaben" gekürt werden? "Das sei ferne!" kann man nur in der Bibelsprache sagen.

Gleichwohl fragt es sich, wie Lenau sich als Mensch und Dichter entwickelt hätte, wenn er nicht in jenen Sommertagen 1831 ins Schwabenland nach Stuttgart gekommen wäre. Da erschien ein etwas überfälliger ewiger Student von 29 Jahren, der auch als Dichter bisher kaum in Erscheinung getreten war; die drei, vier verstreuten Zeitschriftenabdrucke einzelner Gedichte waren von der breiteren Öffentlichkeit sicher nicht registriert worden. Es ist sehr die Frage, ob Lenau anderswo die gleiche begeisterte Aufnahme gefunden hätte wie in Württemberg! Von Karlsruhe hebt er allenfalls einige bedeutsame aufrechte politische Köpfe hervor, in Heidelberg betont er später den strengen wissenschaftlichen Charakter. (Freilich ging es dort um seinen letzten Versuch, das Medizinstudium abzuschließen; es endete nach dem Wintersemester 1831/32 - ohne Promotion.) Entscheidend war in Stuttgart die Gestalt eines Gustav Schwab, dessen Urteil mit Recht etwas galt und der eine einflußreiche Stellung innehatte. Außerdem besaß er einen ausgesprochenen Spürsinn für dichterische Qualität, selbst wenn diese sehr von eigenen Neigungen und Fähigkeiten abwich. Dazu kam eine menschliche Wärme und Aufgeschlossenheit, eine Befähigung zum Enthusiasmus und zur Spontaneität, die gerade im Falle Lenaus sogleich eine Atmosphäre des Vertrauens entstehen ließen. Davon berichtete er dem Schwager Anton Schurz: "Am ersten Tage meines Hierseins führte mich Schwab abends in einen Leseverein und trug hier mehrere meiner Gedichte selbst vor mit großem Feuer. Als sich die Gesellschaft getrennt hatte, blieben nur Schwab, ich und ein junger Dichter, Gustav Pfizer, zurück. Da wurde noch gelesen, getrunken, Brüderschaft getrunken und gerast auf mancherlei Art bis spät nach Mitternacht; es war der 9. August. Einige Stunden waren genug, uns zu Freunden zu machen."[4] Merkwürdig ist, daß die bedeutendsten schwäbischen Dichter sich Lenau gegenüber eher zurückhielten: von Mörike kennen wir nur scheue Abwehrbewegungen, selbst Uhland erscheint eher reserviert. Haben ihn nur die kleineren Geister auf den Schild gehoben, weil er ihnen zum Deckmantel eigener schöpferischer Blößen dienen konnte?

Und die begeisterte Weiblichkeit? Da war der Reiz des Fremdländischen, für biedere Schwaben schon beinahe Exotischen, war der Tonfall, die Sprechweise, die Erscheinung des "Ungarn" mit dem dunklen Schnurrbart, waren die Verse, sein extatisches Geigenspiel, das sie an einen feurigen Zigeunerprimas denken ließ, waren dunkle, melancholische Augen, war viel Schweigen, waren manchmal sogar Tränen. Das alles mußte unwiderstehlich auf empfindsame Gemüter wirken. Und es wirkte besonders unter Menschen, die sich in ihrer Stammesart eher betont nüchtern, sachlich gaben.

Mag sein, daß solche Fragen müßig erscheinen. Vielleicht waren es sogar Lenaus Unstetheit und Abenteuerlust - positiv ausgedrückt: sein ständiger Drang, andere Landschaften und Lebenskreise kennenzulernen - in der Hauptsache, die ihn aus der Donaumonarchie vertrieben, weniger die Zensurschwierigkeiten unter den strengen Metternichschen Verordnungen, auch weniger die Absicht, sein Studium zu beenden, was letztlich nur in eine neue Flucht mündete: Amerika. Daß die Konstellationen in Stuttgart und in der schwäbischen Poetenrunde für seine Erscheinung und seine Dichtungen denkbar günstig waren, hat sich schon bei jener ersten schwärmerischen Begegnung gezeigt. Danach konnten Gedichte im "Morgenblatt für gebildete Stände" erscheinen, kam ein Vertrag mit dem berühmten Verleger Cotta zustande über eine Gedichtausgabe, die schon 1832 gedruckt vorlag. Mit dem jüngeren Georg von Cotta wurde in freundschaftlichem Geist jedes neue Werk, der *Faust* (1836), *Savonarola* (1837), *Die Albigenser* (1842), auch manche kleinere Versdichtung, für die Lesewelt ausgestattet. Meistens waren es Erfolge, wenn auch nicht so erstaunliche wie die *Gedichte*, von denen eine Auflage sehr rasch der anderen folgte. Und als es um Lenaus Zukunftssicherung ging, er sich noch im letzten gesunden Jahr 1844 mit dem Gedanken trug, eine Ehe mit Marie Behrends aus Frankfurt am Main einzugehen, war es Cotta, der dem Dichter mit einem Vertrag über die Inverlagnahme von *Lenaus sämtlichen Schriften* alle Wege ebnete. Daß die Gelder des Verlegers dann nicht einem jungen Hausstand aufhelfen, sondern einem Wahnsinnigen den Anstaltsaufenthalt bezahlen mußten, war wie eine Ironie des Schicksals: Der schwäbische Verlag, damals der berühmteste in Deutschland, der dem Dichter zu Weltgeltung verholfen hatte, mußte nun sein Verstummen, den Verfall seines Geistes tragen und sein allmähliches Verscheiden bergen.

Wenn man der Bedeutung von Lenaus schwäbischen Jahren – oder konkret: Zeiten; denn es gab immer wieder Reisen dazwischen, Abwesenheiten vor allem in Österreich – nachgeht, bleiben neben den Öffentlichkeitswirkungen der Verlagsverbindungen entscheidend einige menschliche Beziehungen von großer Herzlichkeit und Lebensdauer. Nicht daß es bei dem unsteten, den Wechsel suchenden und auch etwas verwöhnten Dichter keine Mißstimmungen oder Differenzen gegeben habe (ein Beispiel soll noch folgen), aber Lenau verstand es immer wieder, durch seinen Charme rasch alle erregten Wogen zu glätten. Der besonders vertraute Karl Mayer, Oberamtsrichter in Waiblingen, Freund Uhlands, Kerners, Mörikes, sagte über ihn: "... und war sein Herz ein von Natur höchst bewegliches; so lebte doch in ihm, wie eine lautere Seelengüte überhaupt, so eine tief liegende Anhänglichkeit und Treue".[5] Ob es sich um das Stuttgarter literarische Zentrum, das Haus Schwab, handelte oder das Hartmann-Reinbecksche Domizil, das ebenso angesehen als ein geistiger Mittelpunkt der Hauptstadt war – die Tafelrunden, Bekanntschaften, das Bewundertwerden schmeichelten sicher Lenaus Eitelkeit, aber sein Inneres konnte er nur den engsten Freunden öffnen. So bekannte er Gustav Schwab: "O mein tiefgeliebter Feund! ... Ich danke den Göttern, daß sie mir einen Hauch von Poesie in die Brust geweht; der hat mir Dein Herz gewonnen ... und wenn ich je etwas in der Dichtkunst leiste, ich werde nie vergessen, welchen Anteil Du hast an meinem Gedeihen durch die väterliche Huld, die Du meiner Muse erwiesen, durch das Selbstvertrauen, das Du meiner Seele gegeben. Von solchen Männern ermuntert zu werden, ist wohltätig für den Beginnenden. Dein Wort ging wie ein Frühlingshauch über die keimende Saat meiner Gefühle, meiner Gedanken ..."⁶ Der Gattin Sophie Schwab gesteht er: "Groß und innig ist die Verehrung, mit der ich Sie im Herzen trage ... Wissen Sie also, daß ich schon als Kind eine gewisse Freude am Unglück hatte ... Diese Freude am Unglück habe ich noch jetzt. Und das ist vielleicht der diabolische Zug in meinem Gesichte ... Ein Mordbrenner, der zugleich Maler wäre, würde mich vielleicht am besten treffen ... Ja, ja, ich halte mich für eine fatale Abnormität der Menschennatur, und darin mag es liegen, daß ich mir meinen Untergang mit einer Art wollüstigen Grauens denke ... Verzeihen Sie Ihrem unartigen Freunde. Gute Nacht, liebe gute Frau!"⁷

Solche Geständnisse leuchten schon tief hinab in schicksalhafte Abgründe von Veranlagung und einer fast selbstzerstörerischen Lust. Das dunkle Verhängnis, das Lenau wie ein Damoklesschwert über seinem Leben sah, taucht immer wieder in Selbstaussagen auf. Die Melancholie, die wie ein Schleier auf ihm lag, kehrt auch in seiner Dichtung wieder. Diese Grundstimmung machte den schwäbischen Freunden viel Mühe. Sie war es wohl hauptsächlich, die Lenau vor jeder festen Bindung zurückschrecken ließ, vielleicht machte sie ihn sogar unfähig zu einem voll entfalteten, leidenschaflichen Liebeserlebnis. Mag sein, daß die starke Mutterbindung und eine frühe Enttäuschung die Hauptschuld daran trugen, daß der leicht Entflammte nach anfänglichem Überschwang und Schwärmen sich stets wieder aus dem Spannungsfeld der Liebe vorsichtig zurückzog, – es muß aber auch mit einem Grundzug seines Charakters zusammenhängen. (Die einzige Ausnahme war wohl sein Verhältnis zu Sophie Löwenthal, und das krankte an schlechtem Gewissen, denn sie war mit einem guten Freund des Dichters verheiratet.) Eigentlich ist es quälend zu verfolgen, wie sich die Beziehungen zwischen Schwabs Nichte Lotte Gmelin und Lenau entwickelten. Es gab Blicke, sie interessierte sich für seine Gedichte, er hörte sie auf dem Klavier, war hingerissen von ihrem Gesang, als sie Beethovens *Adelaide* vortrug, sie ließ heimlich von einer Freundin für sich Lenaus Porträt zeichnen, – und man weiß bis heute nicht, wieviel beide überhaupt miteinander gesprochen haben. Der Schwager bekommt begeisterte Detailberichte, die auch die äußeren Reize des Mädchens nicht verschweigen, aber am Schluß heißt es dann, daß es zu keinem Wort kam, daß er sich nicht erklärte usw. Schließlich drang die Verwandtschaft ungeduldig in Lenau, eine klare Entscheidung zu suchen, er fühlte sich geradezu in die Ehe gestoßen. Da zog er sich beleidigt und verärgert zurück. Julie Hartmann, Emilie Reinbecks Schwester, die durch lange Jahre mit Justinus Kerner in Weinsberg korrespondierte und ihm alle Neuigkeiten der Residenz in seine Abgeschiedenheit meldete, hatte Verständnis. Sie schrieb ihm am 8. Januar 1832: "... diese Leute wissen aber nicht, u. das Warum wissen auch die Eingeweihten nicht, – daß N. einmal nicht heurathen will oder darf, u. dann, daß ein Unglück, oder irgend ein großer Schmerz ein nothwendiges Bedingnis zu seinem Leben oder dichten ist, u. eine unglückliche Liebe ist gewiß poetischer als irgend etwas anderes."⁸ Damit ist die Grundlage angedeutet, die Einstimmung in die unvergleichlichen *Schilflieder* des Dichters:

Auf dem Teich, dem regungslosen,
Weilt des Mondes holder Glanz,
Flechtend seine bleichen Rosen
In des Schilfes grünen Kranz.

Hirsche wandeln dort am Hügel,
Blicken in die Nacht empor;
Manchmal regt sich das Geflügel
Träumerisch im tiefen Rohr.

Weinend muß mein Blick sich senken;
Durch die tiefste Seele geht
Mir ein süßes Deingedenken,
Wie ein stilles Nachtgebet!⁹

Es hat sich ein Exemplar der Erstausgabe von Lenaus *Gedichten* erhalten, das die handschriftliche Widmung "An Fräulein Lotte Gmelin zur Erinnerung 'Der Verfasser'" trägt. Darin sind mit Bleistift einige Gedichte auf leeren Seiten nachgetragen. Leider handelt es sich nicht, wie die Familientradition möchte, um die Hand des Dichters, jedenfalls aber sind es lauter Gedichte *An Lotte*. Darunter ist auch *Waldgang* mit den für Lenaus Art bezeichnenden Anfangsstrophen:

Ich ging an deiner Seite
In einem Buchenhaine;
Ein störendes Geleite
Ließ nimmer uns alleine.

Und mußten wir zurücke
Ins Herz die Worte pressen,
Uns sagten unsere Blicke,
Daß wir uns nicht vergessen.

Und sehn wir uns nicht wieder
In diesem Erdenleben,
Dich werden meine Lieder
Verherrlichend umschweben...¹⁰

So wenig also Lenau, der von der Damenwelt so Umschwärmte, als großer Liebender gelten kann – die letzte Heiratsabsicht nimmt sich wie in "Torschlußpanik" beschlossen aus und führte offenbar auch zu heftigen Auseinandersetzungen mit Sophie Löwenthal –, sein Hang zu echtem Freundschaftsumgang war für ihn ein unmittelbares Lebenselement. Neben Schwab, Kerner, Uhland und besonders dem aufrichtenden "Beichtvater" Karl Mayer, neben dem vertrauten Umgang mit der etwas älteren Emilie Reinbeck verband Lenau eine Neigung von ganz eigener, vielleicht in mancher Beziehung auf Wesensverwandtschaft beruhender Art mit dem Grafen Alexander von Württemberg. Und hier führt ein unmittelbarer Weg nach *Eßlingen*. Auf einer Gedichthandschrift erinnert Lenaus Widmung für Mayer "an unsern schönen Spaziergang von Waiblingen nach Eßlingen".¹¹ Es war der 21. Mai 1832, und auch Mayer beschreibt in seinem Lenau-Buch, wie sie "über das den Schurwald tragende Mittelgebirge zwischen dem Rems- und Neckarthale, das nach erreichter Höhe einen so weiten und farbigen Blick über die volk- und segensreichen Fluren des württembergischen Unterlandes darbietet,"¹² in die Reichsstadt gelangten. Den Grafen hatte Lenau schon kennengelernt; am 8. 11. 31 hatte er seiner Schwester Therese Schurz ausrichten lassen: "Schwabs Frau läßt sie grüßen, ja der Vetter des Königs von Württemberg ..., dem ich, wie allen, von meiner lieben, guten

Schwester erzählt, läßt sie herzlich grüßen. Der Alexander ist ein prächtiger Kerl, wild und mutig, ritterlich und herzlich. Ich habe auf seinem Landgute einen frohen Abend verlebt. Wieder eine Bruderschaft ..."[13] Mit leichtem Neid vermerkt Mayer: "Immer mehr Zeit verlebte Niembsch bei seinem feurigen Freunde, dem Grafen Alexander in Eßlingen oder in dem kleinen Landsitze bei Serach, das unter den zahlreichen Filialdörfchen der Stadt Eßlingen sich so reizend an eine weit in die Ferne blickende Berghalde anlehnt ... Meinem Bereich ... wurde dadurch Niembsch ohne sein weiteres Zuthun etwas entrückter."[14]

Der Graf, in Kopenhagen geboren, in Württemberg aufgewachsen und in der Schweiz erzogen, hatte eine erfolgreiche Militärlaufbahn hinter sich, als er im Range eines Oberstleutnants seinen Abschied nahm. Seine schöne, männliche Erscheinung, seine tollkühnen Reitereskapaden, seine Liebe zu Pferd und Hund, Jagd und seinem kleinen Landsitz, seine unkonventionelle, alle Standesunterschiede ablehnende Art hatten den "tollen Graf" überall beliebt gemacht. Vor allem hatte er Freundschaft mit den schwäbischen Romantikern geschlossen. "Er ist ein liebender Mensch, an dem jeder Muskel ein Herz ist",[15] meinte Kerner. Auch dichterisch versuchte er sich. Sein Verhältnis zu Lenau war, wenn möglich, noch um einige Grade herzlicher, intimer, persönlicher. Vielleicht verband auch die zunehmend depressive Stimmung bei dem schmerzgeplagten Alexander ihn mit Lenaus häufiger Gemütslage. Freilich führte Alexanders Freundschaft manchmal zu einem fast ausschließlichen Anspruch. Es gibt einen auch sonst recht aufschlußreichen Bericht von Julie Hartmann auf Kerners Mitteilung vom 23. 7. 33: "Alexander drang in Niembsch zu ihm zu kommen, er wolle ihm Seerach [!] einräumen, Equipage u. Bedienten geben ex. Niembsch meint er könnte vielleicht gut auf Alexanders Wesen einwirken, ihn zu einer bestimmten Beschäftigung bringen u. läßt sich vielleicht, wohl in seine Vorschläge ein..."[16] Julie Hartmann schildert daraufhin, am 16. 8.: "... den 13' am Dienstag, der Geburtstag von Niembsch, der heilig versprochen hatte ihn bey uns zu feyern, u. schon am Sonntage wieder von Eßlingen zurück zu seyn, das war aber nicht der Fall, er kam nicht am Sonntag u. nicht am Montag, auf den Dienstag war eine Parthie auf die Solitude, Bärensee, veranstaltet, aber Niembsch war auch des Morgens nicht da wo Emilie alle möglichen Anstalten getroffen hatte; nun fürchtete man er sey krank, u. schickte einen Boten nach ihm, der denn auch die Nachricht brachte er werde ihm sogleich folgen; das war um 12 uhr bis 1 uhr waren die Wagen bestellt, bis 2 uhr warteten wir er kam nicht, u. nun fuhren wir der Vater Aloisy [Niewiarowicz] u. ich voraus; um 3. uhr endlich Reinbecks ohne Niembsch u. so kamen sie eine Stunde nach uns in großer Verstimmung auf der Solitude an, eine halbe Stunde nach ihnen Niembsch, dem die Verzögerung gar leid that, die aber nur durch seine Gräflichen Wirthe veranlaßt wurde..."[17]

Auf dem Landschlößchen Serach lernte der Dichter auch die 18jährige Lieblingsschwester des Grafen, die Gräfin Marie, spätere von Taubenheim, kennen und verehren. Ihre Begleiterin Marie von Hünersdorff hat einen stimmungsvollen Bericht von den häufigen Eßlinger Aufenthalten gegeben: "So oft wir in Eßlingen eintrafen, eilten uns beide Freunde, uns freudig bewillkommend, entgegen. Nachmittags wurden Ausflüge in die nächsten Gegenden unternommen. Eine schöne Fahrt auf dem Neckar, wo Lenau uns durch sein meisterhaftes Spiel auf der Guitarre entzückte, wird mir namentlich unvergeßlich seyn. Jene herrlichen Wiener Ländler, mit so viel Geschmack und solcher Innigkeit vorgetragen, hab ich nie wieder auf ähnliche Weise gehört. Denken Sie sich dazu den reizendsten Sommertag, die Natur in aller Schönheit und Fülle, welche die abwechselnd romantischen und malerischen Ufer des Nekkars entfalteten, um mit uns zu fühlen, daß wir Alle in wahrer Begeisterung schwärmten... Die Abende vereinigten uns gewöhnlich wieder in Eßlingen in traulichem Zusammenseyn. Graf Alexander erfreute uns durch seinen ausgezeichneten Vortrag auf dem Flügel; Gräfin Marie besaß eine sehr schöne Stimme, und wenn sie Lenau's inniges Lied: 'Weil' auf mir, du dunkles Auge!' mit tiefer Empfindung vortrug, sah ich das seinige in freudigem Strahle erglühen."[18]

Auch Marie wurde von Lenau wie magisch angezogen. Viele seiner Gedichte aus diesem glücklichen Sommer 1833, "in einer der schönsten Gegenden Württembergs, im Hause eines ganz fidelen Freundes, im Umgange einer jungen, schönen, geistreichen Dame" (wie Lenau selber schreibt),[19] gelten direkt oder indirekt der Gräfin.

Im Frühsommer 1844 trifft Lenau dann seinen Freund schon schwer krank auf seiner Lagerstätte an. Emma von Suckow hat den Besuch miterlebt und erzählt, daß Alexander Lenau wie neu belebt entgegenkam, daß sich beide in den Armen lagen und alle Lethargie, alle Schmerzen bei dem Kranken im regen Austausch wie weggeblasen waren.[20] Bald danach, als Lenau in kühnsten Zukunftsträumen in Baden-Baden schwelgte, starb sein Freund ganz unerwartet in Wildbad. Tief erschüttert schrieb der Dichter an Sophie Löwenthal: "Er war mir wie kaum ein zweiter von meinen Freunden in großer Liebe ergeben."[21] Wie nahe war sein eigener geistiger Verfall! Nur wenige Monate, dann sollte er sich in Winnenthal mit seines liebsten Freundes Mantel zudecken, einer "Decke voll Liebe", wie er Kerner gegenüber sagte.[22]

Nachdem Nikolaus Lenau Anfang November 1831 von Stuttgart nach Heidelberg gegangen war, meinte er in einem Brief an Gustav Schwab: "Ich weiß aber auch keinen Ort in der weiten Welt, wo ich jetzt gerne sein möchte nach den schönen Tagen in Stuttgart. Dort war mein ganzes Leben *ein* Freudenfest. So gut wird mirs nimmer..." Noch am Schluß des Briefes gedachte er an "alle Freuden, die mir Stuttgart zum liebsten Ort meiner Erinnerungen machen."[23] Diese Oase blieb ihm auch erhalten bis zum Ausbruch der Krankheit. Nachdem das Verhältnis zu Schwabs sich der Nichte Charlotte Gmelin wegen gelockert hatte, fand er jederzeit freudige Aufnahme im Hause Hartmann-Reinbeck, wo stets ein Zimmer für ihn bereit war. Ebenso war er im Kerner-Haus in Weinsberg immer willkommen. Eßlingen beschließt den Städte-Dreiklang in Württemberg, in dem Land, das trotz aller damaligen Einengungen einem Dichter zur Weltgeltung verholfen hat!

Anmerkungen

* Der Verfasser hatte in den 70er-Jahren von der Internationalen Lenau-Gesellschaft, Stokkerau bei Wien, den Auftrag übernommen, Ni-

kolaus Lenaus Aufenthalt im württembergischen Raum dokumentarisch zu erschließen. Anläßlich der Tagung der Gesellschaft in Eßlingen im Herbst 1977 konnte er mit Unterstützung des Schiller-Nationalmuseums/Deutschen Literaturarchivs in Marbach a. N., zu dessen Mitarbeitern er gehörte, sowie zahlreicher weiterer Leihgeber die erste umfassende Lenau-Ausstellung mit dem gleichen Schwerpunkt zusammenstellen mit dem dazugehörigen Begleitheft *Lenau in Schwaben. Eine Dokumentation in Bildern* (Marbacher Magazin. Sonderheft 5/1977). Der nachfolgende Text stellt eine gedrängte Einführung in Lenaus schwäbische Jahre 1831-1847 dar und geht im hauptsächlichen Teil zurück auf die in der "Eßlinger Zeitung" vom 17./18. 9. 1977 erschienene Veröffentlichung *"Mein Leben in Eßlingen ist sehr angenehm." Aus Nikolaus Lenaus schwäbischem Umkreis.*

1 In einem Brief an den Schwager Anton X. Schurz vom 8. 11. 1831, mitgeteilt in: Karl Mayer: Nikolaus Lenau's Briefe an einen Freund. Stuttgart 1853, S. 95.

2 Ebda. S. 37f., von Mayer bezeugt.

3 Lenau an Gustav Schwab, 5. 11. 1831. In: Nikolaus Lenau, Sämtliche Werke und Briefe in 6 Bänden. Hrsg. von Eduard Castle. Bd. 3, Leipzig 1911, S. 84. (Zitiert: Castle).

4 Brief vom 5. 10. 1831, ebda. S. 81.

5 Mayer, Lenau (Anm. 1), S. VII.

6 Brief vom 13. 9. 1831, (Anm. 3), S. 78.

7 Brief vom 11./12. 11. 1831, ebda, S. 91f.

8 Nachlaß Justinus Kerner im Schiller-Nationalmuseum Marbach a. N.

9 Castle 1, S. 20.

10 Familienbesitz Schwab-Noltenius, Bremen.

11 "Theismus und Offenbarung". Handschrift im Schiller-Nationalmuseum Marbach a. N.

12 Mayer, Lenau (Anm. 1), S. 76.

13 Im Brief an Anton Schurz, (Anm. 3), S. 88.

14 Mayer, Lenau (Anm. 1), S. 184.

15 Kerner an Sophie Schwab, 12. 5. 1836. In: Justinus Kerner: Briefwechsel mit seinen Freunden. Hrsg. von Theobald Kerner. Bd. 2, Stuttgart, Leipzig 1897, S. 105.

16 Nachlaß Justinus Kerner im Schiller-Nationalmuseum Marbach a. N.

17 Ebda.

18 Anton X. Schurz: Lenau's Leben. Bd. 1, Stuttgart, Augsburg 1855, S. 226.

19 Brief an Anton Schurz, 27. 9. 1833, (Anm. 3), S. 228.

20 Vgl. Emma Niendorf: Lenau in Schwaben. Aus dem letzten Jahrzehnt seines Lebens. Leipzig 1855³, S. 183f.

21 Brief vom 27. 7. 1844; vgl. W. Scheffler: Lenau in Schwaben, a.a.O., S. 60.

22 Ebda. S. 76. Übrigens in verschiedenen Briefen Kerners aus diesen Tagen angeführt.

23 Brief vom 5. 11. 1831, (Anm. 3), S. 84.

RUDOLF SCHIER

Lenaus Landkauf in Amerika

Lenaus Aufenthalt und Landerwerb in Amerika sind bereits mehrmals beschrieben worden, wobei es jedoch kaum jemals möglich war, den zwei recht unvollständigen Hauptquellen – den wenigen Briefen des Dichters selbst und der Darstellung seines Schwagers Anton Xaver Schurz – sehr viel hinzuzufügen.[1] Einige darüber hinausgehende Informationen finden sich noch in einem frühen Aufsatz von George A. Mulfinger, dessen teils anekdotisches Material jedoch auch viel Falsches enthält.[2]

Unrichtige Angaben pflanzen sich so von einer Veröffentlichung zur nächsten fort, sogar noch dann, wenn gelegentlich und zugegebenermaßen meist an entlegenen Stellen Falsches schon richtiggestellt wurde. So findet sich z.B. noch im Lenau-Almanach des Jahres 1979 die Behauptung, das Grundstück, das Lenau in Amerika erstanden hat, habe sich an einem Fluß 35 Meilen östlich von Canton, Ohio, befunden, obzwar bereits mehr als 50 Jahre zuvor in den USA ein Aufsatz erschienen war, in dem nachgewiesen wurde, daß das Grundstück weder an einem Fluß, noch in der Nähe des Ortes Canton lag, sondern ca. 150 Meilen östlich davon.

Diese Darstellung wird in diesem Aufsatz noch weiter präzisiert werden können, so wie auch weitere neue Einzelheiten hier erstmals beschrieben werden. Trotzdem bleibt auch dieser Beitrag selbstverständlich den bekannten Quellen und den darauf aufbauenden früheren Veröffentlichungen verpflichtet, wobei aber auch die wichtigen, im deutschen Sprachraum bis jetzt unberücksichtigt gebliebenen amerikanischen Darstellungen mit einbezogen werden.[3] Schließlich ist es aber auch der Zweck dieses Aufsatzes, den in der Ausstellung, die der vorliegende Katalog begleitet, erstmals gezeigten Exponaten einen erklärenden Rahmen zu geben.

Neben vielen anderen Objekten, die Lenaus Leben veranschaulichen sollen, sind in der Ausstellung zum ersten Mal auch Kopien von Dokumenten, die den Landkauf Lenaus in den USA betreffen, zu sehen. Die Absicht, in der Neuen Welt Land zu kaufen, war eines der zwei Hauptmotive, wenn nicht überhaupt der wichtigste Grund für Lenau, die transatlantische Reise anzutreten. Immer wieder erwähnt Lenau in seinen Briefen neben der Hoffnung, daß der Aufenthalt in Amerika ihm neue Inspiration bringen möge, auch das Ziel, durch einen Grundkauf eine günstige Geldanlage zu finden. Bereits im März 1832 hatte der Dichter ja auch schon um 5000 Gulden Aktien eines Auswanderervereins gekauft, für die ihm 1000 Morgen Land am Missouri-Fluß zugesagt worden waren. Von diesen Aktien trennte er sich allerdings bald aufgrund einer negativen Stellungnahme der Regierung in Stuttgart, bei der Auswanderergesellschaft blieb er jedoch.

Ein typisches Beispiel für das erstgenannte Motiv Lenaus, den Wunsch nach neuen Naturerlebnissen, die er in Amerika zu finden hoffte und die seine Dichtung befruchten sollten, ist in einem Brief an seinen Schwager enthalten:

Nämlich ich will meine Fantasie in die Schule – in die nordamerikanischen Urwälder – schicken, den Niagara will ich rauschen hören, und Niagaralieder singen. Das gehört nothwendig zu meiner Ausbildung. Meine Poesie lebt und webt in der Natur, und in Amerika ist die Natur schöner, gewaltiger als in Europa. Ein ungeheurer Vorrath der herrlichsten Bilder erwartet mich dort, eine Fülle göttlicher Auftritte, die noch daliegt jungfräulich und unberührt, wie der Boden der Urwälder.[4]

Gleichzeitig verliert Lenau aber auch den materiellen Gesichtspunkt nicht aus dem Auge:

Zudem reise ich in großer Gesellschaft, von etwa 80 Personen, die sich in Amerika kolonisiren werden. Ich will mich etwa 2 Monate dort aufhalten und dann unendlich bereichert zurückkehren in mein geliebtes Österreich.[5]

Und wenn das Wort "bereichert" hier noch zweideutig verstanden werden kann, so schreibt der Dichter in einem weiteren Brief noch vor seiner Abreise fast nur mehr ausschließlich über seine finanziellen Aussichten:

In 3-4 Jahren hat sich dann der Werth meines Eigenthums wenigstens auf das 6fache gesteigert. Lächle nicht, Anton, es liegen sichere Berechnungen vor. Der Ankauf des Landes macht von 1000 Morgen etwa 3000f., in 4 Jahren ist alles kultivirt, und dann kann es, wenn es gut geht, 3000 fl jährlich tragen. Ich kann mich auf meine Leute ganz verlassen, und eine gute Rente in Österreich genießen.[6]

Diesen Brief schrieb Lenau am 27. Juli 1832 von Amsterdam aus, und nach einigen Verzögerungen verläßt das Auswandererschiff "Baron van der Kapellen" am 1. August 1832 die niederländischen Gewässer bei der Insel Texel. Nach einer stürmischen Überfahrt trifft es zehn Wochen später, am 8. Oktober, in Baltimore ein. In dieser Stadt wohnte Lenau laut Schurz ca. zehn Tage im Exchange Hotel, das eine üble Einwandererunterkunft gewesen sein dürfte. Lenaus Eindruck von Amerika war bei der Landung noch recht positiv:

Der Anblick des Ufers war lieblich. Zerstreute Eichen auf einer Wiese, weidendes Vieh.[7]

Aber sofort danach stellte sich die negative Erfahrung ein, die ihn bis zum Ende seines Amerika-Aufenthaltes nicht mehr verlassen sollte:

Bruder, diese Amerikaner sind himmelanstinkende Krämerseelen. Todt für alles geistige Leben, maustodt. Die Nachtigall hat Recht daß sie bei diesen Wichten nicht einkehrt. ... Man darf die Kerle nur im Wirthshause sehen, um sie auf immer zu hassen. Eine lange Tafel, auf beiden Seiten 50 Stühle (so ist es, da, wo ich wohne) Speisen, meist Fleisch, bedecken den ganzen Tisch. Da erschallt die Freßglocke, und 100 Amerikaner stürzen herein, keiner sieht den Andern an, keiner spricht ein Wort, jeder stürzt auf eine Schüssel, frißt hastig hinein, springt dann auf, wirft den Stuhl hin, und eilt davon, Dollars zu verdienen.[8]

Aber auch bei Lenau selbst tritt das merkantile Motiv immer mehr in den Vordergrund. In einem Nachtrag zum eben zitierten Brief bekräftigt er nochmals:

Die Idee in Amerika Land zu kaufen, und durch einen Pächter bearbeiten zu lassen, hab' ich nicht aufgegeben; es ist dies auf jeden Fall eine sichere Art sein Geld anzulegen und sehr gut zu verzinsen.[9]

In Baltimore kaufte Lenau sich einen Schimmel, den er – wohl nach seinem polnischen Freund Mikolaj Boloz Antoniewicz – Boloz nannte, und begab sich nach etwa zehn Tagen mit seinem Diener Philipp Huber auf den Weg nach Pittsburgh. Er machte Halt in Bedford, Pennsylvania, wo er den Richter Alexander King besuchte, mit dem er sich, wieder laut Schurz, in lateinischer Sprache unterhielt.[10] In Pittsburgh besuchte er den damals prominenten deutschen Auswanderer C. L. Volz, für den er ein Einführungsschreiben mitgebracht hatte. Volz und einem weiteren deutschen Auswanderer, Karl von Bonnhorst, erzählte er von seiner Absicht, in Amerika Land zu kaufen, und erhielt die Empfehlung, nach Economy, ebenfalls in Pennsylvania, weiterzureisen und dort Verbindung mit den Harmonisten, deren Anwalt von Bonnhorst war, Verbindung aufzunehmen. Dieser Ort ist heute als Freiluftmuseum Old Economy in der Gemeinde Ambridge, Pennsylvania, noch zu besichtigen.

Die Harmonisten, eine nach Amerika ausgewanderte asketische, kommunistische Sekte unter der Leitung des schwäbischen Bauern Georg Rapp, waren der Überzeugung, daß die Menschheit mit dem Fall Adams tierische Organe erworben und ihr göttliches Antlitz verloren habe. Sie versuchten, sich durch harte Arbeit und sexuelle Enthaltsamkeit auf das baldige Ende der Welt vorzubereiten. Sie haben nicht lange überlebt. Sie waren jedoch ausgezeichnete Geschäftsleute und waren u.a. an einem Landkauf im angrenzenden Staat Ohio interessiert gewesen.

Es ist viel zu wenig bekannt, daß Lenau fast die gesamte Zeit seines Amerika-Aufenthalts, nämlich von Ende Oktober 1832 bis etwa Mitte März 1833, bei den Harmonisten verbracht hat. Und auch wenn in der jetzigen Ausstellung eine Photographie des Hauses in Economy, in dem Lenau jenen Winter verbracht hat, gezeigt werden kann, so wissen wir trotzdem nur sehr wenig über diese Zeit in seinem Leben. Die Harmonisten selbst haben über ihre eigenen Lebensumstände nur sehr wenig hinterlassen, und Lenau hat, vermutlich unter deren Einfluß, während dieser Monate keine Briefe geschrieben und, soviel wir wissen, nach seiner Rückkehr auch kaum über seine Erfahrungen dort gesprochen.

Nach Beratung mit den Harmonisten hat Lenau sich dafür entschieden, in Ohio Land zu kaufen, und hat von Economy aus wenigstens zwei Reisen dorthin unternommen. Diese waren zu jener Zeit äußerst beschwerlich. Von Economy nach Wooster, Ohio, wo sich das Amt befand, in dem Lenau sein Land kaufte, sind es ca. 180 km. Es gab eine Verbindung mit dem Reisewagen zwischen Beavertown, Pennsylvania, ca. 16 km nördlich von Economy, und New Lisbon, Ohio, wo Lenau sich nachweislich einige Zeit aufgehalten hat. Der Reisewagen von Beavertown nach New Lisbon brauchte ca. sieben Stunden, die Strecke von New Lisbon nach Canton, Ohio, dauerte ca. acht, und von Canton nach Wooster ca. neun Stunden.[11] Weiter als Wooster fuhren die Reisewagen nicht, und die restlichen ca. 100 km bis nach Crawford County, wo sich das Grundstück befand, mußte Lenau auf alle Fälle zu Pferd zurücklegen. Es ist also anzunehmen, daß er die gesamte Strecke zu Pferd bewältigt hat, eine beachtliche Leistung, wenn man bedenkt, daß große Teile dieser Strecke damals noch Urwald waren.

Das Land, das Lenau in Wooster gekauft hat, lag im heutigen Gemeindegebiet von New Washington in Crawford County. Die frühesten Volkszählungszahlen für diesen Bezirk stammen aus dem Jahr 1850, also bereits 18 Jahre nach Lenaus Reise dorthin, und weisen eine Einwohnerschaft von nur 1937 deutschen Einwanderern für den ganzen Bezirk aus. Bis zum Jahre 1805 war die Gegend, in der Lenau sein Land kaufte, überhaupt noch eine Indianerreservation, und auch im Jahre 1832 gab es ganz in der Nähe von Lenaus Besitz noch eine Reservation der Wyandot Indianer, die übrigens kleiner war als das Grundstück, das Lenau erstand. Dieses Land befand sich auf einer Anhöhe zwischen zwei Sumpfgebieten, dem Willard Marsh und dem Cranberry Marsh und war vorwiegend mit Eichen, Buchen und Nußbäumen bewachsen. Es gab noch Wölfe und Luchse.[12]

Lenau kaufte sein Land am Montag, dem 26. November 1832, im zuständigen Amt in Wooster, Ohio. Er erhielt dort drei Einzahlungsbestätigungen, sogenannte "Cash Certificates" mit den Nummern 2594, 2595 und 2596 für drei aneinandergrenzende Grundstücke. Diese befanden sich in dem drei Meilen breiten Abschnitt (Range) 21, der damals wie heute von Nord nach Süd in Crawford County verläuft (R 21 W. auf dem Plan), im Bezirk (Township) 18, heute Cranberry Township. Dieses war in mehrere rechteckige und viereckige numerierte Parzellen (Sections) aufgeteilt, die ebenfalls noch heute bestehen. Die Bezeichnungen von Lenaus Grundstücken lauteten: SE 1/4, Section 1 (d.h. das südöstliche Viertel der Parzelle Nr. 1), NE 1/4, Section 12 (d.h. das nordöstliche Viertel der Parzelle Nr. 12) und S 1/2, NW 1/4, Section 12 (d.h. die südliche Hälfte des nordwestlichen Viertels der Parzelle Nr. 12).

Wir können somit auch auf einem heutigen Plan die Grundstücke Lenaus genau einzeichnen, wie in der Ausstellung zu sehen ist: Eine Bahn-

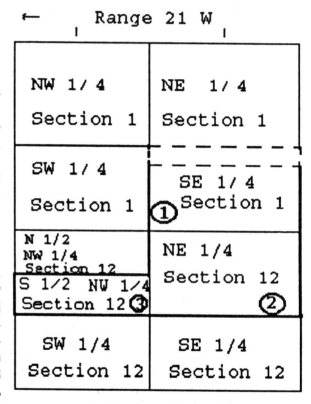

linie der Wheeling and Lake Erie Railroad durchquert heute Lenaus Land, und noch heute führt eine Straße, die Young Road, genau an der südlichen Grenze von Lenaus früherem Besitz entlang. Lewis Young war derjenige, dem Lenaus Grundstücke 1846 von Lenaus Bevollmächtigten verkauft wurden. Hätte Lenau seinen Besitz etwas länger behalten, gäbe es heute dort vermutlich eine Lenau Road!

Das Grundstück, das wir einfachheitshalber als 1 bezeichnen, hatte laut Grundbucheintragung 160 Acres, Grundstück 2 ebenfalls 160 Acres und Grundstück 3 achtzig Acres, zusammen also 400 Acres, das sind rund 162 ha.[13] Der Dichter zahlte für alle drei zusammen $ 500. Hätte er sich nicht wieder von seinem amerikanischen Besitz getrennt, so hätte dieser sich in der Tat gut verzinst und die historisch-kritische Lenau-Ausgabe hätte längst zu Ende gebracht werden können!

Aufgrund der erwähnten Einzahlungsbestätigung stellte die Behörde in Washington sogenannte "Patent Deeds" aus, die dann wieder im zuständigen Grundbuch, in Lenaus Fall in Bucyrus, Ohio, eingetragen wurden. Die Ausstellung der "Patent Deeds" erfolgte fast zwei Jahre nach dem Kauf, am 6. August 1834, als Lenau selbst schon längst wieder in Europa war, die Eintragung im Grundbuch überhaupt erst am 3. Dezember 1845, dreizehn Jahre nach dem Kauf. Es folgt eine Transkription jenes "Patent Deeds", das in Kopie in der Ausstellung zu sehen ist, mit allen syntaktischen und orthographischen Fehlern: Der Name Niembsch z.B. wird nur das erste mal richtig wiedergegeben, danach heißt es immer wieder Neimbsch:[14]

Pattent Deed
   to
Nicholas Niembsch

Filed December 2nd 1845, and Recorded on the 3rd by J. Robinson Recorder

Certificate No. 2595) The United States of America. to all to whom these Presents shall come, Greeting: Whereas Nicholas Neimbsch of Crawford County Ohio has deposited in the general Land office of the United States a certificate of the Register of the Land office at Wooster whereby it appears that full payment has been made by the Said Nicholas Neimbsch according to the provision of the act of Congress of the 24th of Aprile 1820, entitled An act making further provision for the Sale of the publick lands, for the north East quarter of Section twelve in township Eighteen of Range Twenty one in the District of Lands Subject to Sale at Wooster Ohio, containing one hundred and Sixty acres, according to the official Plat of the Survey of Said Lands, returned to the General Land office by the Surveyor General, which Said tract has been purchased by the Said Nicholas Neimbsch. Now know ye, that the United States of America in consideration of the premises, and in conformity with the Several acts Acts of Congress, in Such case made and provided, have given Granted and by these presents do give and grant unto the Said Nicholas Neimbsch and to his heirs, the Said tract above described; To have and to hold the Same, together with all the rights, privilages, immunities and appurtenances of whatsoever nature, thereto belonging, unto the Said Nicholas Neimbsch and to his heirs and assigns forever. In testimony whereof, I, Andrew Jackson, President of the United States of America, have cau-

sed these letters to be made Pattent, and the Seal of the General Land office to be hereunto affixed. Given under my hand, at the City of Washington, the Sixth day of August in the year of our Lord one thousand eight hunded and thirty four and of the Independence of the United States the fifty Ninth.

(Recorded vol. 6 – Page 119)

*Andrew Jackson
By the president
By A.J. Donelson Secy.
Elija Hayward Commisioner of the general Land Office*

Die anderen zwei Grundbucheintragungen haben denselben Wortlaut und praktisch dieselben Rechtschreib- und Syntaxfehler.

Es ist anzunehmen, daß Lenau, nachdem er die Zahlungen für seine drei Grundstücke in Wooster geleistet hatte, nach Osten weitergereist ist, um sie sich anzusehen. Mulfinger gibt den Bericht eines Herrn Rattermann wieder, der 1874 Lenaus Land besucht und dort mit dessen Nachbarn, einem Schweizer namens Brünnert, gesprochen haben soll. Brünnert sei 1874 achtzig Jahre alt gewesen und habe Rattermann erzählt, daß Lenau im Winter 1832-33 mehrere Wochen bei einem weiteren Nachbarn verbracht und versucht hätte, selbst sein Land zu roden: "Mit Glacéhandschuhen an den Händen ergriff er die Axt, um Bäume umzuhacken, legte sie aber nach ein paar Streichen wieder hin."[15] Es ist im Zuge der Nachforschungen für diesen Beitrag zum ersten Mal gelungen, einen Nachfahren der späteren Eigentümer von Lenaus Grundbesitz auszuforschen, der für die jetzige Ausstellung eine Photographie seines Ururgroßvaters zur Verfügung gestellt hat, auf der das Blockhaus zu sehen ist, das auf Lenaus Grundstück stand. Wir wissen natürlich nicht, inwiefern Lenau selbst an dem Bau dieses Blockhauses beteiligt war. In der kurzen Zeit, die der Dichter auf seinem Land verbracht hat, könnte er bestenfalls, und auch dann nur mit Hilfe anderer, einen Anfang gemacht haben.

Wir wissen allerdings, daß Lenau in einem Pachtvertrag mit Ludwig Häberle, den er nach seiner Rückkehr nach Economy abgeschlossen hat, in allen Einzelheiten festgelegt hat, wie das Blockhaus aussehen sollte: 44 zu 36 Fuß (ca. 15 zu 12 m), zweistöckig mit Schindeldach. Hinzu kamen Stallungen und ein Heuschober. Dieser Pachtvertrag mit Ludwig Häberle, einem Zimmermeister aus Württemberg, der zusammen mit Lenau den Atlantik überquert hatte, sollte bis 1840 laufen. In dieser Zeit sollte Häberle jährlich 37 1/2 Acres (ca. 15 ha.) roden, bepflanzen und einzäunen, so daß am Ende der Laufzeit des Vertrags 300 Acres (ca. 120 ha) kultiviert gewesen wären. Außerdem hielt der Pachtvertrag genau fest, was Häberle am Ende der acht Jahre an Lenau hätte abliefern sollen: fünf 3-8 jährige Kühe, einen Stier, 18 Kälber, die nicht älter als drei Jahre sein durften, vier 3-8 jährige Ochsen und 36 Schweine, von denen jedoch höchstens sechs Ferkel sein konnten. Fürwahr eine genau berechnete Vorgabe für einen Dichter, der immer wieder als weltfremder Romantiker und Idealist beschrieben wird!

Sofort nach Abschluß des Pachtvertrags, der am 15. März 1833 in Economy stattfand und ziemlich bald auf Lenaus zweite Reise zu seinem Besitz in Ohio gefolgt sein dürfte, verließ der Dichter die Harmonistensiedlung und begab sich auf den Weg zu den Niagara-Fällen. Über diesen Teil seines Amerika-Aufenthalts ist so gut wie nichts bekannt. Von Economy zu den Niagara-Fällen reiste Lenau vermutlich zu Pferd, von dort per Schiff über den Erie-Kanal, der erst kurz zuvor eröffnet worden war, nach Albany, New York, und von dort über den Hudson Fluß weiter nach New York. Ende April oder Anfang Mai fuhr Lenau von New York nach Bremen zurück.

Trotz des mit juristischer Akribie abgefaßten Pachtvertrags hat Lenau bekanntlich überhaupt keinen Profit von seinen Ländereien in Ohio gezogen. Häberle dürfte das Land nach kurzer Zeit verlassen haben, obwohl er von Lenau über $ 600 als Vorschuß erhalten hatte; davon, daß Häberle jährlich eine Pacht von $ 100 und später $ 200 hätte zahlen sollen, war natürlich keine Rede. Lenaus früherer Diener, Philipp Huber, informierte Lenau in mehreren Briefen, jeweils in mehr als einem Jahr Abstand, und zwar am 1. Jänner 1835, am 12. Februar 1836, am 16. April 1837 und abermals am 24. Jänner 1840, über den desolaten Zustand des Landes und darüber, daß Steuern fällig seien, die er für die Jahre 1838 und 1839 für Lenau bezahlt habe. Endlich beauftragte Lenau den ihm bekannten Geschäftsmann Ludwig von Post in New York, ihm bei der Erteilung einer Vollmacht behilflich zu sein, damit er sein Land wieder verkaufen könne.

Aber die Lage komplizierte sich dadurch, daß sowohl Philipp Huber als auch Ludwig von Post im Jahre 1840 starben. Lenau erhielt eine Antwort aus New York von Hermann Oelrichs, der die Geschäfte von Ludwig von Post übernommen hatte. Laut Schurz war Lenau durch die Enttäuschung mit Häberle und den Tod Hubers und von Posts dermaßen verdrossen, daß er sich weigerte, weitere Steuern für sein Land zu zahlen.[16] Obzwar, wie wir gesehen haben, die Grundbucheintragungen für Lenau überhaupt erst im Jahre 1845 vorgenommen wurden, hatte die Steuerschuld zur Folge, daß der "County Treasurer" das Land bereits am 27. Dezember 1841 gegen Bezahlung der fälligen Steuern, die lediglich $ 9,45 und 3/1000 ausmachten, einem gewissen Samuel Myers überließ.

Aus nicht mehr nachvollziehbaren Gründen hat Myers seinen Besitz außerbücherlich einem gewissen Rudolph Harley weiterverkauft, dieser wiederum übertrug das Land an Peter Gardner. Letzterer teilte die Parzelle, die wir einfachheitshalber als 3 bezeichnet haben, in zwei Teile zu je 40 Acres. Die linke, westliche Hälfte übertrug er Lewis Young, ebenso jene, die wir als 1 bezeichnet haben. Gardner selbst behielt den rechten, östlichen Teil der Parzelle 3 mit 40 Acres sowie Parzelle 2. Young und Gardner besaßen somit je 200 Acres.

Die genauen Grundstückstransaktionen in diesem Zusammenhang sind äußerst kompliziert, kaum nachzuvollziehen und wurden meist ohne schriftliche Unterlagen vorgenommen. Es ist erstaunlich, daß es den Freunden Lenaus überhaupt gelungen ist, den Besitzanspruch des Dichters nach fast zehn Jahren von Europa aus wieder geltend zu machen und das Land für Lenau zu verkaufen. Dazu bedurfte es in erster Linie einer Vollmacht Lenaus für jemanden, der in Ohio ansässig war. Max von Löwenthal schrieb dazu an den New Yorker Geschäftsmann Hermann Oelrichs, der wiederum Verbindung mit Louis Stanislaus in Norwalk, Ohio, aufnahm. In einer seiner ganz seltenen klaren Stunden, wie Schurz schreibt, konnte Lenau dazu gebracht werden, diese Vollmacht zu unterschreiben. Eine Kopie der englischen Übersetzung, so wie sie im Grundbuch in Bucyrus erhalten ist, wird in der Ausstellung gezeigt. Schurz berichtet, daß er die Vollmacht samt Beglaubigungen und Überbeglaubigungen am 11. August 1845 erhalten und nach New York weitergeschickt habe.[17] In Bucyrus wurde sie fast ein ganzes Jahr später, am 2. Juni 1846, eingetragen. Der Wortlaut ist wie folgt:

A Power of Attorney
From Nicholas Neimbsch
To L. Stanislaus
Filed June 2nd 1846
and Recorded on the 8th
by J. Robinson
Recorder

Procuracy. I the undersigned at the end of these presents empower by the same, Mr. Louis Stansilaus of Norwalk, Huron County, State of Ohio, to recover from their present possessors the 400, Four hundred, acres of Land I own in the Crawford County, but which I have become dispossessed of by Sale on account of an oversight: to pay in the Years 1840 and 1841 the Taxes thereof, and to take every Legal Step to render the Sale transacted invalid. I morever, empower Mr. Stansilaus, after the recovery of my property, in the best possible way, to sell again these 400, Four hundred, acres of Land, on my account, in as much as I aforehand give full approbation to all transactions & every one of them, of that Gentleman, both regards the recovery and the resale.

Winnenden, in the Kingdom of Wirtembourg July 22, 1845.
Nicholas Neimbsch or from Strehlenau Winnenden the 22 July 1845.

Don at Waeblingen the 24 July 1845. Witnessed Wurtemberg Court Haeberleyn.

Don at Stuttgert the 28 Feb. 1845, by Directions of the Minister of the Interior. The Council Director Joherk.

Don at Stuttgert the 2nd Aug. 1845. the ministers of the Foren offices for the Kings Director, of the home Legation Counsillis. Freyherr of Linaen
Wurtemberg Legation Witnessed Vienna - - 9 Aug. /.45 Leutrum
Signed in my presence by the Charged: affairs of Wurtemburg 9th August 1845 William H. Stiles - - Charged affairs of the United States of America at Vienna

Diese Vollmacht dürfte vom Gerichtsschreiber in Bucyrus von einer beglaubigten Übersetzung des deutschen Originals abgeschrieben worden sein. Die vielen Ungenauigkeiten, vor allem in der Rechtschreibung der Namen und Orte mögen darauf zurückzuführen sein. So ist das Datum der dritten Beglaubigung mit Sicherheit falsch: Statt Februar müßte es Juli heißen.
Es ist wahrscheinlich, daß auch die Eintragung des ursprünglichen Grundkaufs, die, wie wir gesehen haben, ja erst am 3. Dezember 1845 erfolgte, also nach Erteilung der Vollmacht, auf Betreiben von Stanislaus zustande gekommen ist, da ja erst aufgrund dieser Eintragung das Weitere veranlaßt werden konnte. Stanislaus

dürfte ein geschickter Verhandler gewesen sein, denn es gelang ihm, vermutlich aufgrund eines heute nicht mehr nachvollziehbaren juristischen Fehlers bei den vorangegangenen Übertragungen, die zweimal 200 Acres für je nur einen symbolischen Dollar wieder auf Lenaus Namen eintragen zu lassen. Im Gegenzug dürfte er hierbei Gardner versprochen haben, daß dieser 40 Acres unanfechtbar umsonst zurückerhalten würde, und Young die Zusage gemacht haben, daß dieser wiederum die restlichen 360 Acres für den relativ günstigen Preis von $ 1181 legal erwerben könne: In beiden Verzichtserklärungen, den sogenannten "Quidclaims" ist dementsprechend die Wendung "and other valuable considerations" aufgenommen worden.

Von diesen Verzichtserklärungen ließen sich für die Ausstellung keine brauchbaren Kopien anfertigen; der Text, der für beide gleich ist, kann hier jedoch wiedergegeben werden:

Peter Gardner Quit-Claim
Deed to Nicholas Niembsch
Filed May 21st 1846
and Recorded on the 22nd
by J. Robinson Recorder

Know all men by these Presents that we Peter Gardner and Sarah Gardner, wife of said Peter Gardner of Richland County Ohio for the consideration of one Dollar and other valuable considerations received to our full satisfaction of Nicholas Niembsch formerly of Crawford County, State of Ohio, now of Wertemburg, Europe, have granted bargined, sold remised and quitclaimed unto the Said Nicholas Niembsch and to his heirs and assigns forever, the following described Lots of Land, Situate in Crawford County, State of Ohio, to wit: the North East quarter of Section Twelve, Township Eighteen, south of Range Twenty one, containing one hundred and Sixty acres more or less, also the East half of the South half of the North West quarter of Section Twelve, Township Eighteen, South of Range Twenty one, containing Forty Acres more or less. The above Two hundred acres belonged to said Nicholas Niembsch, but were conveyed to me, the Said Peter Gardner for taxes, interest & penalty by Indenture of Owen Williams County Auditor of Said Crawford County, Ohio, on the 11th day of January 1800 Forty Four. Together with all and singular the herediments and appurtenances thereunto belonging, or in any wise appertaining, and the reversions, remainders, rents, issues and profits thereof; and all the estates, right, title, interest, claim or demand, whatever of us the Said Peter and Sarah Gartner either in law or equity, of, in and to the above bargined premises. To have and to hold, the Same, to the Said Nicholas Niembsch and to his heirs and assigns, forever. In witness of which we have Set our hand, and Seal, this 27th day of March A. D. 1846.

William G. Sims
Hugh Cory

    his
Peter   X   Gardner   (L. S.)
    mark

    her
Sarah   X   Gardner   (L. S.)
    mark

State of Ohio, Crawford County Ss) Be it Remembered that on this 27th Day of March A. D. 1846, before me the Subscriber came Peter Gardner the Signer and dealer of the above, and then and there acknowledged the same to be his act and deed, for the uses and pruposes therein expressed. And likewise came Sarah Gartner wife of the Said Peter Gartner and being by me examined Separate and apart from her Said husband and the contents of the above instrument being by me made known to her then and there acknowledged the same to be her act and Deed, by her voluntarily executed, without fear of, or coertion from her Said husband and that she is Still Satisfied therewith.
William D. Sims J. P.

Die zweite Verzichtserklärung, jene von Lewis und Mary Ann Young hat genau den gleichen Wortlaut.
Jetzt konnten die Grundstücke verkauft werden, aber inzwischen war in Wien Dr. Alexander Bach als Kurator Lenaus bestellt worden. Es wurde somit erforderlich, eine zweite Vollmacht nach Amerika zu schicken, und zwar eine, mit der Stanislaus von Dr. Bach bevollmächtigt wurde, die Grundstücke zu verkaufen. Es befindet sich sowohl die deutsche als auch die englische Version dieser Vollmacht im Grundbuch in Bucyrus. Der Text ist etwa dreimal so lang wie der Text der ursprünglichen Vollmacht von Lenau für Stanislaus, und es würde den Rahmen dieses Aufsatzes sprengen, ihn auch hier zu transkribieren. Dagegen ist die Eintragung, mit der Lenaus Zeit als Grundbesitzer in Amerika endgültig beendet wurde, sehr wohl von Interesse. Der Verkauf fand im April 1846 statt, die Eintragung erfolgte 1850:

*Nicholas Niembsch
Deed to
Lewis Young
Filed June 4th 1850
and Recorded on the 6th
by J. Robinson Recorder
C. C. O.*

To all persons to whom these presents Shall come, Greeting. Know Ye, that I, Nicholas Niembsch of Germany (Europe) by Louis Stansilaus of Sandusky City, State of Ohio, formerly of Norwalk, Huron County, State of Ohio, My Attorney, duly authorized by my Letter of Attorney recorded in Crawford County Record Vol. 11, Page 91 (June 8, 1846) and Vol. 13 Page 210 (Jan. 7, 1850 and Lastly in Vol. 13 Pages 329 &330 (May 9, 1850) for the consideration of Eleven hundred eighty one dollars, received to my full satisfaction of Lewis Young of Crawford County, do hereby give, grant, bargain, sell and confirm unto him the Said Lewis Young the following described tracts of Land. Situate in said Crawford County as follows, Viz: the South East Quarter of section one, Township eighteen South of Range Number Twenty one, containing one hundred-Sixty acres more or Less also the North East Quarter of Section Twelve in Township eighteen South of Range number Twenty one, containing one hundred and sixty acres more or Less, also the East part of the South half of the North West Quarter Section Number twelve, in township eighteen, South of Range Number Twenty one, containing Forty acres be the same more or Less. To have and to hold the above granted and bargained premises: with the appurtenances thereof unto him the said Lewis Young his heirs and assigns forever, to his and their own proper use and behoof, and also I the Said Nicholas Niembsch by my said Attorney Louis Stansilaus do for myself and my executors, and administrators, covenant with the said Lewis Young his heirs and assigns that and until the ensealing of these presents I am well seized of the premises, as a good indefeasible estate in fee simple, and have good right to bargain and sell the same in manner and form as is above written, and the the same is free of all incumbrances, whatsoever, and furthermore, I the said Nicholas Niembsch by my said Attorney Louis Stansilaus do by these presents bind myself forever to warrant and defend the above granted and bargained premises to him, the said Lewis Young his heirs and assigns, against all Lawful claims and demands whatsoever excepting the warranty of Roads Laid out and established by authority. In witness whereof, I have hereunto by my Attorney set my hand and seal the Twenty Ninth day of May A. D. One Thousand eight hundred and Fifty.

*Nicholas Niembsch
by his Attorney
L. Stanislaus*

*Signed, Sealed and delivered in presence –
A. M. Stanislaus
Z. W. Barker*

*The State of Ohio Erie County Ss.
Sandusky City, May 29, 1850. Personally appeared the above named Louis Stanislaus who as the Attorney of the above named Nicholas Niembsch for him and in his name, signed and sealed the above instrument and acknowledged the same to be his act and deed, for the use and purpose therein mentioned Before me.
Zenas W. Barker, Justice of the Peace*

Die 40 Acres, die Stanislaus Gartner als eine Art Abfindung versprochen haben dürfte, scheinen in dieser Eintragung schon gar nicht mehr auf. Young selbst hat bereits 1847, ein Jahr nach seinem Kauf und noch bevor die Eintragung überhaupt durchgeführt worden war, zumindest den Teil, auf dem das Blockhaus stand, schon wieder weiterverkauft. Die bereits erwähnte Photographie des Blockhauses wurde vom Ur-urenkel des damaligen Käufers zur Verfügung gestellt. Im übrigen besteht das Blockhaus noch heute als Teil des Farm-Hauses, von dem in der Ausstellung auch eine Photographie zu sehen ist.

Von dem Kaufpreis in der Höhe von $ 1181 dürften $ 181 die Honorare und Spesen von Stanislaus und Oelrichs gewesen sein, so daß die Grundstücke Lenaus $ 1000 gebracht haben, genau das Doppelte von dem, was er 1832 dafür bezahlt hatte, sehr viel weniger als die sechsfache Steigerung, die der Dichter nach drei bis vier Jahren erwartet hatte. Auch Schurz erwähnt ausdrücklich $ 1000 als Erlös, dessen Rest allerdings erst im Oktober 1850, also bereits nach Lenaus Tod, ausbezahlt wurde.[18] Und so entpuppt sich in der Tat das Gedicht *Der Urwald*, in dem Lenau seine Empfindungen beim Anblick der amerikanischen Wildnis, wie er sie auf seinem Grundstück kennenlernte, zum Ausdruck bringt, als prophetische Todesahnung:

Vermildernd schien das helle Abendrot
Auf dieses Urwalds grauenvolle Stätte,

Wo ungestört das Leben mit dem Tod
Jahrtausendlang gekämpft die ernste Wette.
Umsonst das Leben hier zu grünen sucht,
Erdrücket von des Todes Überwucht;
Denn endlich hat der Tod, der starke Zwinger,
Die Faust geballt, das Leben ein-
                          geschlossen,
Es sucht umsonst, hier, dort her-
                          vorzusprossen
Durch Moderstämme, dürre Todesfinger.
Wohin, o Tod, wirst du das Pflanzenleben
In deiner starken Faust und meines heben?
Wirst du sie öffnen? wird sie ewig schließen?
So frug ich bange zweifelnd und empfand
Im Wind das Fächeln schon der Todeshand
Und fühlt es kühler schon im Herzen
                          fließen.[19]

Anmerkungen

1 Anton X. Schurz: Lenau's Leben. Bd. 1 und 2. Stuttgart und Augsburg 1855.

2 George A. Mulfinger: Lenau in Amerika. In: Americana Germanica, 1 (1897), Nr. 2, S. 7-61, Nr. 3, S. 1-16.

3 Siehe vor allem: John C. Blankenagel: Deeds to Lenau's Property in Ohio. In: Germanic Review, 2 (1927), Nr. 3, S. 202-212. Karl J. R. Arndt: The Effect of America on Lenau's Life and Work. In: Germanic Review, 33 (1958), S. 125-142. Ruth Berges: Lenau's Quest in America. In: American-German Review, 28 (1962), Nr.4, S. 14-15. Homer D. Blanchard: Lenau's Ohio Venture. In: Ohio History, 78 (1969), S. 237-251. Mary C. Crichton: 'And No Birds Sing': Lenau's Desolate *Urwald*. In: Michigan Germanic Studies, 1 (1975), S. 152-164. Fritz Felzmann: Über die Hintergründe von Nikolaus Lenaus Amerikafahrt. In: Lenau-Forum, 11 (1979), Folge 1-4, S. 40-48. Karl Gladt: "Es ist ein Land voll träumerischem Trug ..." Kollektaneen zum Thema 'Lenau in Amerika'. In: Lenau-Almanach 1979, S. 63-82. Carlo Pussig: Lenau in America (Dissertation, Universität Udine, 1985-86). Rudolf Schier: Das Lenau-Bild Amerikas, das Amerikabild Lenaus. In: Vergleichende Literaturforschung. Internationale Lenau-Gesellschaft 1964 bis 1984. Hrsg. v. Antal Mádl und Anton Schwob Wien, 1984, S. 169-177. Rudolf Schier: Die Amerika-Erfahrung Lenaus als Paradigma: Parallele Darstellungen bei Kürnberger, Chateaubriand, Dickens und Mark Twain. In: Lenau-Forum, 15 (1989), Folge 1-4, S. 43-58. Für den vorliegenden Aufsatz bin ich den Veröffentlichungen von Blankenagel und Blanchard am meisten verpflichtet.

4 Nikolaus Lenau: Werke und Briefe. Historisch-kritische Gesamtausgabe. Hrsg. von Helmut Brandt u.a. Bd. 5/1. Briefe 1812-1837. Hrsg. von Hartmut Steinecke und András Vizkelety in Zusammenarbeit mit Norbert Otto Eke und Karl Jürgen Skrodzki. Wien 1989, S. 184. (Zitiert: HKA).

5 HKA 5,1, S. 185.

6 HKA 5,1, S. 223.

7 HKA 5,1, S. 230.

8 HKA 5,1, S. 230f.

9 HKA 5,1, S. 233.

10 Schurz 1, S. 201.

11 Vgl. Blankenagel, S. 243f.

12 Für diese Angaben sowie für das Zurverfügungstellen der weiter oben erwähnten Photographien und Pläne, die auch in der Ausstellung gezeigt werden, bin ich Herrn Joseph R. Blum aus New Washington, Ohio, dem Nachkommen von John Burger, der Lenaus Land 1847 erworben hat, zu ganz besonderem Dank verpflichtet.

13 Allerdings bin ich bei den Nachforschungen für diesen Beitrag auf eine Ungereimtheit gestoßen, die ich bis zur Drucklegung dieser Arbeit nicht klären konnte: Während fast alle Parzellen (Sections) in Crawford County eine Quadratmeile groß sind, haben die Parzellen 1, 2 und 3 im Gebiet (Range) 21 W eine Fläche von je eineinhalb Quadratmeilen. Ein Viertel der Parzelle 1 hätte somit eine Fläche von 240 Acres. In den Verkaufsunterlagen und Grundbucheintragungen wird jedoch das südöstliche Viertel von Parzelle 1, das Lenau erstand, immer mit 160 Acres bemessen. Auf der Skizze wurden diese zwei Möglichkeiten durch Strichlinien angedeutet.

14 Ich danke meinem Freund und Kollegen, Herrn Dr. Richard C. Figge, Professor am College of Wooster in Wooster, Ohio, ganz herzlich für seine Hilfe bei der Beschaffung der Kopien der Grundbucheintragungen.

15 Mulfinger, 1, Nr. 2, S. 51.

16 Schurz 2, S. 41.

17 Schurz 1, S. 279.

18 Schurz, I, S. 291.

19 Nikolaus Lenau: Sämtliche Werke und Briefe in 6 Bänden. Hrsg. von Eduard Castle. Bd. 1, Leipzig 1910, S. 268f.

Katalin Hegedüs-Kovačević

Zur Lenau-Rezeption bei den Serben und Kroaten

I.

In unserem Beitrag gehen wir vor allem zwei Fragen nach. Wir wollen klären, ob Lenau Beziehungen zu den Serben und Kroaten hatte, und aufzeigen, in welcher Weise der Dichter und sein Werk bei Serben und Kroaten rezipiert worden ist.

Nikolaus Lenau wurde 1802 in der Ortschaft Csatád (heute Lenauheim) im Temescher Banat geboren,[1] in einem Gebiet, das Ende des 18. Jahrhunderts, nach Beseitigung der türkischen Herrschaft (1718) und nach Durchführung der habsburgischen Impopulationspolitik zum Großteil von Rumänen, Serben und dort angesiedelten Deutschen bewohnt war.[2] Da die Eltern des Dichters das Banat aber bereits wenige Monate nach der Geburt ihres Sohnes Nikolaus verließen, blieb die Banater Landschaft mit ihren hier lebenden Nationen ohne Wirkung auf Lenau. Nachhaltig beeinflußt haben ihn hingegen die Menschen und Orte seiner zum Großteil in ungarischer Umgebung verbrachten Kindheit und Jugend. In Ofen und Pest, Tokaj, Ungarisch-Altenburg und Preßburg gesammelte Eindrücke wirkten sich auch auf seine Dichtung aus, in Schilderungen und Bildern, die die Theiß- und Maroschlandschaft, das Leben ungarischer Bauern oder umherziehender Zigeuner wiedergeben. Lenau wurde zum Dichter der ungarischen Pußta noch vor Petöfi.[3] Das Schicksal des Ungarntums hat den Dichter stets interessiert. Er verfolgte die Reformbewegung der dreißiger Jahre und notierte zum Beispiel über die von Széchenyi ins Leben gerufene Akademie der Wissenschaften: "Man schimpft so auf die Ungarn als Barbaren, aber es ist dort mehr Gefühl als in ganz Deutschland zusammengenommen (...). Sie haben eine Akademie (...)".[4]

Mit Stoffen aus Geschichte und Gegenwart fand auch die Welt der Slawen Eingang in Lenaus Dichtung. Aus der tschechischen Geschichte beschäftigte er sich mit Jan Huss[5] und der mit seinem Namen verbundenen Hussiten-Bewegung, insbesondere mit dem legendären Hussiten-Führer Jan Ziska, dem er den Zyklus *Johannes Ziska* widmete. Mit großer Anteilnahme verfolgte Lenau die Ereignisse in Polen zu Beginn der dreißiger Jahre, den polnischen Aufstand, der von den Russen 1831 blutig unterdrückt worden war und das Geschick polnischer Emigranten, die unter erniedrigenden Umständen in der Fremde Zuflucht suchen mußten: "Auf dem Mistkarren wurde die Freiheit fortgeschafft..." schrieb der Dichter mit Erbitterung. Beweis für Lenaus Interesse an den Geschehnissen sind auch seine Polenlieder.[6]

II.

In der ersten Hälfte des 19. Jahrhunderts gab es auch im Leben der Serben und Kroaten bedeutende politische Ereignisse.[7] Um die vierhundertjährige türkische Unterdrückung abzuschütteln, leiteten die Serben 1804 einen Befreiungskrieg ein, der – mit wechselndem Erfolg – bis 1817 dauerte und 1829 im Friedensschluß von Adrianopel zur Anerkennung der Unabhängigkeit Serbiens führte. Leopold Ranke[8] hat diese Kämpfe in seinem bekannten Werk *Die serbische Revolution* dargestellt. Nach Herder, Goethe und den Brüdern Grimm wandte sich die deutsche Öffentlichkeit mit wachsendem Interesse den Serben zu.[9] Eine Rolle kam dabei auch der in Wien bestehenden serbischen Kolonie zu, der bekannte Literaten wie Vuk Karadžić, Branko Radičević, Jovan Subotić, zeitweilig auch Petar Petrović Njegoš u.a. angehörten.[10]

Auch die Kroaten hatten in der ersten Hälfte des 19. Jahrhunderts ihren Kampf für die nationale Eigenständigkeit und die Schaffung einer Nationalliteratur aufgenommen.[11] Die kroatische Erneuerung (Preporod) oder Illyrische Bewegung wurde in den dreißiger Jahren von jungen kroatischen Intellektuellen getragen und verlief ähnlich wie die anderen nationalen Bewegungen in Europa. Ihre Vertreter waren oft Wiener oder Grazer und nicht selten Pester Studenten. Ljudevit Gaj (1809-1872), Ivan Maźurawić (1814-1890), Petar Preradović (1818-1872), Dimitrije Demetar (1811-1872), also Zeitgenossen Lenaus, die im politischen und kulturellen Leben Österreichs wie auch Ungarns bekannt waren.

Es ist kaum anzunehmen, daß Lenau über diese bedeutenden politischen Ereignisse und die kulturellen Bestrebungen der Serben und Kroaten nicht unterrichtet gewesen wäre. Es ist uns aber nichts darüber bekannt, wie er sie erlebt hat. In seinen Gedichten und seinen Briefen haben sie keine Spuren hinterlassen. Hierfür eine Erklärung zu finden, ist schwierig. Eines steht fest: Südslawische Züge und Bilder sucht man in Lenaus Dichtung vergebens. Daß der Dichter zu den Serben und Kroaten keine persönlichen und literarischen Beziehungen unterhielt, scheint eine Tatsache zu sein, mit der wir uns wohl abfinden müssen.

III.

Günstiger ist das Bild der serbischen und kroatischen Rezeption des Schaffens Lenaus, wenn wir die bisher erschienenen Untersuchungen über den Dichter und Übersetzungen seiner Werke unter die Lupe nehmen. In diesem Zusammenhang wird es sich herausstellen, daß Lenau, zumindest umfangmäßig, bei den serbischen und kroatischen Vermittlern in nennenswerter Weise Beachtung fand.

Den einzigen umfassenden Beitrag über Lenaus Leben und Werk hat Todor Manojlović (1883-1968) 1950 anläßlich des 150. Geburtsjahres des Dichters in der ältesten serbischen Zeitschrift ("Letopis Matice srpske") veröffentlicht. Manojlović[12] war kein Germanist: Obwohl er in Budapest und Basel Jura und Kunstgeschichte studiert hatte, war es die Literatur, die ihn fünfzig Jahre lang in ihrem Bann hielt. Seinem Interesse für die Großen der Weltliteratur ist es zu verdanken, daß er im Jugoslawien der Nachkriegszeit der einzige war, der Lenaus anläßlich dieses Jubiläums gedachte. Freilich mußte auch er sich der deutschfeindlichen Einstellung *post bellum* und den vom Staat gegebenen Richtlinien anpassen. Nur ein kleiner Teil des Aufsatzes würdigt Lenaus dichterisches Oeuvre, und zwar als Ausdruck romantischen Weltschmerzes. Manojlović vernachlässigt völlig die Darstellung der Lyrik Lenaus, umso mehr beschäftigt er sich mit der Frage der Heimatlosigkeit des Dichters: "Er war ununterbrochen in Bewegung, hin- und herreisend zwischen Stuttgart und Wien, Heidelberg, Tübingen, Weinsberg, Waiblingen und Amerika". Manojlović möchte beweisen, daß Lenau nie "in der Tat populär" gewesen sei, weder in Deutschland noch in Österreich, vor allem deswegen, weil er nie den großdeutschen Nationalismus verherrlicht habe; er sei aber auch im Kreise seiner Landsleute, der Donauschwaben, nie wirklich beliebt gewesen. Manojlović urteilt über die Batschkaer und Banater Schwaben pauschal, wenn er sie wegen eines "riesigen geistigen Mankos" tadelt. Weil sie sich, wie er schreibt, "um nichts anderes sorgten als darum, wie man ein Haus erwirbt und wie die Scheunen mit Getreide und die Keller mit Wein gefüllt werden könnten, ertönte unter dem gesegneten Baum nie das frohe Lied der menschlichen Liebe und Dankbarkeit".

Dieser Haltung stellt Manojlović die Mentalität der Serben gegenüber, die ihre Landsleute, den aufgeklärten Humanisten Dositej Obradović, den Toleranz propagierenden Sterija Popopvić und den liberal gesinnten Djura Jaksić gebührend zu würdigen wußten. Die auf dem Sockel des Csatáder Lenau-Denkmals eingeritzten Verse in Übersetzung zitierend, beendet Manojlović die Betrachtung über den im Banat geborenen Dichter mit folgendem ironischen Satz: "Es ist immer schön und rührend, wenn der Dichter seine Heimat liebt und sich danach sehnt – umso mehr, wenn jene Heimat nichts getan hat, diese Liebe und Sehnsucht wirklich zu verdienen". Indem er sich auf Teile aus Lenaus Schaffen wie die Darstellung des Ungarntums bezieht, glaubt Manojlović "ein blendendes romantisches Phantasieren und Spielen eines üppigen, aber auf jeden Fall nichtdeutschen Temperaments" zu erkennen und zitiert den Biographen Schurz, der überliefert hatte, "daß Lenaus Backenknochen wie gewöhnlich bei den Slawen hervorstachen und er allgemein einem edlen Serben ähnelte". Trotzdem streitet Manojlović ihm die österreichisch-deutsche Mentalität nicht ab. Er hebt seinen Freiheitssinn und sein unbezähmbares Rebellentum hervor, seinen heftigen Haß gegen die reaktionären Kräfte, die seine Ideale bedrohen. Für ihn sei Geschichte nichts als ein ungeheurer, endloser Kampf für Freiheit, dessen einzelne Phasen und Etappen mit Aufständen und Revolutionen Jahrhunderte hindurch währen. Zur Veranschaulichung zitiert Manojlović in eigener Übertragung Verse aus den *Albigensern*, den Polenliedern, aus *Savonarola* und *Johannes Ziska* und bespricht auch das *Faust*-Fragment.

Es überrascht, daß Manojlović die schon vorhandenen Übersetzungen in seine Muttersprache nicht erwähnt. Außerdem wirken seine tendenziösen Äußerungen über die Beziehungen der Donauschwaben zu Lenaus Dichtung befremdend. Es ist nämlich kaum anzunehmen, daß er die Arbeiten beispielsweise eines Felix Milleker[13] nicht gekannt haben sollte, wie es auch unwahrscheinlich ist, daß er über die kulturelle Entwicklung der Donauschwaben nicht informiert war. Gerade auf Milleker beruft sich dagegen in einem 1969 erschienenen Forschungsbeitrag der Novi-Sader Germanist Strahinja Kostić, der auf die frühe Rezeption Lenaus im Banat eingeht und aufzeigt, daß seine Dichtung durch den 1836 ins Banat gelangten Artur Schott den dortigen Deutschen bekanntgemacht worden war.[14]

Von Strahinja Kostić stammt auch ein Überblick über die Beiträge, die um die Jahrhundertwende, vor allem aber im 20. Jahrhundert über Lenaus Leben und Werk erschienen sind. Sein

Aufsatz *Nikolaus Lenau in der serbischen und kroatischen Literatur des 20. Jahrhunderts*[15] verzeichnet Zeitschriften- und Zeitungsbeiträge, die u.a. in Novi Sad, Zagreb und Sarajevo veröffentlicht wurden, nicht nur serbische und kroatische, sondern auch deutsche, die in der "Agramer Zeitung" und im Pancsovaer "Donau-Temes-Bote" anläßlich des 50. Todestages und des 100. Geburtstages Lenaus erschienen sind. Es muß aber gesagt werden, daß es weit mehr Aufsätze über Lenau in deutscher Sprache bei den Donauschwaben der Batschka, des Banats und Slawoniens gibt, als hier angedeutet wurde.[16]

Zu den von Kostić erfaßten Artikeln gehören ein 1895 in Neusatz erschienener Aufsatz über Nikolaus Lenau und die Frauen[17], eine Skizze *Nikolaus Lenau*[18] und zwei Beiträge zum 100. Geburtstag Lenaus. Es sind allgemein gehaltene, würdigende Aufsätze mit Überblicken über Leben und Werk des Dichters. Neben Beiträgen in der Mostarer "Prijegled"[19] und der Belgrader Tageszeitung "Politika"[20] kommentiert Kostić einen in der Belgrader "Kolo"[21] zum 100. Geburtstag Lenaus erschienenen Aufsatz, in dem der anonyme Autor mutmaßt, daß Lenau, wäre er später geboren worden, zu den Impressionisten oder Symbolisten gehört hätte.

Als besten Aufsatz stuft Kostić den 1918 von Valter Ljubibratić in Zagreb veröffentlichten Beitrag ein.[22] Baron Ljubibratić untersucht darin *Savonarola*-Dichtungen von Josef Freiherr von Auffenberg, Richard Voß und Wilhelm Uhde, wendet sich mit besonderem Interesse aber Lenaus *Savonarola* zu, "wegen der darin vertretenen religiösen Auffassung". Im Mittelpunkt des Aufsatzes steht aber nicht der poetische Wert der *Savonarola*-Dichtung, sondern die Gestalt Savonarolas.

Kostić stellt weiter fest, daß es zwischen den Weltkriegen verhältnismäßig wenige Beiträge über Lenau gab, und erwähnt insgesamt drei kroatische und zwei deutsche Aufsätze, die alle in Zagreb veröffentlicht wurden.[23] Diese Aufsätze erschienen anläßlich des 75. Todestages des Dichters im Jahr 1925. Kostić unterstreicht, daß diese Artikel im Grundton anders sind als jene um die Jahrhundertwende. Es werde darin nicht so sehr über die nationale Zugehörigkeit des Dichters debattiert, sondern das Werk Lenaus analysiert.

Als wichtigsten Nachkriegsbeitrag über Lenau betrachtet auch Kostić den Aufsatz des schon erwähnten Todor Manojlović und hebt hervor, daß der Verfasser den Dichter in eine Reihe mit Byron, Puschkin, Heine, Leopardi, Alfred de Musset, Gérard de Nerval und Edgar Allan Poe stellt.

Unseres Wissens gibt es heute in serbischer und kroatischer Sprache 15 Studien über Lenau.[24] Chronologisch gesehen wurde des Dichters bis zum Beginn des Ersten Weltkrieges 8 mal, zwischen den zwei Weltkriegen 4 mal und nach dem Zweiten Weltkrieg 3 mal in serbischen und kroatischen Zeitschriften bzw. im Feuilleton der Tagespresse gedacht. Die meisten dieser Aufsätze erschienen 1900, anläßlich des 50. Todestages des Dichters bzw. 1902 zum 100. Jahrestag seiner Geburt. Die Aufsätze sind, mit einer Ausnahme, entweder Gelegenheitswürdigungen oder Untersuchungen, die sich mit der Rezeption Lenaus befassen. Die serbischen und kroatischen Germanisten haben in einheimischen Publikationen keinen einzigen nur Lenaus Schaffen und Leben erörternden Beitrag veröffentlicht.²⁵ Eine Ausnahme sind die von serbischen und kroatischen Germanisten verfaßten Geschichten der deutschen Literatur, die Lenau als österreichischen Dichter im Rahmen der deutschen Literatur präsentieren. Ebenso würdigen die serbischen und kroatischen Lexika der Weltliteratur Lenaus Leben und Dichtung,²⁶ wobei er mal als österreichischer, mal als deutscher Dichter dargestellt wird.

Dieser Tatbestand fordert zur Schlußfolgerung heraus, daß es bei den Serben und Kroaten keine Tradition der Lenau-Forschung wie etwa in Italien, Frankreich oder Ungarn gegeben hat und gibt. Dies hängt wahrscheinlich damit zusammen, daß Lenau bezüglich der Südslawen keine Dichtung geschaffen hat, die die Serben und Kroaten schon vom Stoff her hätte motivieren können wie etwa die Pußta-Lieder die Ungarn, *Savonarola* die Italiener oder die *Albigenser* die Franzosen. Besonders unmittelbar vor und nach dem Zweiten Weltkrieg hatte das Interesse an Lenau nachgelassen. Die Forschung setzte zwar seit dem Ende des Zweiten Weltkrieges wieder ein – südslawische Auseinandersetzungen mit dem Werk Lenaus kamen aber auch dann nicht zustande. Die eigentliche Beschäftigung mit Lenau begann durch die Internationale Lenau-Gesellschaft, die auch die jugoslawischen Germanisten anregte.²⁷

IV.

Neben den serbischen und kroatischen Beiträgen über Lenau – 15 insgesamt – nimmt sich die Zahl von 78 Übersetzungen seiner Gedichte bescheiden aus, vor allem auch weil einige der Texte ja mehrmals übersetzt wurden.²⁸ Eine Analyse ihrer Entstehungszeit ist ebenfalls aufschlußreich. Danach entstanden zwischen den Jahren 1846 und 1899 42, zwischen 1900 und 1918 21, zwischen 1919 und 1944 10 und von 1945 bis heute 5 Gedichtübertragungen. Einer anderen Periodisierung zufolge wurden bis zur Gründung Jugoslawiens 67 und in der jugoslawischen Ära der Zwischenkriegszeit 16 Gedichte in diesen Regionen übertragen. Diese Fakten lassen die Schlußfolgerung zu, daß eine derartig verlaufende Rezeption politisch motiviert war. In der Zeit der Habsburgischen Monarchie wurde sie gefördert, in der jugoslawischen Periode nicht mehr. Dieser Hypothese widerspricht der Umstand, daß Lenau von marxistischen Literaturhistorikern als "der größte revolutionäre Dichter Österreichs"²⁹ eingestuft wurde, was vor allem aufgrund von Dichtungen wie *Ziska*, *Die Albigenser* und *Savonarola* geschah, deren "ideologeschichtliche und revolutionäre Rolle" betont wurde.³⁰

Hingewiesen sei noch darauf, daß Lenaus Gedichte in den serbischen Gebieten bis 1944 in Zeitungen und Zeitschriften veröffentlicht wurden, nach 1945, in der sozialistischen Periode also, aber nur in Anthologien mit Dichtungen der Weltliteratur.³¹

Zu den ersten Übersetzern der Gedichte Lenaus gehört Petar Preradović (1818-1872), der größte Dichter der kroatischen Wiedergeburt, "ein ausgezeichneter Vermittler zwischen der deutschen bzw. österreichischen und südslawischen Welt".³² Er selber dichtete auch in deutscher Sprache, wurde aber kroatischer Dichter und übersetzte Gedichte von Goethe, Gleim, Wieland, Bürger und auch von Lenau.

Strahinja Kostić befaßt sich eingehend mit den zwei Übersetzungen aus Lenaus *Neueren Gedichten* (1838): *An die Entfernte* (Udaljenoj) und *An**. Er weist darauf hin, daß Preradović um 1845, zum Zeitpunkt als er diese Übersetzungen schuf, besser deutsch schreiben (und dichten) konnte als in seiner Muttersprache: "Das Bild, das Gefühl, das Lenau im Original ausdrückt, gibt Preradović nicht nur im großen und ganzen, sondern auch in einigen Einzelheiten wieder".

Bei den Serben gehört Jovan Jovanović Zmaj (1833-1904) zu den ersten und bedeutendsten Übersetzern der Gedichte Lenaus.[33] Dieser Wojwodinaer Jungromantiker hat die deutsche Literatur gut gekannt. Er hat viel übersetzt, bekannt sind auch seine Bearbeitungen (*Prepevi*). Hinter diesen Adaptionen und Entlehnungen stehen oft unverkennbar deutsche Dichter. Einer dieser Adaptionen diente Lenaus Gedicht *Das dürre Blatt* als Vorlage, serbisch unter dem Titel *Suvlist* (po Lenau-u) erschienen. Zmajs Umdichtung ist nur ideell, nicht auch in der Form dem Original angeglichen: Die sieben vierzeiligen Strophen, also 28 Verszeilen, hat Zmaj in 18 Verszeilen umgewandelt. Die erste, zweite und die letzte Strophe hat er gedanklich übernommen im damals üblichen volkstümlichen Ton. Zmaj's Adaption steht mit durchwegs achtsilbigen Versen, ohne die strophische Gliederung des Originals, den Lenauschen sieben- und achtsilbigen Versen gegenüber. Die Umdichtung ist nach einem enttäuschenden Liebeserlebnis Zmajs entstanden.

Die Übersetzungen deutscher Lyrik von Aleksa Šantić (1868-1924) sind schon öfter Gegenstand von Untersuchungen gewesen.[34] Von Lenau hat er die *Schilflieder* zwar nicht übersetzt, aber bearbeitet und die fünf Gedichte unter dem Titel *U ševaru* veröffentlicht. Šantić hat das Metrum des Originals seinen eigenen Empfindungen angepaßt, aber auch inhaltlich Änderungen vorgenommen. Seine Bearbeitung der *Schilflieder* nahm er in seine Sammlung *Iz njemačke lirike* (Mostar 1910) auf, neben anderen von ihm übersetzten deutschen Dichtungen, von der Mitte des 18. Jahrhunderts bis in seine Zeit.

Der bedeutendste serbische Romantiker Milorad Popović Šapčanin (1841-1895) hat Lenau zwar ebenso wie seine Zeitgenossen in der Wojwodina, in Serbien, Kroatien oder Bosnien übersetzt, seine Übertragungen aber nicht veröffentlicht, mit einer einzigen Ausnahme. Šapčanin hat viel aus der deutschen Lyrik übertragen, in Periodika publiziert und hatte die Absicht, sie in einer Sammlung unter dem Titel *Strani gosti* (Fremde Gäste) herauszugeben. Von den 108 Gedichten aus verschiedenen Sprachen sind 43 von deutschen Dichtern, darunter drei von Lenau. Zwei Übersetzungen sind handschriftlich erhalten, eine wurde publiziert.[35]

Die bisher erwähnten Dichter gehören zu den größten der serbischen und kroatischen Literatur. Die eigentliche Rezeption der Dichtung Lenaus aber prägten die zwar bekannten, doch weniger großen Gestalten der südslawischen Literatur und Kultur.

Mit häufigeren Übertragungen traten Lujo Varga Bjelovarac (7) und Stevan Tokin (5) hervor.[37] Zu den am häufigsten ins Serbische und Kroatische übersetzten Gedichten gehören Lenaus *Schilflieder*, *Bitte* und *Nebel*.[38] Neben Milorad Šević, der sich erhebliche Freiheiten nahm, haben drei weitere Übersetzer diese Gedichte übertragen.[39]

Nach 1945 finden wir Lenaus Namen in Jugoslawien nur in Anthologien der Weltliteratur und in Geschichten der deutschen Literatur, die in serbischer und kroatischer Sprache erschienen sind. In den Anthologien der Weltlyrik finden wir das Gedicht *Die dunklen Wolken hingen* (Teško veče) und *Du geleitest mich durchs Leben* (Pjesma melankoliji), beide von Gustav Krklec übertragen.[40]

Abschließend kann festgestellt werden, daß bei den Serben und Kroaten vor allem Lenaus lyrisches Schaffen mit Interesse aufgenommen wurde. Es wurde keine der größeren Dichtungen übertragen. Die ungarische Thematik ist auch ganz selten.[41] Das serbische und kroatische Publikum hat aus den Nachdichtungen vor allem Lenau als Dichter des Weltschmerzes, der Liebe und der Heimatlosigkeit kennengelernt. Zu beachten ist dabei aber, daß für die literarisch interessierten Serben und Kroaten als Informationsquelle nicht allein die lokalen Zeitschriften und Zeitungen in ihrer Muttersprache in Frage kamen. Besonders die Bevölkerung der Wojwodina und Kroatiens war bis zum Ende des Zweiten Weltkrieges immer polyglott; das bedeutet, daß man auch, oder vor allem, die deutsche Literatur im Original lesen und kennenlernen konnte.[42] Die eigentliche Rezeption Lenaus ist in diesen südslawischen Gebieten nicht unbedingt an Übersetzungen gebunden, doch zeigen auch sie, daß der Dichter hier wirklich bekannt und beliebt war: In der Zeitschrift "Javor" z. B. erschienen ab 1862 bis 1893 von Heine 25, von Schiller 12, von Lenau 11 und von Goethe 9 Übersetzungen.[43]

Anmerkungen

1 Annemarie Podlipny-Hehn: Das Kameralhaus zu Csatád-Lenauheim: Lenaus Geburtshaus einst und jetzt. In: Vergleichende Literaturforschung. Internationale Lenau-Gesellschaft 1964 bis 1984. Hrsg. von Antal Mádl und Anton Schwob. Wien 1984, S. 140.

2 Nach Karl Czoernig (Ethnographie der Österreichischen Monarchie Bd. 1 und 2, Wien 1855) lebten im Temescher Banat im Jahr 1780: Rumänen 181.639, Serben 78.780, Deutsche, Italiener und Franzosen 43.201, Bulgaren 8.863, Zigeuner 5.272, Juden 353, insgesamt 317.928 Einwohner.

3 Vgl. Nikolaus Britz: Die ungarische Athmosphäre in Lenaus Dichtung. In: Vergleichende Literaturforschung (Anm. 1), S. 158-169. Vielleicht wegen dieser magyarischen Elemente in der Dichtung Lenaus glaubt Miljan Mojašević (Nemačka književnost. Beograd 1967, S. 350), daß Lenau in "einer madjarisierten Familie das Licht der Welt erblickte und sein Vater ungarischer Herkunft war".

4 Eduard Castle: Lenau und die Familie Löwenthal. Leipzig 1906, S. 111.

5 Alois Hofman: Nikolaus Lenau bei den Tschechen. In: Lenau-Forum 2 (1969), S. 23-27.

6 Alois Hofman: Nikolaus Lenaus Polenlieder. In: Lenau-Almanach 1967/68, S. 82-87.

7 Wolfgang Kessler: Politik, Kultur und Gesellschaft in Kroatien und Slawonien in der ersten Hälfte des 19. Jahrhunderts. München 1981.

8 Leopold Ranke: Die Serbische Revolution. Hamburg 1829; ders.: Serbien und die Türkei im 19. Jahrhundert. Leipzig 1879.

9 Tomislav Bekić: Von Jacob Grimm zu Leopold Ranke. In: O dvestagodišnjici Jakoba Grima. Beograd 1988, S. 189: "Jacob Grimm, Leopold Ranke und Goethe bilden sozusagen das Dreigestirn jener glänzenden zwanziger Jahre des 19. Jahrhunderts und jenes so ertragreichen und fruchtbaren Interesses für die 'serbischen Dinge'"; Alois Schmaus: Südslawisch-deutsche Literaturbeziehungen. In: Deutsche Philologie im Aufriß. Hrsg. von Wolfgang Stammler. Berlin 1957, S. 405-416.

10 Katalin Hegedüs-Kovačević: Verwandte Züge in den Dichtungen Lenaus, Petöfis und Radičević's. In: Lenau-Almanach 1979, S. 104.

11 Vgl. Anm. 7.

12 Todor Manojlović: Nikolaus Lenau. In: Letopis Matice srpske, 1952 /Januar, S. 46 - 56.

13 Felix Milleker: Lenau im Banat. Wrschatz 1926; ders.: Geschichte der Gemeinde Catad-Csatád, Lenauheim im Banat. Wrschatz 1925; Katalin Hegedüs-Kovačević: Lenau-Verehrung in Werschetz. In: Zbornik radova Instituta za strane jezikei književnosti, Novi Sad 1989, S. 363-370.

14 Strahinja Kostić: Lenau bei den Kroaten und Serben um die Mitte des 19. Jahrhunderts. In: Lenau-Forum 2 (1969), S. 15 - 23.

15 Strahinja K. Kostić: Nikolaus Lenau in der serbischen und kroatischen Literatur des 20. Jahrhunderts. In: Vergleichende Literaturforschung (Anm. 1), S. 203 - 210.

16 Siehe die Bibliographie der Aufsätze über Lenau und der Übersetzungen seiner Gedichte ins Serbische, Kroatische und Slowenische bis 1941. In: Bibliografija rasprava, članaka i književnih radova, III strana književnost III/1. Zagreb 1963, S. 591 - 592.

17 P.O. Bedrov-Adujev: Nikola Lenau i ženski nje. In: Ženski svet, 10/1895, S. 149 - 151; S. 164 - 166.

18 Vladoje Dukat: Nikolaus Lenau. In: Narodne novine. Zagreb: 66/1900, S. 199.

19 -ˇu-ć-: Nikola Lenau. In: Prijegled (Mostar) I/1902, S. 297 - 301.

20 Sava Petrović: Dva ljubavna pisma. In: Politika (Beograd) 1906, S. 789.

21 Lenau. In: Kolo (Beograd), IV/8, 1902, S. 490 - 494.

22 Valter Ljubibratić: Savonarola u njemačkom pjesništvu. In: Nastavni vjesnik (Zagreb). 1917-18, S. 471-489; S. 521 - 541; S. 577 - 590.

23 Ivo Hergešić: Pjesnik jeseni: Nikolaus Lenau 1802 - 1850. In: Obzor (Zagreb), 1925, S. 231; Stefan: Rogozne pjesme. In: Vijenac (Zagreb), 1925, Bd. V/5-6, S. 121-122;
Austin Speer: Nikolaus Lenau. Ebda, S. 781;

ders.: Nietzsche und Lenau. In: Der Morgen (Zagreb) 3/1925, S. 784.

24 Vgl. Anm. 16.

25 Wahrscheinlich haben sich die jugoslawischen Germanisten an die von Zdenko Škreb formulierte "nationale Pflicht" gehalten: "(...) die Verbindungsfäden zwischen deutscher Sprache, deutscher und österreichischer Kultur und Literatur und den jugoslawischen Ländern bloßzulegen, aufzuzeigen, und in ihrer Gesamtheit darzustellen" (Zdenko Škreb: Der heutige Stand der germanistischen Forschung in Jugoslawien. In: Lenau-Almanach 1967/68, S. 58.

26 So z.B. in: Književni leksikon-Strani pisci (Hrsg. von Viktor Žmegač). Zagreb 1968, S. 421 - 422.

27 Siehe die Aufsätze der jugoslawischen Germanisten in den Veröffentlichungen des Internationalen Lenau-Forums.

28 Vgl. Anm. 16.

29 Ernst Fischer: Rebell in dunkler Nacht. Wien 1952.

30 Jozsef Turóczi-Trostler: Lenau. Berlin 1961 (= Neue Beiträge zur Literatur 12).

31 Antologija svjetske lirike. Zagreb 1956 (zwei Übersetzungen);
Pesništvo evropskog romantizma. Beograd 1968 (drei Übersetzungen).

32 Strahinja Kostić: Lenau bei den Kroaten und Serben um die Mitte des 19. Jahrhunderts. Vgl. Anm. 14, S. 15 - 23. Peter Preradović hat Lenau nicht nur in seinen Übersetzungen nachempfunden. Auch in den Liedern, die er um die Mitte der vierziger Jahre des 19. Jahrhunderts, also gleichzeitig mit den Lenau-Übertragungen verfaßte, ist der Einfluß Lenaus erkennbar. Siehe: Mira Gavrin: Pjesništvo narodnog preporoda u odnosu na njemačko i austrijsko pjesama u doba ilirizma. Zagreb 1960.

33 Strahinja Kostić: Lenau bei den Kroaten und Serben um die Mitte des 19. Jahrhunderts. Siehe Anm. 14; Nikola Mirković: Zmaj i Lenau. In: Strani pregled. Beograd: 1934, 1-4, S. 23 - 26.

34 Reinhard Lauer: Heine in Serbien. Dissertation, Frankfurt a.M. 1961;
V. Nedić: Aleksa Šantijć. In: Srpska književnost u 100 knjiga. Novi Sad/Beograd 1962;
Strahinja Kostić: Nikolaus Lenau u časopisu "Brankovo kolo". In: Godišnjak Filozofskog fakulteta u Novom Sadu, 1/1974, S. 283 - 295.

35 Aleks Šantić: Izabrana djela. Sarajevo 1972, S. 60 - 62.

36 Zu den Angaben über Šapćanins Übersetzungen siehe: U. Djonić: Prevodi Milorada Popovića Šapćanina. In: Prilozi za književnost, jezik, istoriju i folklor. Beograd XVII/1937, S. 376 - 384.

37 Lujo Varga Bjelovarac (1871 - 1917), kroatischer Dichter, lebte in Essek/Osijek. Er hat

sich 1909 an der Gründung des Klubs der kroatischen Schriftsteller in Essek beteiligt.

38 Vgl. Anm. 16.

39 Milan Šević (1866 - 1934) studierte in München und Leipzig.
40 Siehe Anm. 31.

41 Die Werbung wurde von Boža S. Nikolajević übertragen: Vrbovanje. In: "Bankovo kolo", 1899, 5, S. 993 - 995.

42 In Zagreb hat die gesamte städtische Bevölkerung Deutsch sozusagen als zweite Muttersprache beherrscht. Siehe: Zdenko Škreb: Österreichische Kultur auf kroatischem Boden. In: Lenau-Forum 1974. V. Deželić: Iz njemačkog Zagreba. Zagreb: 1901.

43 Mirajana Puškar: Poezija nemačkih autora u časopisu "Javor" (1862 - 1864) i (1874 - 1893). In: Zbornik Instituta za strane jezike i književnosti, Novi Sad 1/1979, S. 419.

SEVILLA RĂDUCANU

Lenaus Dichtung in Rumänien*

Im dritten Heft der Zeitung "Albina Pindului" erschien im Sommer 1868 ein Aufsatz *Poeți germani. Originea poeziei germane* (Deutsche Dichter. Der Ursprung der deutschen Dichtung), eine gedrängte Darstellung der deutschen Literatur von den Anfängen bis zur Mitte des 19. Jahrhunderts von Gérard de Nerval, einem guten Kenner der deutschen Literatur – vor allem die Übertragung von Goethes *Faust* ins Französische hatte ihm frühzeitig einen Namen gemacht. In der Fortsetzung des obengenannten Aufsatzes, im vierten Heft derselben Zeitschrift, vom 1. August 1868, erwähnt Nerval österreichische Dichter wie Anastasius Grün, Nikolaus Lenau, Karl Beck, Moritz Gottlieb Saphir und Joseph Christian Zedlitz, wobei er die deutsche und österreichische Literatur aus der ersten Hälfte des 19. Jahrhunderts bewußt auseinanderhält. Es ist anzunehmen, daß Lenau um das Jahr 1868 für das breite rumänische Publikum kaum mehr als ein Name war. Eine unmittelbare Bekanntschaft mit seinem Werk war in engen Kreisen schon etwas früher erfolgt, durch im deutschen Ausland studierende junge rumänische Intellektuelle.

Titu Maiorescu, einst Zögling des bekannten "Theresianums", wo er mit dem nachmaligen Literaturhistoriker Wilhelm Scherer Freundschaft geschlossen hatte, las Gervinus, kannte Goethes *Faust* auswendig und liebte es, nicht nur aus Heines, sondern auch aus Lenaus Lyrik vorzutragen. Im Aufsatz: *Despre poesia rumână* (Über rumänische Poesie), der in der Zeitschrift "Convorbiri literare" (I) vom 15. Juli 1867 veröffentlicht wurde, veranschaulichte Maiorescu die dargelegten theoretischen Grundsätze unter anderem auch durch das fünfte Gedicht aus dem Zyklus der *Schilflieder*, das er mit großer Wahrscheinlichkeit selbst übersetzt hat. Es ist das erste Zeugnis einer rumänischen Lenau-Nachdichtung und darüber hinaus von Bedeutung, weil der führende Repräsentant der literarischen "Junimea"- Gesellschaft einem der beliebtesten Gedichte Lenaus den Wert eines Paradigmas zusprach. Nun, da das Interesse geweckt war, folgten die Zeugnisse der Bekanntheit und Beliebtheit Lenaus in Rumänien rasch aufeinander. In einem Brief vom 10. November 1870 teilt A. D. Xenopol, der damals in Berlin seinen Doktor machte, Iacob Negruzzi den Preis einiger Bücher mit, um deren Besorgung dieser gebeten hatte. "Lenau", schreibt Xenopol, "ist in zwei Ausgaben vorhanden: eine nur Gedichte und die andere die vollständigen Werke in vier Bänden. Die Gedichte kosten einen Taler 5 Groschen (so scheint mir ...). Teile mir mit, was du willst, daß ich dir kaufe." Am 11. Dezember schreibt der Junimea-Stipendiat an Negruzzi, daß er die verlangten Werke abgeschickt habe, und gibt genau an, daß die Sendung "lateinische Verfasser, die italienischen Klassiker, Werke Uhlands und Lenaus" enthält.

Der Wunsch Iacob Negruzzis, Gründungsmitglied der Gesellschaft "Junimea" und Redakteur der "Convorbiri literare", Lenaus Werke in seiner Bücherei zu haben, ist leicht verständlich. Negruzzi, der in Heidelberg studiert und dort den Titel eines Doktors der Rechte erworben hatte, kannte die deutschsprachige Literatur recht gut; gleich ihm auch andere bedeutende Vertreter der rumänischen Kultur, die in Berlin (Theodor

Rosetti und Vasile Conta), Gießen (Maiorescu) und Bonn (Petre Carp) promoviert hatten. Die Werke der Klassiker oder Romantiker deutscher Sprache im Original zu lesen, war bezeichnend für die Einstellung im Kreis der "Junimea" zu Beginn der siebziger Jahre. Für die Verbreitung von Lenaus Gedichten ist es jedoch von ungleich größerer Bedeutung, daß 1871, also zwei Jahrzehnte nach dem Tod des Dichters, in der Zeitschrift "Convorbiri literare" zugleich mit Eminescus *Venerǎ și Madonǎ* (Venus und Madonna) und *Epigonii* (Die Epigonen) die erste rumänische Übertragung erscheint, die unmittelbar dem Zweck diente, eine Probe aus dem Werk des österreichischen Dichters darzustellen: *Mitul furtunii* (Sturmesmythe). Übersetzer war Miron Pompiliu (1848-1897), ein von der "Junimea" geförderter junger Autor, der bereits aus Goethe, Heine und Uhland, ja sogar Friedrich Halms *Italien* übertragen hatte.

Daß Pompiliu die *Sturmesmythe* auswählte, ein Gedicht, das zu einem ganz besonderen Gebiet der Lenauschen Lyrik gehört, das nicht durch stimmungsschaffende Eigenart, sondern durch die Gedrängtheit der Bilder gekennzeichnet ist, ist ein Beweis für ein beachtliches ästhetisches Feingefühl. Pompilius Sturmesmythe stellt keine kongeniale Leistung dar, behält aber einen Wert als Beleg der Anfangsetappe einer rezeptionsgeschichtlichen Entwicklung.

Drei Jahre später teilt Dimitrie Petrino, ebenfalls "Junimea"-Mitglied, in einem Brief vom 31. Juli 1874 Iacob Negruzzi mit, er habe "auch einen Teil der 'Albigenser' von Lenau übertragen". Zwar ist D. Petrinos Übersetzung nicht im Druck erschienen, wohl weil sie nicht zu Ende geführt werden konnte oder aus anderen Gründen. Der mutige Entschluß jedoch, das Werk zu verdolmetschen, das Lenau selbst als sein kühnstes betrachtete, als "die erhabenste Dichtung von allem, was er geschaffen", bleibt trotzdem bemerkenswert.

1879 erscheint, ebenfalls in der Zeitschrift "Convorbiri literare" - die augenscheinlich noch immer das ganze Interesse für die deutschsprachige Literatur zusammenfaßte - gleichzeitig mit den Gedichten *Rugǎciunea unui dac* (Gebet eines Daziers), *Atît de fragedǎ* (So zart ...), *Sonette* (Sonette), *Freamǎt de codru* (Waldesrauschen), *Revedere* (Wiedersehen), die Übersetzung des *Dürren Blatts* (Foaia vestejitǎ). Sie stammte, wie die angeführten Gedichte, aus der Feder Mihai Eminescus (1850-1889). Aus der Zeit um 1879 stammt auch Eminescus Übersetzung des Gedichtes *Bitte*, die aber, dem ersten Vers entsprechend, den Titel trägt: *Rǎmîi deasupra-mi* (Bleibe über mir). Erst 1914 von Theodor Stefanelli in *Amintiri despre Eminescu* (Erinnerungen an Eminescu) veröffentlicht, wird sie, nach einer anderen Lesart, unter dem Titel *Stai deasupra-mi* (Weile über mir) im vierten Band der von Perpessicius besorgten kritischen Eminescu-Ausgabe abgedruckt.

Lenau wird jedoch vor allem und noch immer im Original gelesen. Und je enger die unmittelbare Berührung mit seinem Werk, desto seltener die Übertragungen und umgekehrt. Erst 1887 erschien in der Hermannstädter Tageszeitung "Tribuna" ein Aufsatz über Nikolaus Lenau. Er enthielt außer biographischen Angaben ein feuriges Lob für den "Dichter der Freiheit", der einem "stolzen Adler gleiche, dem hier auf Erden die Schwingen gebrochen wurden". Als Verfasser zeichnet H. Pop.

Die erste Periode, in der Nikolaus Lenaus Dichtung allmählich in Rumänien bekannt wurde und die durch die unmittelbare Berührung mit dem Werk des Dichters gekennzeichnet ist, umfaßt etwa die Zeit von 1867 bis 1888. In dem Aufsatz *Iubirea in literatura modernă* (Die Liebe in der modernen Literatur), der 1884 im ersten Jahrgang der Jassyer Zeitschrift "Albina" erschien, bezieht sich N. Iorga nicht nur auf Goethe und Schiller, sondern auch auf Dichter deutscher Sprache, "die uns näher stehen, wie der pessimistisch gesinnte, zartfühlige Lenau", was die Bekanntheit des Dichters in Rumänien über alle Vermutungen hinaus bestätigt.

Die einmal hergestellte Beziehung zwischen dem großen Publikum und Lenaus Dichtung wird nach einer gewissen Unterbrechung 1894 wieder aufgenommen und weitergepflegt. Dafür legen bis zur Gegenwart etwas mehr als 50 Übersetzer Zeugnis ab, die durch vorliegende Untersuchung entdeckt oder wiederentdeckt wurden. Zeitlich gesehen schwankt die Frequenz der Rezeption. Es lassen sich Höhepunkte verzeichnen, Perioden, die von lebhaftem Interesse beherrscht werden, und andererseits Atempausen, in denen die Aufnahmebereitschaft nachläßt oder vorübergehend schwindet.

Wer sind nun aber die Übersetzer der Gedichte Lenaus? Was, wieviel und wie haben sie aus dem Werk des österreichischen Dichters übertragen?

Aus einer Reihe von Gelegenheitsübersetzern ragen einige Schriftsteller oder Geistesschaffende mit poetischer Veranlagung heraus, ausgezeichnete Kenner der deutschsprachigen Literatur, die es unternommen haben, Gedichte oder sogar umfassende Werke Goethes und Heines zu übersetzen. So beispielsweise George G. Pencioiu, Schriftsteller und Rechtsanwalt aus Craiova, Übersetzer des *Buchs der Lieder* (Cartea Cîntecelor) und Verfasser des Bandes *Incercări critice. Proza lui Eminescu* (Kritische Versuche. Die Prosa Eminescus). Er übertrug mit unverkennbarem poetischen Feingefühl zwei Gedichte Lenaus: *La dorita* (An die Ersehnte) und *Pe marginile vieții* (Der trübe Wanderer). Richard D. Ioan, der Übersetzer der Ballade *Die Drei* (Cei trei) ist auch Verfasser der rumänischen Version des satirischen Gedichtes: *Deutschland. Ein Wintermärchen.* Gh. Tomșa, d.i. A. Toma, übertrug eines der widerspenstigsten Gedichte Lenaus: *Die drei Zigeuner*, aber auch Heine, Chamisso, Hofmannsthal und Rilke. Oreste Georgescu (1891-1918), der als Übersetzer gewöhnlich nur "Oreste" zeichnet, war Lehrer und Schriftsteller; er begann seine Reihe von Übersetzungen aus dem Deutschen mit dem Gedicht *Leichte Trübung* (Intristare), und brachte es nach einiger Zeit zu einer Übertragung des Goetheschen Epos *Hermann und Dorothea*. Mihai I. Pricopie, ebenfalls ein Oberschullehrer, veröffentlichte in großen Zeitabständen drei Übertragungen aus Lenaus Gedichten und einen Aufsatz über den Dichter.

Auch I. U. Soricu, Lyzeallehrer in Hermannstadt und später an der Lehrerbildungsanstalt in Bukarest, Abgeordneter und Senator, zählt zu den Übersetzern, die auf eine verdienstvolle Tätigkeit zurückblicken können. Er hatte bereits 1905 mit Veröffentlichungen von Gedichten in Zeitschriften begonnen und brachte es zur ersten Gesamtübertragung des *Faust*. Dieser "sentimentale Riese", wie ihn N. Iorga nennt, dessen eigene Werke blaß und ausdruckslos bleiben, überträgt überraschend gut die beiden Teile der *Winternacht* (Noapte de iarnă). Ein guter Kenner der deutschen Literatur und ein geübter Übersetzer ist der Dichter Ioan Borcea,

Doktor der Philosophie der Leipziger Universität und Gymnasiallehrer in Hermannstadt. Außer *Iphigenie auf Tauris* von Goethe übertrug er Verse von Schiller, Novalis, Uhland, Mörike und Lenau. Die Dichterin Alice Călugăru, deren eigene Verse sich durch echte Bildhaftigkeit auszeichnen, übertrug Heine, Geibel und Lenau bloß wortgetreu.

In der Reihe der wenigen Dichter, die aber die deutsche Literatur kannten und daraus übersetzten, ist besonders Barbu Nemțeanu zu nennen. Seine Übertragungen brachte er in dem Bändchen *Goethe, Schiller, Lessing, Heine, Lenau. Ausgewählte Gedichte* heraus. Den flüssigen Versen Nemțeanus gelingt es in hohem Maße, den Zauber des Originals wiederzugeben. Aus der Reihe der jungen begabten Dichter, die - wenn auch nur gelegentlich - aus Lenau übersetzten, heben wir D. Iacobescu (1893-1913) hervor, dessen von einem Hang zur Verinnerlichung gekennzeichneten Gedichte post mortem von Perpessicius herausgegeben worden sind. Grigorie N. Lazu (geb. 1845) übertrug zwölf Lenau-Gedichte, die in den Anthologieband *451 traduceri libere și imitațiuni de poezii antice și moderne din Orient și Occident* " (451 freie Übertragungen und Nachahmungen alter und neuer Gedichte aus Ost und West), der 1894 in Jassy erschien, aufgenommen wurden.

Die Übersetzungstätigkeit I. Priscus, eines Mitarbeiters an den Zeitschriften "Convorbiri literare", "Patria" und "Gazeta Tansilvaniei", verläuft in der gleichen Richtung wie Lazus Bemühungen. Urteilt man jedoch im großen und ganzen, so stellen die zehn Übersetzungen (insgesamt 180 Verse) im Vergleich zu den Leistungen Grigorie N. Lazus zweifellos einen Fortschritt dar.

In der Zeit um 1900 war der Namen Lenaus in Rumänien infolge der bis dahin zu verzeichnenden übersetzerischen Bemühungen schon zu einem Begriff geworden. Für die weitere Beschäftigung mit seinem Werk sollte es sich als bedeutsam erweisen, daß sich zunehmend neuere Repräsentanten der rumänischen Literatur zu Nachdichtungen aus Lenaus Oeuvre angeregt fühlten.

Șt. O. Iosif eröffnet im Jahre 1896 mit dem Gedicht *Vîntul* (An den Wind) die Reihe seiner Übertragungen aus Lenau und läßt bis 1912 weitere sieben Gedichte erscheinen. Non multum – acht Gedichte, insgesamt 162 Verse - sed multa! Der Verfasser, dem "der größte Formenreichtum, ein feines Gefühl für die geheimsten Bewegungen der Seele und die meisterliche Art, mitten aus süßer, träumerischer Traurigkeit kräftige Töne aufklingen zu lassen", gegeben war, kannte die deutschsprachige Literatur gründlich, war aber auch ein wundervoller Verdolmetscher, dessen Übertragungen wie Originalwerke klingen". Ob er nun Goethe, Schiller, Uhland, Keller oder Hölderlin übersetzte, stets erwies sich Iosif als ein Meister. Da er sich vollkommen in die Stimmung des Originals einzufühlen vermag, bewahren seine klanglich reizvollen Übertragungen aus Lenau ihren spezifischen Zauber.

Noch bevor Iosif seine Übertragungen in einem Band *Tălmăciri* (Verdolmetschungen, 1909) zusammenfaßte, war ein neuer emsiger Übersetzer der Lenauschen Dichtungen aufgetreten. Aufgrund seiner eigenen Verse konnte sich Andrei Naum keinen Namen machen. Das gleiche Schicksal widerfuhr ihm als Übersetzer, obwohl seine poetischen Fähigkeiten, seine innere Freiheit, der Hang zur Meditation ihn zu einem guten Verdolmetscher der Lenauschen Dichtung werden ließen. Erst 1944 erscheinen in dem Band *Poezzi* unter der Überschrift *Traduceri din Lenau* (Übersetzungen aus Lenau) alle 29 Gedichte (insgesamt 700 Verse), die Naum aus der Lyrik des österreichischen Dichters übertragen hatte. Ähnlich wie Şt. O. Iosif leistet Andrei Naum einen wesentlichen quantitativen wie qualitativen Beitrag im Hinblick auf das Anwachsen der Popularität Lenaus in Rumänien. Angesichts der Zahl und Häufigkeit der in Zeitschriften und Tageblättern ermittelten Übertragungen kann einer Feststellung Titu Maiorescus aus dem Jahr 1909 auch im Hinblick auf Rumänien zugestimmt werden: "Lenau" – betonte der Literaturkritiker – "ist einer der am eindeutigsten volkstümlich-bekannten Dichter deutscher Sprache ..."

1909 ist auch das Jahr, in welchem C. Lacea in "Gazeta Transilvaniei" seinen Artikel *Pesimismul lui Eminescu alături de pesimismul lui Lenau* (Der Pessimismus Eminescus im Vergleich zum Pessimismus Lenaus) veröffentlichte, und Al. G. Papacostea am 21. Mai aus Berlin-Charlottenburg an Simeon Mehedinţi schrieb: "Ich habe hier Cerna getroffen, bin oft mit ihm zusammen ... Jetzt arbeitet er an einer vergleichenden Studie über Eminescu und Lenau." In der Tat bezog sich Panait Cerna in einem Aufsatz über Eminescu, der in "Convorbiri literare" im gleichen Jahr erschien, auf die Unterschiede in der Art, wie Lenau und Eminescu die Natur auffaßten. Ebenfalls 1909 werden die Übertragungen von I. U. Soricu, I. Seche, Barbu Nemţeanu und Oreste Georgescu veröffentlicht. 1909, das Erscheinungsjahr des Bandes *Tălmăciri* (Verdolmetschungen) von Şt. O. Iosif, ist zugleich auch das Jahr, in dem Octavian Gogas *Foaia veştedă* (Das dürre Blatt) zur Veröffentlichung gelangt; es ist der Zeitpunkt, zu dem Iorgu G. Toma, der sich hingebungsvoll und systematisch mit Lenaus Dichtung beschäftigte, mit ersten Übertragungen hervortritt.

Der Übersetzer I. G. Toma besaß künstlerische Eigenart und brachte einen ganz besonderen Zug, ein neuartiges Element mit sich. Während Şt. O. Iosif, seinen seelischen Eigenschaften entsprechend, eher zu Übertragungen wenig umfangreicher Gedichte mit feinstens ausgearbeiteten Konturen neigte, während er die lyrischen Miniaturen bevorzugte und vor allem Lieder und Elegien übertrug, schätzte I. G. Toma die Gattung der Ballade, ihre epische Dynamik, ihre tragische Dominante. Er wendet sich bewußt Themen mit sozialem Einschlag zu und überträgt den *Gefangenen* (Deţinutul), *Die nächtliche Fahrt* (Călătorie nocturnă) oder *Das Begräbnis einer alten Bettlerin* (Înmormîntarea unei cerşetoare bătrîne).

Unter den Übersetzern, die sich neben I. G. Toma in diesen Jahren mit Lenau beschäftigten, ist Teodor Murăşan hervorzuheben, der unter anderem eine Nachdichtung der *Himmelstrauer* schuf ("Într-un asfinţit de stepă" / Bei Sonnenuntergang in der Steppe), die es verdient, in jede Anthologie aufgenommen zu werden.

Mit der Tätigkeit Murăşans geht eine Periode zu Ende, in der das Werk des österreichischen Dichters in Rumänien vollste Anerkennung gefunden hat. Der Höhepunkt war zwischen 1896 und 1912 erreicht worden und läßt sich durch ein besonders gutes Zusammenspiel geistiger und psychologischer Kräfte erklären. Kein Übersetzer hat es sich jedoch späterhin angelegen sein lassen, Şt. O. Iosifs, A. Naums oder

I. G. Tomas Tätigkeit fortzusetzen. In den darauffolgenden Jahrzehnten erscheinen nur wenige Übertragungen und kaum nennenswerte Neuansätze der Beschäftigung mit Lenaus Dichtung. Einen gewissen Aufwind bringen die elf Nachdichtungen, die Ion Constantinescu-Delabaia 1936-1937 in der Zeitschrift "Cuget clar" erscheinen läßt. 1937 erscheint dann auch der von Ion Pillat besorgte Sammelband *Din poezia germană* (Aus der deutschen Dichtung), der von Lenau den Vierzeiler *Die bezaubernde Stelle* (Locul de vrajă) und *Blick in den Strom* (Privire in pîrîu) enthält. Und wieder fällt Lenau dem Vergessen anheim. Die neue Geschmacksrichtung, die das moderne Gedicht bevorzugt, kann für diese Wende eine Erklärung sein. Als aber 1952 die Feier des 150. Geburtstages des Dichters ansteht, wenden sich zwölf der zeitgenössischen Dichter, zumindest vorübergehend, wieder der Lenauschen Dichtung zu. Die ihm gewidmete Übersetzungsliteratur gewinnt durch das Wirken Ion Iorgovans, Gr. Popiţis, N. Ţaţomirs, Gh. Tomozeis oder Ion Stoia-Udreas an thematischer Breite und wird mit neuen Varianten bereichert. Die Version, in der Ion Marin Sadoveanu beispielsweise den *Indianerzug* veröffentlicht (Convoiul Indianilor), verdient es, hervorgehoben zu werden, und beachtlich ist auch der Beitrag des leider viel zu früh verstorbenen Dichters Nicolae Labiş.

Ein Ergebnis der wiederaufgelebten Übersetzungstätigkeit ist auch das Erscheinen eines von Lazăr Iliescu besorgten Lenau-Auswahlbandes (1957). Es ist der erste Band, der Lenau zur Gänze gewidmet ist, und bietet dem Leser 45 Titel seiner Lyrik, ohne Anordnung nach chronologischen oder thematischen Grundsätzen. Von den insgesamt 1200 Versen stammen viele aus der ersten Schaffensperiode des Dichters. Als Krönung aller bis dahin verzeichneten Bemühungen gelangt 1967, bei Gelegenheit der 165. Wiederkehr des Geburtstages Lenaus, die Gesamtübertragung der *Albigenser* ans Licht der Öffentlichkeit. Der Verfasser ist Victor Tulbure, dem auch die Übertragung des Poems *Jan Ziska* (Johannes Ziska) zu verdanken ist.

Hundert Jahre nach Titu Maiorescus Beitrag, in dem er Lenau-Verse in rumänischer Sprache zitierte, kann somit auf eine Tradition hingewiesen werden, die dazu führte, daß sein Schaffen, bei allem auf und ab der Entwicklung, dem rumänischen Publikum in seinen Grundzügen zugänglich gemacht werden konnte.

Aus dem bunten, ungleichmäßig aufgebauten Bild der Übertragungen aus Lenaus Dichtung hebt sich die Vorliebe für die Naturlyrik ab, insbesondere für das Herbst- und Frühlingsgedicht; zu beobachten ist die Hinwendung zu Gedichten mit einer der Romantik spezifischen Thematik, die Wertschätzung des erotischen Gedichtes und der stimmungsgetragenen, träumerischen Verse, aber auch ein lebhaftes Interesse für Lenaus Balladen.

Ein überraschendes und gleichzeitig neues Merkmal der Rezeption von Lenaus Werk in Rumänien ist die große Anzahl der von verschiedenen Übersetzern erarbeiteten Fassungen, von denen manche, zeitlich gesehen, sogar parallel entstanden sind. Von den 75 anthologiewürdigen Gedichten sind 15 in zwei Fassungen vorhanden: Sie seien hier in der Reihenfolge aufgeführt, in der sie der Dichter selbst in seinem Gedichtband gebracht hat: *Das Posthorn*, *An die Erwählte*, *Der trübe Wanderer*, *Herbstklage*, *Herbstgefühl*, *Die Wurmlinger Ka-*

pelle, Die Heideschenke, Sehnsucht nach Vergessen, Die Waldkapelle, Die drei Indianer, Der Räuber im Bakony, Der traurige Mönch, Die nächtliche Fahrt, An den Wind, Der Seelenkranke.

Acht Gedichte sind dem Publikum in drei Versionen geboten worden, und zwar: Himmelstrauer, Der Indianerzug, Sturmesmythe, An die Melancholie, An eine holländische Landschaft, An den Frühling, Das dürre Blatt, und Blick in den Strom. Vier Fassungen erfuhren Der Postillion, Liebesfeier und die beiden Teile der Winternacht. Die Schilflieder und Die drei Zigeuner nicht weniger als fünf. Nebel, Vergangenheit und Bitte weisen sogar sechs Lesarten auf. Den größten Widerhall fand jedoch die Ballade Die Drei, denn sie stellte das Übersetzertalent von zehn Verfassern auf die Probe. Eine Strukturanalyse dieser Varianten im Vergleich zum Original dürfte zu interessanten Schlußfolgerungen führen.

Zum Bekanntwerden der Lenauschen Werke haben in Rumänien wohl auch Dichter ersten Ranges beigetragen: Eminescu, Şt. O. Iosif, Goga, Cerna und von den jüngeren Iacobescu und Labiş. Charakteristisch für die Verbreitung der Lenauschen Lyrik ist jedoch, daß sie vor allem durch solche Dichter gewährleistet worden ist, die sich nur kurze Zeit gewisser oder gar keiner Bekanntheit erfreuten. Und während die Großen sich vom Original entfernten, bleiben ihm die Unbedeutenderen treu, nur gelingt es ihnen nicht immer, zu höchster künstlerischer Vollendung zu gelangen. Die meisten der Verdolmetschungen sind annehmbar, denn sie bewahren die für das Original spezifischen poetischen Bilder, die feinen Schattierungen gefühlsmäßiger und philosophischer Art. In einigen Fällen jedoch, wie groß die Begabung des Übersetzers auch gewesen sei, wird gegen die enge Verbindung zwischen der Gefühlsgrundlage des Gedichtes und der Hülle des sprachlichen Ausdrucks verstoßen. Das Gedicht Bitte, das sich durch eine ergreifende Stimmung und raffinierte Schlichtheit auszeichnet, hat nicht einmal in Eminescu einen entsprechenden Übersetzer gefunden.

Ungeachtet der Art, der historischen Entwicklungsstufe und der Qualität der Übersetzungen läßt sich folgende Feststellung machen: In der Zeit von 1867 bis 1957, einer Zeitspanne, die dem Ablauf von drei Generationen gleichkommt, wird Lenaus Dichtung in Rumänien zu 95 % über Tageblätter, Periodika und Zeitschriften bekannt. Denn bis zum Erscheinen des Gedichtbandes, den Lazăr Iliescu zeichnet, lassen sich nur mehr oder weniger kompakte Gruppen von Gedichten verzeichnen, die als Blütenlese oder als eine Art Anhang an Sammlungen eigener Gedichte gedacht waren. Von in verschiedenen Arbeiten vorhandenen, übrigens recht rar gesäten Hinweisen ausgehend – denn eine Bibliographie über die in den Zeitschriften vorhandenen Übertragungen gibt es noch nicht – ist es vorliegender Untersuchung gelungen, in mühsamer Forschungsarbeit über 70 Periodika, Tageblätter, Monatsschriften oder Vierteljahresschriften aufzudecken, durch welche die Übertragungen aus Lenaus Werken von 1871 bis zur Gegenwart an das Publikum herangetragen wurden.

Bei einem Bekanntheitsgrad, den Lenaus Werk in Rumänien hatte, stellt sich auch die Frage nach den Einflüssen, die es ausgeübt haben könnte. Die Einwirkung durch Entlehnung poetischer Motive, die bei epigonalen Dichtern wie

Matilde Kugler-Poni oder Scheletti erkennbar ist, sei nur am Rande erwähnt. Von weitaus größerem Interesse ist es, Einwirkungen nachzugehen, die bei Dichtern zu einer Erneuerung des eigenen Schaffens führten. Oft ist Mihai Eminescu mit Lenau in Verbindung gebracht worden. Zu der Zeit, als er in Czernowitz (Cernăuți) die Oberschule besuchte, wurde der österreichische Lyriker sehr viel gelesen. Zu einer näheren Berührung kommt es aber erst in der Studentenzeit in Wien, und als Ergebnis der Vertiefung in das Werk Lenaus erscheinen die beiden erwähnten Übertragungen *Stai deasupra-mi* (Bitte) und *Foaia veștejită* (Das dürre Blatt). Was Eminescu an Lenau fasziniert, vielleicht sogar mehr noch an Platen und Rückert, ist die bewundernswerte Virtuosität der Form, der Reichtum an künstlerischen Mitteln, der raffinierte Strophenbau, das ganz besondere rhythmische und melodische Gefüge, die fortgeschrittene Technik der Versifikation. Die kunstvolle Ausführung der Platenschen Sonette und der immer noch unverblichene Reiz der Lenauschen Lieder haben Eminescus Bewunderung erregt und ihn dazu angespornt, seine eigene Meisterschaft schöpferisch zu vervollkommnen. Die Übersetzer der Lenauschen Werke haben ihrerseits, sei es auch nur in formaler Hinsicht, auf dem Gebiet der Sprache und des Stils beträchtliche Beiträge geleistet. In diesem Sinne haben die Übersetzer Lenaus ebenfalls zur Entwicklung der rumänischen Literatursprache, zur Erhöhung der Ausdrucksfähigkeit und der Geschmeidigkeit der eigenen Sprache beigetragen.

Es kann schlußfolgernd gesagt werden, daß das Werk Lenaus einen dauerhaften Platz im literarischen Bewußtsein der Rumänen einnimmt. Die Gesamtübertragung von ungefähr 8500 Versen, Gelegenheitsübertragungen ausgenommen, berechtigt uns, Lenau als den in Rumänien bekanntesten und beliebtesten österreichischen Dichter anzusehen. Hinsichtlich der Popularität deutschsprachiger Dichter steht Lenau nach Goethe, Schiller und Heine an vierter Stelle. Ihm folgen mit Eichendorff aus Österreich Hofmannsthal, Rilke und Trakl.

Anmerkung

* Gekürzte und überarbeitete Fassung des im Lenau-Forum 9/10 (1977/78), S. 12ff. erschienenen Beitrags.

STEFAN SIENERTH

Nikolaus Lenau und das Banat. Zur regionalen Zuordnung und Rezeption des Dichters bei den Deutschen in Südosteuropa

I.

"Ja, die Heimath" – soll Lenau zur Schriftstellerin Emma Niendorf (Emma von Suckow) gesagt haben – "das sind Eindrücke, die sich nie verwischen. So war mir's, wenn ich in die Wälder von Amerika kam, doch nie das gleiche Gefühl... Selbst wenn ich in Deutschland reise und durch Wälder komme, ist's doch wieder anders noch als daheim. In Wien, wenn ich den ungarischen Bauern begegne, die Heu hereinbringen auf ihren kleinen Wägelchen – da freue ich mich immer und atme den Duft ein und bin wieder auf den Fluren meiner Jugend."[1] Als seine "Heimat" bezeichnete Lenau allerdings nicht – wie man meinen könnte – das Banat, sondern Ungarn, über dessen Sprache und seine weit auseinander liegenden Dörfer er sich bei dieser Gelegenheit geäußert haben soll. Dort "in den Steppen" – läßt Emma Niendorf ihre Leser wissen – sei der weiße Sand im Sommer "so glühend, daß ein Ei darin" koche.[2] Auf ihre nicht wenig verwunderte Frage, daß es sich um Zustände wie in der Wüste handle, soll Lenau gesagt haben: "Ja, es sind ganz tropische Anklänge, besonders da unten im Banat, wo ich geboren bin."[3] Dem fügt die Schriftstellerin hinzu: "Tsatad heißt sein Geburtsort; so viel als 'deine Schlacht'. Es ist sehr fruchtbar, eine Ebene."[4]
Eine solche Äußerung, wie sie die geltungssüchtige und schwärmerische Emma Niendorf in ihren mit einer guten Portion Phantasie ausgestatteten und nicht immer als zuverlässig geltenden Erinnerungen festhielt,[5] könnte leicht zur Annahme verleiten, in Lenaus Werken und Briefen sowie in den Aufzeichnungen von Freunden und Zeitgenossen ließe sich eine Fülle von Hinweisen aufs Banat, die Region seiner Herkunft, ausmachen. Dem ist aber nicht so, und auch diese Stelle aus dem Buch der Emma Niendorf zeigt, wie wenig ihn diese Fragestellung berührte und welch vage und phantastische Vorstellungen Lenau von dem Ort und von der Region, wo er geboren wurde, hatte.
Freilich, an seine Geburt ist der Dichter durch die Erzählungen der Mutter gelegentlich erinnert worden: "Meiner Mutter war dieser Tag vor 35 Jahren ein banger und froher, wie kein anderer, denn meine Geburt war äußerst schmerzlich und gefährlich, und ich war ihr vom ersten Augenblick meines Lebens das Liebste."[6] Auch später ist er um den Namen seines Geburtsortes, den er in amtlichen Angaben und Erklärungen immer wieder anführen mußte, nicht herumgekommen. Doch als Dichter hat Lenau dem Umstand, in Csatád geboren worden zu sein, keine besondere Bedeutung beigemessen. Abgesehen von der Ergänzung zu seiner Unterschrift "Lenau aus Csátad im Torontaler Comitat des Königreichs Ungarn", die er unter die Verse des Gedichtes *Der Vogel auf dem Kreuz*:

Dort auf dem Kirchhofkreuze sang
Ein Vogel einsam, aber bald
Erhob er sich und schwang
Zurück sich in den grünen Wald.

Wie früher aus dem Frühlingschor
Schallt nun sein Lied so frei und wild;
Kein Vöglein noch verlor
Die Stimm am lieben Kreuzesbild[7],

setzte, ist kein weiteres Bekenntniszeugnis des Dichters zur Region seiner Geburt überliefert.

Die spärlichen Nachrichten über Lenaus Beziehungen zum Banat haben mehrere, verständlicherweise in erster Linie banat- bzw. donauschwäbische Schriftsteller und Literaturwissenschaftler nicht davon abhalten können, Lenau für ihre Literatur zu reklamieren,[8] seine Gedichte in regionale Anthologien[9] aufzunehmen und den vermeintlichen Banater Elementen in seiner Dichtung nachzugehen.[10] Ihnen ist es auch zu verdanken, den Namen Lenaus so sehr dem Bewußtsein der Donauschwaben und der Völker Südosteuropas eingeprägt zu haben, daß nach ihm nicht nur der Ort seiner Geburt, sondern auch Straßen, Schulen, Institutionen benannt wurden. "Ihrem Dichter" errichteten sie Denkmäler, widmeten ihm Gedichte und Romane, zu seinen Ehren veranstalteten sie Gedenkfeiern und bewahrten ihm bis auf den heutigen Tag ein lebendiges und liebevolles, freilich oft einseitiges Andenken. In welchen Zusammenhängen es geschah, darüber soll im nachfolgenden die Rede sein.

II.

Die Literaturhistoriker sind nicht müde geworden, die Spuren Lenaus und die seiner Familie im Banat zu verfolgen. Selbst wenn der Dichter hiervon kein Aufhebens machte und es auch für seine Dichtung keine Rolle spielen sollte, Nikolaus Franz Niembsch Edler von Strehlenau, der als Dichter seinen Namen auf Nikolaus Lenau verkürzte, ist in einem deutschen Dorf im Banat, inmitten deutscher Bauern geboren, deren Vorfahren etwa eine Generation früher dort angesiedelt worden waren, und die - wie ihre Nachkommen - den Banater Schwaben bzw., in einem weiteren Sinn, den Donauschwaben angehörten.

Im Falle Lenaus verkompliziert sich der Sachverhalt bezüglich seiner regionalen Zugehörigkeit zusätzlich, da weder Lenaus Vater, Franz Niembsch, der einem österreichischen Offiziersgeschlecht angehörte, das bis ins 18. Jahrhundert in Schlesien beheimatet war, noch Lenaus Mutter, Maria Antonia Therese, geborene Maigraber, die zwar über die mütterliche Linie dem Ungarndeutschtum, bzw. dem Donauschwabentum entstammte,[11] sich der banatdeutschen Gemeinschaft, die sich zur Zeit von Lenaus Geburt gerade erst zu konstituieren begann,[12] zugehörig fühlten. Sie waren zufällig - bedingt durch die Erwerbsmöglichkeiten, die sich dem aus den Diensten der Armee ausgetretenen Franz Niembsch boten - nach Csátad gekommen, und sie dürften, infolge des befristeten Aufenthaltes, wohl auch keine engeren Beziehungen zu den Dorfbewohnern unterhalten haben.

Der Säugling - als solcher verließ Lenau das Banat - hat selbstverständlich von seiner frühesten Umgebung keine bleibenden Eindrücke mitnehmen und behalten können. Inwiefern Lenau von seiner Mutter später hierüber unterrichtet worden ist, kann auch nur vermutet werden. Ob die "dramatisch bewegten Farben", mit denen Lenau im Gedicht *Mischka an der Marosch* den Fluß schildert, "bestimmt auf Erzählungen der Mutter" zurückgehen,[13] wie Franz Liebhard annimmt, kann freilich ebensowenig belegt werden wie die Geschichten über manche "Untaten grundherrschaflicher Willkür", die die Mutter Lenau angeblich erzählt und ihm dabei Stoffe für seine Dichtung geliefert haben soll.[14] Wahrscheinlich ist aber auch – zieht man die bitteren Erfahrungen in Betracht, die sie in ihrer Banater Zeit mit dem treulosen, trunk- und spielsüchtigen Vater gemacht hat –, daß die Mutter an diese Jahre nur ungern zurückgedacht hat und daran wohl auch nicht mehr erinnert werden wollte.

Daß auch andere Mitglieder aus Lenaus weitverzweigter Verwandschaft, so etwa sein Onkel, Franz Maigraber, der auch in Diensten der Kameralherrschaft im Banat stand[15] und Franz Niembsch auf der Suche einer Erwerbsmöglichkeit behilflich war, und Lenaus Nichte, Eleonore Frank, geborene Schurz, die einen Siebenbürger ehelichte, mit ihm nach Siebenbürgen und später nach Bukarest ging,[16] ist zwar für das weite biographische Umfeld des Dichters nicht uninteressant, für Lenaus regionale und literaturgeschichtliche Zuordnung jedoch ohne Belang.

Tatsache bleibt, daß der spätere Dichter, der in mehreren Sädten Ungarns die Schule besuchte, in Wien, Preßburg, Ungarisch-Altenburg und Heidelberg Philosophie, Jura, Landwirtschaft und Medizin studierte, Österreich zu seiner Heimat wählte, in Schwaben unter Gleichgesinnten zeitweilig eine Bleibe und in Cotta einen Verleger fand, nach Amerika ging, um Geld zu verdienen und Freiheit zu suchen, sich zu all diesen Stationen seines Lebens auch dichterisch äußerte, zum Banat jedoch nie.

III.

An Versuchen, Lenau über die überlieferten biographischen Fakten hinaus zum banatschwäbischen Autor zu machen, hat es nicht gefehlt. Auf Verständnis können hierbei höchstens literarische Vorhaben rechnen. Obwohl Adam Müller-Guttenbrunn (1852-1923) beteuert, seine epische Trilogie über *Lenau – das Dichterherz der Zeit* ruhe "auf dem festen Grunde der Familienurkunden und aller erreichbaren Lebensdokumente Lenaus und der Seinen",[17] hat Müller-Guttenbrunn, der selbst Banater Schwabe war, es nicht versäumt – wohl auch weil er keine Biographie, sondern einen Roman verfaßte –, Lenau ein besonders enges Verhältnis zum Banat anzudichten. In diesem Sinne erfindet Müller-Guttenbrunn u.a. für Lenau eine banatschwäbische Großmutter, die er in einem Dorf bei Arad ansiedelt, läßt den etwa Sechzehnjährigen durchs Banat – wohin er nicht mehr zurückgekehrt ist – wandern, um Land und Leute kennenzulernen, und stattet ihn – was er nie gehabt hat – sogar mit einem banatschwäbischen Identitätsbewußtsein aus.[18]

Reinem Wunschdenken entsprungen sind vor allem jene, meist essayistischen Unternehmungen, die in Lenaus Naturgestaltung mitunter Banater Landschaftserlebnisse erkennen möchten. So heißt es bei der in Lenauheim geborenen Schriftstellerin Annie Schmidt-Endres (1903-1977), die sich in ihren Betrachtungen wohl auch von ihren übertriebenen lokalpatriotischen Gefühlen leiten ließ: "Wir dürfen Lenau mit Recht als einen der Unsrigen nennen. Nicht nur, weil er sich mit Stolz zu seiner Heimat und zu seinem Geburtsort bekannte (sic!), sondern vielmehr noch, weil seine von Schwermut durchglühte, wundersam bezaubernde Poesie Ausdruck unseres Wesens, unserer Landschaft, der endlos weiten, verträumt dahinziehenden pannonischen Ebene ist."[19] Nicht nur daß man die Pußta, die in einigen Gedichten zumindest als Kulisse eine Rolle spielt, bis einschließlich ins Banat auszudehnen versuchte, man gab sich in den Interpretationen zu den Naturgedichten sichtlich Mühe, Lenaus Landschaftsbilder zu ergänzen, nicht zuletzt weil Lenaus Naturmetaphern keine konkreten Banater Landschaftsbezüge und Realitäten beinhalten. So behauptet Viktor Orendi-Hommenau (1870-1954) in grenzenloser Übertreibung und haarsträubender Verkennung der Tatsachen, unter "zahlreichen Dichtern und Schriftstellern des Banats" sei "wohl keiner so innig mit dem Boden der Heide verwachsen wie Nikolaus Lenau"[20] und, um dies zu begründen, versucht er die angebliche Welt Lenaus, die eine andere war, näher zu bestimmen: "Weit, weit in der Ferne dort, wo die Welt ein Ende zu haben scheint, verschwindende Bergesspitzen im Nebelgewand; am Himmel lichte Wolkenschwaden, die majestätisch ruhig dahinziehen; ringsum, so weit das Auge schaut, bunte Wiesen, auf denen sich Tausende von Mohnblumen erheben... Hier ein einsamer Ziehbrunnen. In seiner Nähe weiden Gänse und erfüllen mit ihrem Schnattern die Luft ... (usw. usf.). Das ist die Heimat, die schwermütige Heimat des Dichterfürsten Lenau."[21]

Schwierigkeiten ergeben sich für die Interpreten besonders dann, wenn sie den Nachweis für die sogenannten Banater Anklänge in Lenaus Texten, vor allem in den lyrischen, erbringen möchten. Im Unterschied zur magyarischen Thematik, die als wichtige Komponente seines Werkes nicht zu leugnen ist, gibt es allerdings keine Stelle in einem Gedicht von Lenau, die unmißverständlich darauf hindeutet – wie irrtümlicherweise auch unlängst behauptet wurde –, Lenau habe "zeitlebens" an seiner "Banater Heimat" gehangen.[22] Die hierbei zum Beweis zitierten Strophen aus dem Gedicht *Nach Süden*:

Dort im fernen Ungarnlande
Freundlich schmuck ein Dörfchen steht
Rings umrauscht von Waldesrande,
Mild von Segen rings umweht.

An des Dörfchens stillem Saume
Ist ein Hüttlein hingestellt,
Das in seinem schmalen Raume
Wahret meine Herzenswelt,[23]

die in ihrer Aussage sehr allgemein gehalten sind, rechtfertigen keineswegs diese Annahme.

IV.

Von Lenau sind im Banat vor allem die Gedichte recht früh bekannt geworden. 1836, noch zu Lenaus Lebzeiten, stellte Artur Schott (1814-1875), den Lenau 1833 in Esslingen kennengelernt hatte, vier Jahre, nachdem die erste Gedichtsammlung Lenaus bei Cotta in Stuttgart erschienen war, ein "Album" für seine Banater Geliebte zusammen, in dem er auch eines der *Schilflieder* aufnahm. Etwas später – nach 1840 –, als Schott sich in Orawitz aufhielt und dort auch am Kulturleben der Stadt Anteil nahm, soll er Lenau-Lieder, die er auf dem Klavier begleitete, einem interessierten Publikum dargeboten und auf diese Weise den Namen des Dichters in der Banater Öffentlichkeit verbreitet haben. Diese beiden Ereignisse gelten allgemein als früheste Belege für die Rezeption von Lenaus Werken in der Region seiner Herkunft.[24] Den ersten Beitrag über den Dichter hat im Banat wohl der Temeswarer Karl Hirschfeld 1853 in den von ihm geleiteten "Unterhaltungsblättern" verfaßt.[25] Weitere Aufsätze brachte beginnend mit der zweiten Hälfte des 19. Jahrhunderts vor allem die langlebige, in ihrer Grundausrichtung liberal gesinnte und auf nationale Toleranz bedachte "Temeswarer Zeitung" (1852-1949), die sich um die Präsenz des Dichters im Bewußtsein der Banater bemühte.[26]

Ohne im einzelnen hierauf eingehen zu können, kann festgestellt werden, daß Gedichte von Lenau, aber auch *Die Albigenser* und Teile aus den anderen lyrisch-epischen Dichtungen in Periodika, Anthologien, Werkausgaben und Lehrbüchern nachgedruckt worden sind, wobei die Auswahl der Gedichte und Werkauszüge vom jeweils vorherrschenden Zeitgeschmack bestimmt wurde. Dabei erweisen sich für die Herausgeber, was Rainer Hochheim in einem anderen Zusammenhang zu Recht hervorhob, vor allem "Lenaus Naturgedichte, in denen sich ein recht widersprüchliches Verhältnis des Dichters zur Natur dokumentiert, ... als besonders attraktiv."[27] Hierauf ist es wohl auch zurückzuführen, daß die bekanntesten Lenau-Gedichte - von den *Schilfliedern* zur *Heideschenke* - sozusagen durchgängig vertreten sind. Ihnen wurde allerdings weniger Aufmerksamkeit in den Lehrbüchern und in den Werkausgaben geschenkt, die nach 1944 in Rumänien für die deutsche Minderheit zusammengestellt wurden.

"Vor 1944" - schrieb Eva Marschang im Jahre 1971 - "lag das Schwergewicht in der Auswertung Lenaus auf der Naturlyrik und der exotischen Thematik, in unserer Zeit hat es sich auf die streitbaren antidespotischen Dichtungen verlagert."[28]

Die Lenau-Ausgaben, die im Banat und später in Rumänien - beginnend mit Felix Millekers Banater Auswahl der Gedichte von Lenau[29] bis zur zweisprachigen (deutsch und rumänisch), von Sevilla Răducanu besorgten Anthologie[30] - erschienen sind, haben jenseits ihres unmittelbaren Informationswertes für die dortige Leserschaft keinen besonderen editorischen Wert. Sie folgen in der Textgestaltung - im besten Falle - der Castleschen Gesamtedition der Werke Lenaus, übernehmen die Texte aber auch aus andern Editionen und ziehen - so die zuletzt in Rumänien erschienenen - wohl auch aus ideologischen Überlegungen immer auch DDR-Ausgaben zum Vergleich heran.

Von banat- bzw. donauschwäbischer Seite aus hat man sich - und dies nicht nur zu besonderen Anlässen - immer wieder, mit mehr oder weniger Kompetenz, zu Lenaus Schriften literaturkritisch und -historisch geäußert. Sieht man jedoch von den Beiträgen von Franz Wettel - er verfaßte 1912 die erste umfangreichere Lenau-Biographie im Banat -, Felix Milleker, Franz Liebhard, Nikolaus Britz und Annemarie Podlipny-Hehn ab, die neue Daten über Lenaus Familie in Südosteuropa zutage gefördert haben, so ist der Erkenntniswert dieser Forschungen gering. Für diese Bemühungen gilt, was Horst Fassel unlängst schrieb: "Und für die Banater Deutschen, die sich gleichwohl zu Lenau als zu einem Landsmann bekennen, ist die Pflicht einer vertieften Lenau-Exegese ... noch uneingelöst vorhanden. Ein Banater Lenau-Bild hat sich – trotz zahlreicher Einsätze – nicht abgezeichnet, eine kenntnisreiche Erfassung der dichterischen Eigenart des in Csatád-Lenauheim zur Welt Gekommenen sollte wenigstens einmal aus dem Banat oder von Banatern angestrebt werden."[31]

Trotz dieser intensiven Beschäftigung mit Lenau auf der Ebene der literarhistorischen Reflexion wurde ein unmittelbarer Einfluß Lenaus im Werk banatschwäbischer Dichter nicht nachgewiesen. Das hat zahlreiche Gründe, denen ausführlicher, als es hier möglich ist, nachgegangen werden müßte. In erster Linie hängt dies wohl damit zusammen, daß die Banater deutsche Literatur im 19. Jahrhundert, als eine Lenau-Rezeption verständlich und zeitgemäß gewesen wäre, in ihren Anfängen steckte und – bedingt durch die besondere geschichtliche Situation der noch jungen Siedlungen – ein reges Interesse an schöngeistiger Literatur auch bei den deutschen Intellektuellen des Banats sich noch kaum bemerkbar machte. Als dann um die Jahrhundertwende ein solches aufkam, wurde die Entwicklung dieser Literatur vor allem durch die heimatpolitischen Romane und Schriften von Adam Müller-Guttenbrunn in eine Richtung gelenkt, die von den ästhetischen Grundsätzen Lenaus eher wegführte, als daß sie auf sie zusteuerte. In der Zwischenkriegszeit, als sich mit dem nationalen Erwachen der bis dahin starker Magyarisierung ausgesetzten Donauschwaben ein beachtliches deutsches Kulturleben im Banat entfaltete, waren für die Dichter, die sich vorwiegend um die "Banater Monatshefte" (1933-1939) gruppierten, andere poetische Leitbilder (Stefan George, Rainer Maria Rilke, Hugo von Hofmannsthal u.a.) zunächst relevant, von denen man sich freilich bald distanzierte und "nationalbewußteren" Schriftstellern zuwandte. Nach 1944, als im Zeichen des sozialistischen Realismus amtlich einer traditionellen Gestaltungsweise das Wort geredet wurde, hätte Lenaus Poesie, zumindest in formaler Hinsicht, begeisterten und vom kommunistischen Staat großzügig geförderten Reimern durchaus als Modell dienen können. Doch man tat sich schwer mit ihm und seinem Werk, nicht zuletzt weil sich Lenaus "Pessimismus" und "Nihilismus" mit der verordneten sozialistischen Aufbruchsstimmung nicht vereinbaren ließen. Bis das marxistisch geschönte Bild vom "revolutionären" Lenau die rumäniendeutsche Literatur und Literaturbetrachtung erreichte und ein Dichten auch in anderen Formen als den herkömmlichen wiederum erlaubt war, dauerte es Jahre, was die modellbildende Funktion von Lenaus Versen überflüssig machte.

Wenn Lenaus Dichtungen in der Region seiner Herkunft auch keine poetische Tradition stiften konnten, an Versuchen, sich mit ihm und seinem Werk auch dichterisch auseinanderzusetzen, hat es nicht gefehlt. Von Widmungsgedichten, die meist anläßlich der Lenau-Feiern geschrieben wurden,[32] über biographische Romane[33] und lyrische Porträts, in denen Lenau meist bloß zum Anlaß für die eigene politische und künstlerische Auffassung genommen wird,[34] reicht die Palette dieser Versuche, die hier freilich nur berührt werden können.

V.

Anton Scherers Behauptung, Lenaus Einfluß sei "nirgends so intensiv und von solcher Breitenentwicklung wie bei den Donauschwaben"[35] gewesen, müßte durch eingehende – komparatistisch angelegte – wirkungsgeschichtliche Studien erst bewiesen werden. Ohne nähere Begründung dürfte sie jedoch zutreffen, wenn man allein in Betracht zieht, was Lenau den Deutschen aus Südosteuropa, speziell jenen aus dem Banat, sowohl im einzelnen als auch als Gruppe, bedeutet hat, seitdem ihnen ins Bewußtsein gebracht wurde, daß ein deutscher Dichter von Weltrang in ihrer Region geboren worden ist. "Lenau war für uns" – erinnerte sich Hans Diplich im Jahre 1960 – "ein gültiger, inhaltsschwerer Begriff, der uns damals wie heute hohe kulturelle Verpflichtungen auferlegte, aber auch Ansehen und Anerkennung einbrachte."[36]

Kein Wunder, daß man Lenaus runde Geburtstage gern zum Anlaß nahm, grandiose Feiern zu veranstalten, bei denen es meist nicht um die Person und das Werk des Dichters ging, sondern um die Propagierung und Durchsetzung einer bestimmten Ideologie. Das war bereits 1902 der Fall, als man in Lenaus Geburtsort dem großen Sohn des Dorfes ein Denkmal errichtete. Die magyarischen Behörden nahmen diese Gelegenheit wahr, inmitten der sich in der Monarchie zuspitzenden Nationalitätenkämpfe Lenaus Sympathiebekundungen für Ungarn mit ihren großmagyarischen, politischen Interessen zu verbinden, was deutscherseits "als Provokation empfunden und mit denselben Mitteln des übersteigerten Nationalismus bekämpft"[37] wurde.

Die Lenaufeiern der zwanziger Jahre waren hauptsächlich darauf ausgerichtet, den vor dem Ersten Weltkrieg stark magyarisierten Banater Schwaben die Rückkehr zum Deutschtum zu ermöglichen. So sprach der Festredner bei der Feier vom 13. August 1920 in Lenaus Geburtsort, der mittlerweile zunächst in Strehlenau, danach in Lenauheim umbenannt worden war, nicht über den Dichter und sein Werk, sondern über die "Notwendigkeit, eine deutsche Volkskultur im Banat unter den neuen, günstigeren Bedingungen einer Minderheitenexistenz in Großrumänien"[38] zu beleben und zu pflegen: "Ueber unser(em) erhabene(n) Vornehmen wache Dein Geist: Nikolaus Lenau. Mit Zuversicht wollen wir zur edlen Arbeit greifen. Mut und Kraft aus Deiner kristallreinen Poesie schöpfen ... Es war Sache der Vorsehung, daß Deine Wiege hier stand, damit Dein Volk niemals verzage, sondern mit Vertrauen einer schöneren Zukunft entgegensehe."[39]

Noch extremer wurden die Lenaufeiern unter nationalsozialistischem und kommunistischem Vorzeichen instrumentalisiert. "Wir bekennen uns zu ihm" – heißt es in der "Banater Deutschen Zeitung" vom 18. August 1940 – "weil sein Lebenslauf, trotz vieler Mißerfolge, ein heldischer war. Lenaus ganzes Leben besteht aus dem Suchen einer neuen Lebensanschauung."[40] Nach dem Vorbild der von den Nazis organisierten Massenveranstaltungen hatte man zu den Feiern aus dem Jahre 1940 rund 15 000 Teilnehmer nach Lenauheim beordert und dafür drei Sonderzüge eingesetzt. Mit Aufmärschen und Blasmusik wurden sie auch im Nachkriegsrumänien abgehalten, wenn auch der Aufwand an rahmenbildenden Veranstaltungen weit geringer war als in den dreißiger und vierziger Jahren. So fand beispielsweise während der Tagung der Internationalen Lenau-Gesellschaft in Temeswar (14.-17. Sept. 1969) auch ein Ausflug nach Lenauheim statt, wo die Gäste bei ihrer Ankunft mit Blasmusik und einer Dorfbevölkerung in "feierlicher Stimmung"⁴¹ empfangen wurden.

Eine Lenauverehrung fern jeder ideologischen Verbrämung hat es unter den Donauschwaben selbstredend auch gegeben. Auf Anregung von Felix Milleker wurde am 22. Juli 1919 in Temeswar eine "Lenau-Gesellschaft" gegründet, zu deren Mitgliedern u.a. auch die bekannten banatschwäbischen Schrifsteller Adam Müller-Guttenbrunn, Otto Alscher (1880-1944) und Franz Xaver Kappus (1883-1966) zählten,⁴² die sich vornahm, das künstlerische Erbe Lenaus zu pflegen und die literarischen Vorhaben der Banater Schwaben zu fördern. In derselben Stadt wurde ein Jahr später ein "Lenau-Verein" ins Leben gerufen, dem die Zöglinge der deutschkatholischen Lehrerbildungsanstalt angehörten. Die Gründung geschah in der Absicht, "die Kenntnisse der Zöglinge in der deutschen Sprache und Literatur, in der Musik und Pädagogik zu erweitern."⁴³ Zu ähnlichen Vereinen, die auch den Namen Lenaus trugen, schlossen sich während der Zwischenkriegszeit auch die Schüler in Hatzfeld und Neuwerbaß zusammen.⁴⁴

Die Donauschwaben haben Lenau auch nach ihrer Vertreibung bzw. Aussiedlung die Treue gehalten. Viele von Deutschen aus Südosteuropa in der Bundesrepublik, in Österreich, aber auch in Übersee gegründeten Vereine und Institutionen sind mit seinem Namen verbunden oder werden nach ihm benannt und nicht wenige der Mitglieder der 1964 gegründeten "Internationalen-Lenau-Gesellschaft" kommen aus der Reihe dieser Bevölkerungsgruppe.

Anmerkungen

1 Emma Niendorf: Lenau in Schwaben. Aus dem letzten Jahrzehnt seines Lebens. Leipzig 1853, S. 211.

2 Ebda, S. 212.

3 Ebda.

4 Ebda.

5 Über Emma Niendorf vgl. auch Rainer Hochheim: Nikolaus Lenau. Geschichte seiner Wirkung 1850-1918. Frankfurt a.M., Bern 1982, S. 31f.

6 Lenau zu Sophie Löwenthal am 13. August 1837. In: Anton Xaver Schurz: Lenaus Leben. Erneuert und erweitert von Eduard Castle. Bd.1, Wien 1913 (= Schriften des Literarischen Vereins in Wien 18), S. 72.

7 Nikolaus Lenau: Sämtliche Werke und Briefe in 6 Bänden. Hrsg. von Eduard Castle, Bd.1, Leipzig 1910, S. 532; vgl. ebda, Bd.6, S. 505 und Heinrich Bischoff: Nikolaus Lenaus Lyrik. Ihre Geschichte, Chronologie und Textkritik. Bd.1, Bruxelles 1920, S. 731.

8 Über Lenau als banat-, bzw. donauschwäbischen Dichter gibt es eine ganze Reihe von Beiträgen. Vgl. zuletzt Horst Fassel: Nikolaus Lenau. Ein deutscher Dichter aus dem Banat. Leben mit Dichtung. In: Die Donauschwaben. Deutsche Geschichte und Kultur in Südosteuropa. Hrsg. von Horst Kühnel. München 1988,

S. 87-109; Alfred Huth: Nikolaus Lenau. Ein deutscher Dichter aus dem Banat. Pfinztal 1988.

9 Donauschwäbisches Dichterbuch. Ausgewählt und eingeleitet von Martha Petri. Wien, Leipzig 1939, S. 15ff.; Anton Scherer: Die nicht sterben wollten. Donauschwäbische Literatur von Lenau bis zur Gegenwart. Graz 1985 (= Donauschwäbische Beiträge 29), S. 93ff.; An Donau und Theiß. Banater Lesebuch. Hrsg. von Horst Fassel und Josef Schmidt. Emmendingen 1986, S. 112ff.

10 Vgl. Franz Liebhard: Kraschowa – Lippa – Lenauheim. Die Familie Niembsch im Banat. In: Neue Literatur 30 (1979), H.6, S. 15.

11 Vgl. Nikolaus Britz: Aus Nikolaus Lenaus familiengeschichtlicher Vergangenheit. Ein altösterreichisches Kulturbild. Wien 1982; (= Wissenschaftliche Reihe 3), S. 29ff.

12 Karl Kurt Klein schreibt zu Recht: "Das damals noch starke und selbstbewußte Städtedeutschtum (in Ungarn, St. S.), eben jene Schichten, aus denen auch die Niembsch und Maygraber kamen, war ... mit den bäuerlich deutschen Kolonisten aus der theresianischen und josephinischen Siedlungszeit noch zu keiner Einheit verwachsen." (Karl Kurt Klein: Nikolaus Lenau. In: Südostdeutsche Rundschau. 1/1942, H. 6, S. 421).

13 Franz Liebhard: Kraschowa – Lippa – Lenauheim, a.a.O., S. 15.

14 Ebda. Vgl. ders.: Lenau-Reflexe. Zum 175. Geburtstag des Dichters am 13. August 1977. In: Neue Literatur, 28 (1977), H. 8, S. 84f.

15 Franz Liebhard: Kraschowa – Lippa – Lenauheim, a.a.O., S. 7f.

16 Erhard Antoni: Lenaus Schwester Therese Schurz und ihre Nachfahren. In: Neue Literatur 18 (1967), H. 3-4, S. 108-112; Annemarie Podlipny-Hehn: Nikolaus Lenau in Rumänien. Eine Bilddokumentation. 2. verbesserte und erweiterte Auflage. Bukarest 1991, S. 30ff.

17 Adam Müller-Guttenbrunn: Lenau – das Dichterherz der Zeit. Hrsg. von Karl Streit und Herbert Bockel, Bd. 3 (Auf der Höhe), Temeswar 1977, S. 264.

18 So sagt Niembsch an einer Stelle des Romans zu seinem Freund, dem Dichter Bauernfeld: "Ich bin der Gast der Schwaben. Wenn du willst: der Banater Schwab'." (Ebda, S. 46). Vgl. auch Herbert Bockel: Nachwort zu Bd. 3 (Anmerkung 17), S. 280f.

19 Annie Schmidt-Endres: Lenau, das Dichterherz der Zeit. In: Donauschwäbische Briefe 2 (10. Okt. 1961), S. 22.

20 Viktor Orendi-Hommenau: Die Heimat Lenaus (1926 verfaßt und veröffentlicht). In: Marksteine. Literaturschaffende des Banats. Hrsg. von Heinz Stănescu. Temeswar 1974, S. 135.

21 Ebda, S. 135f.

22 Siehe den mit "Drat." gezeichneten Interpretationsversuch des Gedichtes *Nach Süden*. In: Donauschwäbische Forschungs- und Lehrerblätter, 34 (1988), H.2, S. 86.

23 Nikolaus Lenau: Sämtliche Werke und Briefe in 6 Bänden. a.a.O., Bd.1, S. 7.

24 Vgl. hierüber Felix Milleker: Lenau im Banat. Wrschatz 1926 (= Banater Bücherei 25), S. 26.

25 Ebda, S. 27.

26 Vgl. Alexander Krischan: Die "Temesvarer Zeitung" als Banater Geschichtsquelle (1852-1949). München 1969 (= Veröffentlichungen des Südostdeutschen Kulturwerks: Reihe B, Wissenschaftliche Arbeiten 24), S. 77ff.

27 Rainer Hochheim: Nikolaus Lenau, a.a.O., S. 208.

28 Eva Marschang: Vorwort zu Nikolaus Lenau: Gedichte. Lyrisch-epische Dichtungen. București 1971², S. 26.

29 Lenau's Gedichte. Eine Banater Auswahl. Hrsg. von Felix Milleker, Wrschatz 1926 (= Banater Bücherei 19).

30 Nikolaus Lenau: Stimme des Windes/Glasul vîntului. Zweisprachige Anthologie. Auswahl und Vorwort von Sevilla Răducanu, Temeswar 1975.

31 Horst Fassel: Nikolaus Lenau, a.a.O., S. 105.

32 Siehe u.a. das Festgedicht Karl von Möllers zum Lenaufest in Temeswar am 7. Sept. 1919.

33 Adam Müller-Guttenbrunn: Lenau – das Dichterherz der Zeit, a.a.O.

34 Erwähnung verdient in erster Linie der Zyklus *Gedichte um Lenau* von Franz Liebhard. In: F.L.: Gedichte. Bukarest 1964, S. 219ff.

35 Anton Scherer: Die nicht sterben wollten, a.a.O., S. 233.

36 Hans Diplich: Essay. Beiträge zur Kulturgeschichte der Donauschwaben. Homburg/Saar 1975, S. 59.

37 Rainer Hochheim: Nikolaus Lenau, a.a.O., S.183.

38 (Horst Fassel): Gruppenidentität und Idelogie. Lenaufeiern im Banat von 1919 bis 1942. In: Der Donauschwabe, 13. Sept. 1992.

39 Rede des Professors Desiderius Jarosy bei der Strehlenauer (Csatáder) Lenaufeier. In: Schwäbische Volkspresse, 11. Aug. 1920.

40 Hier zitiert nach (Horst Fassel): Gruppenidentität und Idelogie, a.a.O.

41 Jenö Krammer: 5 Jahre Internationale Lenau-Gesellschaft. In: Budapester Rundschau, 24. Oktober 1969.

42 Felix Milleker: Lenau im Banat, a.a.O. S. 32.

43 Ebda, S. 33.

44 Vgl. hierüber (Horst Fassel): Selbsthilfe gegen Bildungsnotstand. Lenauvereine in donauschwäbischen deutschen Schulen. In: Der Donauschwabe, 11. Okt. 1992.

Bild- und Quellennachweis

Abkürzungen

ILS   Internationales Lenau-Archiv Stockerau

SNM   Schiller-Nationalmuseum/Deutsches Literaturarchiv Marbach a. N.

SOKW Südostdeutsches Kulturwerk e. V. München

a)   Textteil

1. "Das Temeschvarer Bannat." Alte Karte, 18. Jh. (SOKW)

2. Maroschlandschaft bei Lippa mit Aussicht auf das Kloster Maria Radna, rechts die Ruinen von Schloß Schoimosch. Ölgemälde von Unbekannt, Ende des 18. Jh. (Banater Museum Temeswar)

3. Im ehemaligen Kameralhaus in Temeswar (heute Vlad-Delamarina-Straße) nahm Lenaus Vater dienstliche Anweisungen entgegen. Archiv-Foto. (SOKW)

4. Schild des Gasthofes "Zum Trompeter", in den Franz Niembsch in Temeswar einzukehren pflegte. (Banater Museum Temeswar)

5. Der Paradeplatz in Temeswar. Stich von Ludwig Rohbock. Reproduktion aus dem Band: Magyarország és Erdély eredeti képekben. Darmstadt 1856.

6. Lenau als Kind in Husarenuniform. Ölgemälde von Unbekannt. Reproduktion aus: Nikolaus Lenau. Sämtliche Werke und Briefe in 6 Bänden. Hrsg. von Eduard Castle. Bd. 3, Leipzig 1911.

7. Ungarisch-Altenburg. Nach einem Gemälde von Johann von Szále, 1846. Archiv-Foto. (ILS)

8. Erstdruck des Gedichts "Die drei Zigeuner". In: "Album." Unter Mitwirkung vaterländischer Schriftsteller zum Besten der Verunglückten in Pesth und Ofen. Herausgegeben von Friedrich Witthauer. Wien 1838.

Illustration zu dem Gedicht "Die drei Zigeuner". Zweifarbig getönter Druck nach einer Lithographie von Friedrich Alois Schönn, um 1859. (SNM)

9. Wien. Blick auf die alte Universität und Universitätskirche. Stich von Unbekannt. Archiv-Foto. (ILS)

10. Wien von der Bastion aus gesehen. Stahlstich von W. Henry Bartlett, 1843. (SOKW)

11. Nikolaus Lenau. Aquarell Karl von Saars, um 1825. (Historisches Museum der Stadt Wien)

12. Titelblatt "Aurora". Taschenbuch für das Jahr 1828. Herausgegeben von Johann

Gabriel Seidl, Wien bei Heinrich Buchholz, und Erstdruck des Gedichts "Jugendträume", gezeichnet "N. Niembsch"; in diesem Taschenbuch, S. 128. (Sammlung Prof. Dr. Wolfgang Martens, München)

13. Künstlerrunde im "Silbernen Kaffeehaus" Wien, in dem auch Lenau verkehrte. Archiv-Foto. (SOKW)

14. "Protokoll vom 27. April 1837. Aufgenommen vor dem Magistrate der k. k. Haupt- und Residenzstadt Wien über die mit Referatsabschrift der Senats-Abtheilung über schwere Polizei-Übertretungen hierher angezeigte von Seite des Schriftstellers Nikolaus Niembsch von Strehlenau verabsäumte Erwirkung der k. k. österreichische Censur auf seine im Auslande in Druck gelegten Geistesprodukte..." Auszug, Erste Seite. (Archiv der Stadt Wien)

15. Österreichischer Postwagen um 1830. Aquarell von K. Schnorpfeil. (Österreichisches Postmuseum)

16. München-Augsburger Eisenbahn. Radierung um 1840. (Stadtbildstelle Augsburg)

17. Nikolaus Lenau. Aquarell, Kopie von Sophie Bossert (1839) nach Marie v. Breitschwert (1831). (SNM)

18. Schloß Solitüde bei Stuttgart. Stahlstich von Grünewald/Cooke nach einer Zeichnung von Fried. Keller, um 1835. (Stadtarchiv Stuttgart)

19. Charlotte Gmelin, später verh. Hartmann, Lenaus "Schilflottchen", auch Lentula genannt (1812 - 1889). Nach einer Tuschzeichnung von Unbekannt, undat. (Familienbesitz Stuttgart)

20. Nikolaus Lenau. Aquarell von Mariette Zoeppritz, April 1832. (SNM)

21. Blockhütte auf Lenaus Grundstück in Crawford County, Ohio. Fotografie, undat. (Familienbesitz New Washington, Ohio/USA)

22. In diesem Haus der Harmonisten-Gemeinde von Old Economy verbrachte Lenau die meiste Zeit des Winters 1832/33. Reproduktion einer alten Fotografie. (Sammlung Prof. Dr. Rudolf Schier, Wien)

23. Eintragung über Lenaus Grundstückkauf im Grundbuch von Bucyrus, Ohio. Fotokopie des Dokuments. (Sammlung Prof. Dr. Rudolf Schier, Wien)

24. Beethovens Sterbehaus. Schwarzspanierhaus. Eine der mehr als zwei Dutzend Wohnungen, in denen Lenau während seiner Aufenthalte in Wien logierte. Aquarell von F. Poledne, 1903. (Museen der Stadt Wien)

25. Nikolaus Lenau. Pastellbild von C. Gericke, 1839. (SNM)

26. Sophie von Löwenthal. Ölgemälde nach Kürnberger. (ILS)

27. Nikolaus Lenau. Aquarellskizze von Unbekannt, in der Manier von Peter Fendi, 1844. (Museen der Stadt Wien)

28. Lenaus erster Zettel an Sophie, April 1836. Reproduktion aus dem Band "Lenau und die Familie Löwenthal", hrsg. von Eduard Castle, Leipzig 1906, S. LXI: "Eine Furcht, nicht viel kleiner als die vor deinem Tode, hast du heute mit deiner himmlischen Milde aus meinem Herzen gebannt, die Furcht, an deiner Achtung zu verlieren. Ich achte kein menschliches Wesen so hoch wie dich, und ohne deine Gegenachtung müßte mein Herz verkümmern. 'Freudig kämpfen und entsagen', das sind deine Worte, und du bist mir groß genug, mich an dir aufzurichten, o du Herrliche! Liebe! Liebe!"

29. Lenau: "Waldlied": "Der Nachtwind hat in den Bäumen..." Gedichthandschrift. (Stadtarchiv Stuttgart)

30. Nikolaus Lenau. Lithographie von Josef Kriehuber, 1841. (Bildarchiv der Österreichischen Nationalbibliothek Wien)

31. Lenau, Brief aus Winnenthal an seine Schwester Therese Schurz, zwischen 1844 und 1847: "Liebe Schwesterl Meine gestörte Lebensfülle hat sich bald in Heu zersplittert u sie ist so zersplittert daß mein Herz sich goldgeiret u süß verzürnt in ein einem Heiligsten mit 4 Kammern fortte Pirato Simongi u Sitschakkotaptlo Hurrah etc ?? Niklikniploktjo hal" (SNM)

32. Lenaus Grab auf dem Friedhof von Weidling. Foto: Gabriel Holom. Auf dem aufgeschlagenen Buch aus Metall stehen auf dem linken Blatt, leicht abgewandelt, Verse des Gedichts "An Fr. Kleyle": "Vergib, vergib, Geliebte, dem Gesange, / der deines Schmerzes leisen Schlummer stört, / der die Erinnerungen, süße, bange, / herauf aus ihrer stillen Gruft beschwört! // Gedenkst du noch des Abends, den die Götter / auf uns herabgestreut aus milder Hand, / so blühend, leicht wie Rosenblätter, denkst du des Abends noch..." Darunter ist in Nachahmung der Handschrift und des Namenszuges des Dichters zu lesen: "Doch in die Herzen ist es eingegraben, / wofür die Lippen keine Worte haben! Nicolaus Lenau". Auf dem Blatt rechts stehen die Lenau-Verse" "Friedhof der entschlafnen Tage, / schweigende Vergangenheit! / Du begräbst des Herzens Klage, / ach, und seine Seligkeit!" (Nach: Nikolaus Britz, Lenau und Klosterneuburg. Literaturkundliches Lenau-Lesebuch der Stadt. Wien 1975, S. 104 f.)

33. Dämonische Jahre. Ein Lenau-Roman von Adam Müller-Guttenbrunn. L. Staackmann Verlag Leipzig 1920. Titelblatt des zweiten Bandes der Romantrilogie "Lenau, das Dichterherz der Zeit".

Albert Emilian. Wer zweimal stirbt, lebt ewig. Ein Lenau-Roman. Bleicher Verlag. Umschlag des 1990 erschienenen Buches mit Bildnis nach dem Ölgemälde von Amerling.

Peter Härtling. Niembsch oder der Stillstand. Eine Suite. Henry Goverts Verlag Stuttgart. Titelblatt des 1964 erschienenen Romans.

34. Szenenfoto der Aufführung des Stückes "Lieber Niembsch" von Manfred Karge im Akademietheater Wien. Premiere: 18. November 1989. Inszenierung: Manfred Karge. Musik: Toni Edelmann. Im Bild v. l.: Adolf Laimböck (Krankenwärter), Lore Brunner (Sophie von Löwenthal) und Urs Hefti (Niembsch). Foto: Matthias Horn.

b) Bildteil

1. Lenaus Eltern Franz Niembsch (1777 - 1807) und Therese, geb. Maigraber (1771 - 1829). Archiv-Foto. (ILS)

2. Eintragung ins Csatáder Taufbuch am 13. August 1802 (lat.). Täufling: Nikolaus Franz; Eltern: Franz Nimbsch, Gegenschreiber, und Theresia; Pate: Nikolaus Hehl, Rentamtmeister; Taufpriester: Joseph Gruber. In späterer Zeit erfolgte die Hinzufügung: "Unser grosser Sohn und Dichter Lenau." (Staatsarchiv Temeswar)

3. Lenaus Geburtshaus in Csatád, das ehemalige Kreis- und Rentamtsgebäude. Lithographie nach Ludwig Wodetzky, 1859. Reproduktion einer Tafel aus dem Band: "Geschichte des Temeser Banats" von Leonhard Böhm, Leipzig 1861.

4. Lenaus Taufkirche. Seitenansicht. Foto: Walther Konschitzky. Der Bau der Kirche wie auch des Kreisamtsgebäudes (siehe Nr. 3) wurde nach Plänen des Banater Navigations- und Baudirektors Tobias Gruber durchgeführt. Eine lateinische Inschrift über dem Haupteingang besagt: Der heiligen Theresia, der Schutzherrin, weiht, widmet, übergibt die Kaiserin Maria Theresia dieses Denkmal ihrer Frömmigkeit. Im Jahre des wiedererlangten Heils 1778. Die Altäre, Bilder, Taufbecken und Monstranz sind dem Berichte nach Stiftungen der Kaiserin. (Nach Hans Diplich: Geburtsstätte und Taufkirche des Dichters Nikolaus Lenau. In: Südostdeutsche Vierteljahresblätter, München 1976, Folge 3, S. 153 - 159)

5. Der Grabstein von Lenaus Schwester, die in Csatád verstarb. Er trägt die Inschrift: Sie blühte kurz / und schön. / Magdalena / von / Niembsch / Anno 1802. (Lenaumuseum Lenauheim/ Banater Museum Temeswar)

6. Das Dichterdenkmal in Csatád/ Lenauheim von Béla Radnai, alias

Rausch, 1905. Foto: Wolfram Schneider. Auf den Marmortafeln des Denkmalsockels stehen die Lenau-Verse: "Möchte wieder in die Gegend, / Wo ich einst so selig war, / Wo ich lebte, wo ich träumte / Meiner Jugend schönstes Jahr!"; auch in ungarischer und rumänischer Übersetzung.

7. Eingang des Lenau-Museums im Geburtshaus des Dichters. Im Gebäude ist auch das banatschwäbische Heimatmuseum untergebracht. Foto: Wolfram Schneider.

8. Ortsschild der Geburtsgemeinde des Dichters, seit 1926 Lenauheim (Banat/Rumänien). Foto: Walther Konschitzky.

9. Gedichtmanuskript mit der Unterschrift "Lenau aus Csatád im Torontaler Comitat des Königreichs Ungarn". (Lenau-Museum Lenauheim/Banater Museum Temeswar)

10. Werschetzer Bronzebüste Lenaus von Edmund Lechner und Rudolf Gettmann, 1912. (Stadtmuseum Werschetz, ehemaliges Jugoslawien)

11. Das Gebäude der Temeswarer Nikolaus-Lenau-Schule mit deutscher Unterrichtssprache. Archiv-Foto. (SOKW)

12. Der Blocksberg bei Pesth. Stahlstich von W. Henry Bartlett, 1843. (SOKW)

13. Ehemalige Ofener Friedhofskapelle, die Lenaus Familie als Unterkunft diente. Aquarell von Paul Szumrák, 1858. Reproduktion nach Robert Gragger: Lenaus Wohnhaus in Ofen (Buda). In: Ungarische Rundschau für historische und soziale Wissenschaften (München/Leipzig) 2 (1913), H. 3, S. 720 - 723.

14. Tokaj. Nach einem Stich von Gustáv Kelety. (Ungarisches Nationalmuseum Budapest)

15. Ungarisch-Altenburg. Wohnstätte Lenaus 1822/1823. Archiv-Foto. (ILS)

16. Lenaus Preßburger Studienzeugnis vom 13. April 1822. Fotokopie. (ILS)

17. Pußtalandschaft mit Ziehbrunnen. Aquarell von Miklós Barabás, 1838. Reproduktion aus dem Band: "Die Malerei des 19. Jahrhunderts in Ungarn" von Júlia Szabó, Budapest 1985. (Janus-Pannonius-Museum Fünfkirchen)

18. "Album". Unter Mitwirkung vaterländischer Schriftsteller zum Besten der Verunglückten in Pesth und Ofen. Herausgegeben von Friedrich Witthauer. Mit einem radierten Umrisse und einer Musikbeylage. Wien. Gedruckt bey Anton Strauß's sel. Witwe, 1838. Titelblatt und Zeichnung Moritz von Schwinds zum "Prolog" Lenaus.

19. Hochwasserszene in Pest. Ölbild von Henrietta Kaergling, 1840. (Historisches Museum Budapest)

20. "Mischkas Hüttlein mit dem Halmendach...". Illustration zu Lenaus Dichtung "Mischka an der Marosch". Ölbild von Emilie Reinbeck in ihrem Lenau-Album, undat. (Stadtarchiv Stuttgart)

21. Lenaus Großmutter Katharina Niembsch, geb. Freiin von Kellersberg (1753 - 1830). Nach einem Gemälde von Unbekannt. Archiv-Foto. (ILS)

22. Altstockerau. Zeichnung von Otto Schebeck, undat. Reproduktion aus: Lenau-Almanach 1959, Stockerau.

23. Das Wappen der Familie von Strehlenau. Reproduktion aus: Nikolaus Lenau. Sämtliche Werke und Briefe in 6 Bänden. Hrsg. von Eduard Castle, Bd. 5, Leipzig 1913.

24. Lenaus Großvater Joseph Niembsch Edler von Strehlenau (1757 - 1822). Nach einem Gemälde von Unbekannt. Archiv-Foto. (ILS)

25. Lenau-Gedenkstein in Stockerau von Wilhelm Seib, 1903. Foto: Gabriel Holom.

26. Porzellanbüste Lenaus von Jenö Hanzely im Stockerauer Niembsch-Hof. Foto: Gabriel Holom.

27. Die Stockerauer Kirche, in deren unmittelbarer Nachbarschaft sich das Internationale Lenau-Archiv befindet. Foto: Gabriel Holom.

28. Wandmalerei im Stockerauer Hotel-Restaurant "Lenaustuben". Inhaber: Robert und Hermine Dienst. Foto: Gabriel Holom.

29. Johann Gabriel Seidl (1804 - 1875). Lithographie von Josef Kriehuber. (Österreichische Nationalbibliothek Wien)

30. Anastasius Grün, alias Anton Alexander Graf von Auersperg (1806 - 1876). Lithographie von Josef Kriehuber. (Österreichische Nationalbibliothek Wien)

31. Ludwig August Frankl (1810 - 1894). Stahlstich von Unbekannt, undat. (SNM)

32. Das Ehepaar Anton Xaver Schurz (1794 - 1859) und Therese, geb. Niembsch (1801 - 1878). Archiv-Foto. (ILS)

33. Matthias Leopold Schleifer (1771 - 1842). Archiv-Foto. (SOKW)

34. Nanette Wolf, verh. Böhm (1808 - 1878). Reproduktion aus dem Buch: "Lenaus Freundin N. W. in Gmunden" von Wolfgang Pauker, Wien/Leipzig 1923. (ILS)

35. Gmunden am Traunsee. Stahlstich von Georg Michael Kurz nach einer Zeichnung von Joseph Lange. Archiv-Foto. (ILS)

36. Erstdruck des "Postillons" im Stuttgarter "Morgenblatt" vom 25. Juli 1833. (SNM/Cotta-Archiv)

37. Lenau-Denkmal in Bisingen/Steinhofen mit Reliefillustration zu Lenaus "Postillon" von Günther Nägele, Neufassung von Willy Hebrank. Foto: Gabriel Holom.

38. Stuttgart von der Morgenseite. Lithographie um 1830. (Städtisches Museum Ludwigsburg)

39. Im Garten bei Justinus Kerner. Ansichtskarte "nach einem in der Gartenlaube publizierten Gemälde von Rustige". (SOKW)

40. Gustav Schwab (1792 - 1850). Kopie nach einem Ölgemälde von Karl Jakob Theob. Leybold, 1825. (SNM)

41. Karl Mayer (1786 - 1870). Fotografie von F. Brandseph. (SNM)

42. Justinus Kerner (1786 - 1862). Bleistiftzeichnung von C. Müller, 1834. (SNM)

43. Gustav Pfizer (1807 - 1890). Aquarell von Unbekannt, undat. (SNM)

44. Emilie Reinbeck-Hartmann (1793 - 1846). Aquarell von Mariette Zoeppritz, 1830. (SNM)

45. Mariette Zoeppritz, geb. Hartmann (1802 - 1874). Aquarell. Selbstbildnis, um 1833. (SNM)

46. Der Salon im Hartmann-Reinbeckschen Haus. Aquarell von Mariette Zoeppritz, undat. (Privatbesitz. Fotografie SNM)

47. Heidelberg. Stahlstich von Franz Xaver Eißner nach einer Zeichnung von Louis Mayer. (SNM)

48. Ludwig Uhland (1787 - 1862). Lithographie von Unbekannt; in der 6. Auflage von Uhlands Gedichten, Cotta/Stuttgart, 1834. (Nach: Marbacher Magazin 42/1987. Ludwig Uhland. Dichter, Germanist, Politiker. Bearbeitet von Walter Scheffler und Albrecht Bergold. Mit einer Bibliographie von Monika Waldmüller)

49. Die Wurmlinger Kapelle bei Tübingen. Foto: Gabriel Holom.

50. Alexander Graf von Württemberg (1801 - 1844). Ölgemälde nach Franz Seraph Stirnband, 1828. (SNM)

51. Schlößchen Serach. Nach dem Ölgemälde von Peter Francis Peters, 1845. (ILS)

52. Emma Niendorf, alias Emma von Suckow (1807 - 1876). Temperaminiatur auf Elfenbein von Unbekannt, undat. (SNM)

53. Marie Gräfin von Württemberg-Urach (1815 - 1866). Miniaturbild von Johann Michael Holder, undat. (Großherzogl. Hessischer Besitz)

54. Titelblatt der Vertonung eines "Schilfliedes" von Emilie Zumsteeg. (SNM)

55. Emilie Zumsteeg (1796 - 1857). Lithographie von Christian Siegmund Pfann, 1857. (SNM)

56. Josephine Lang, verh. Köstlin (1815 - 1880). Nach einer Bleistiftzeichnung, undat. (Württembergische Landesbibliothek Stuttgart)

57. Gedichte von Nicolaus Lenau. Stuttgart und Tübingen. Verlag der J. G. Cotta'schen Buchhandlung. 1832. Titelblatt der Erstausgabe. (Österreichische Nationalbibliothek Wien)

58. Faust. Ein Gedicht von Nicolaus Lenau. Stuttgart und Tübingen. Verlag der J. G. Cotta'schen Buchhandlung. 1836. Titelblatt der Erstausgabe. (ILS)

59. Johann Georg Freiherr Cotta von Cottendorf (1796 - 1863). Fotografie von Brandseph, undat. (SNM)

60. Die Albigenser. Freie Dichtungen von Nicolaus Lenau. Stuttgart und Tübingen. J. G. Cotta'scher Verlag. 1842. Titelblatt der Erstausgabe. (SOKW)

61. Der Ozeansegler "Baron van der Capellen". Ölgemälde von Unbekannt. Reproduktion eines Fotos. (Maritiem Museum, 'Prins Hendrik' Rotterdam/ILS)

62. Baltimore (Maryland). Stahlstich von Ahrens, um 1830. (Staatsbibliothek Preußischer Kulturbesitz Berlin, Bildarchiv)

63. Die Niagarafällle. Der Hufeisenfall. Stahlstich von John Poppel, undat. (Staatsbibliothek Preußischer Kulturbesitz Berlin, Bildarchiv)

64. Sophie von Löwenthal mit ihrem Sohn Ernst. Ölgemälde von Unbekannt. (Österreichische Nationalbibliothek Wien)

65. Savonarola. Ein Gedicht von Nicolaus Lenau. Stuttgart und Tübingen. Verlag der J. G. Cotta'schen Buchhandlung. 1837. (SOKW)

66. Karoline Unger, verh. Sabatier (1803 - 1877). Holzstich von Unbekannt. (Staatsbibliothek Preußischer Kulturbesitz Berlin, Bildarchiv)

67. Nikolaus Lenau. Ölgemälde von Josef Matthias Aigner, 1849. (Museen der Stadt Wien)

68. Marie Behrends (1811 - 1889). Foto eines Aquarells von Unbekannt. (ILS)

69. Abschrift eines der letzten Gedichte Lenaus von Justinus Kerner in einem Brief an Georg von Cotta, 2. Dezember 1844: "S'ist eitel Nichts wohin mein Aug ich hefte..." (SNM)

70. Winnenden. Ortsansicht mit der Heilanstalt Winnenthal, links vorn. Lithographie, um 1840 (Heimatmuseum Ludwigsburg)

71. Die Heilanstalt in Oberdöbling bei Wien zur Zeit Lenaus. Zeitungsausschnitt. Druck nach einer Zeichnung von J. Mařak. (ILS)

72. Lenaus letzte Ruhestätte in Weidling bei Wien. Lithographie von Conrad Grefe (Ausschnitt), 1851. (SNM)

73. Die "Albigenser" in der rumänischen Übersetzung von Victor Tulbure. Verlag für Weltliteratur, Bukarest 1967. Titelblatt.

74. The German Classics. Masterpieces of German Literature. Translated into English. Patrons Edition in twenty volumes. Illustrated. New York (1914). Titelblatt der in englischer Sprache erschienenen Sammlung deutscher Dichtung. Enthalten sind u. a. die Lenau-Gedichte "Bitte", "Schilflieder", "Die drei Zigeuner" und "Mein Herz", übertragen von Charles Wharton Stork und Kate Freiligrath Kroeker.

75. Titelblatt einer französischen Auswahl Lenauscher Gedichte, die in der zweisprachigen Reihe "Collection bilingue des classiques étrangers" in Paris erschienen ist. Übersetzer: Albert Spaeth, Mitherausgeber: J. P. Hammer. Paris, o. J.

76. Titelblatt der ungarischen "Faust"-Übersetzung von Károly Szomory, Budapest, 1901. (Széchényi-Nationalbibliothek Budapest)

77. Umschlag der deutschen Übersetzung des Buches "Lenau. Storia di un martire della poesia", Milano-Messina, 1935. Die deutsche Fassung von Charlotte Rau erschien 1948 mit einem Brief Stefan Zweigs an Vincenzo Errante. (ILS)

78. Umschlag des 1984 erschienenen Sammelbandes zum zwanzigjährigen Bestehen der Internationalen Lenau-Gesellschaft (ILG), der neben Beiträgen aus dem deutschen Sprachgebiet Forschungsberichte von Lenau-Kennern aus Bulgarien, Dänemark, Frankreich, dem ehemaligen Jugoslawien, Polen, Rumänien, der ehemaligen Tschechoslowakei und aus Ungarn umfaßt.

79. Szene aus der Uraufführung des Lenauschen "Don Juan", die Wolfram Frank am 17. Februar 1990 am Tübinger Landestheater Württemberg-Hohenzollern auf die Bühne brachte. Im Bild Marie-Lou Sellem (Gräfin Maria, Clara, Konstanze) und Carsten Klemm (Don Juan I, Don Pedro). Foto: Anne Herder-Krüger.

Personenregister

Ahrens (Stahlstecher) 212
Aigner, Joseph Mathias 45, 212
Alfieri, Vittorio 118
Alscher, Otto 200
Amerling, Friedrich 208
Antici, Adelaide 117
Antoni, Erhard 201
Antoniewicz, Nikolaus (Mikolaj) Bołoz von 22, 151, 163
Arndt, Karl J. R. 172
Auffenberg, Josef Freiherr von 178

Bach, Alexander 170
Barabás, Miklós 209
Barker, Zenas W. 171
Bartlett, W. Henry 205, 209
Bauernfeld, Eduard von 18, 96, 144, 201
Becher, Johannes Robert 104
Beck, Karl 185
Bedrov-Adujev, P. O. 182
Beer, Otto F. 48, 51
Beethoven, Ludwig van 49, 154, 206
Behrends, Marie 43, 45, 88, 141, 144, 149, 153, 212
Bekić, Tomislav 182
Benjamin, Walter 119, 123
Bensinger, Sigmund 125, 126
Berges, Ruth 172
Bergold, Albrecht 211
Biermann, Wolf 105
Bischoff, Heinrich 12, 46, 51, 148, 200
Bjelovarac, Lujo Varga 180, 183
Blanchard, Homer D. 172
Blankennagel, John C. 172, 173
Bleicher (Verleger) 208
Blum, Joseph R. 173
Bockel, Herbert 201
Böhm, Leonhard 8, 208
Börne, Ludwig 121
Böttger, Adolf 114
Bonnhorst, Karl von 163
Borcea, Ioan 187
Borst, Otto 32, 52
Bossert, Rolf 107, 108, 112
Bossert, Sophie 206
Bräuner, Hans 5, 52
Brandseph, F. 211, 212
Brandt, Helmut 51, 112, 148, 172
Braunthal, Karl Johann Braun von 18, 37, 144, 145

Brecht, Bertolt 104
Breitschwert, Marie von 206
Briegleb, Klaus 122
Britz, Nikolaus 1, 50, 52, 53, 149, 181, 197, 201, 207
Brodhag (Verleger) 33
Brünnert (Reisender) 166
Brunner, Lore 48, 208
Bruyn, Günter de 104
Buchholz, Heinrich 19, 206
Bülow, Hans von 49
Bürger, Gottfried August 179
Burger, John 173
Byron, George Gordon Noël 113, 114, 115, 116, 117, 118, 120, 122, 123, 178

Călugăru, Alice 188
Carolsfeld, Julius Schnorr von 126
Carp, Petre 186
Castle, Eduard 16, 18, 20, 22, 26, 28, 29, 31, 32, 35, 37, 41, 43, 45, 46, 49, 51, 55, 96, 102, 112, 123, 139, 149, 150, 158, 173, 181, 197, 200, 205, 207, 210
Cerna, Panait 189, 191
Chamisso, Adelbert von 28, 121, 187
Chateaubriand François René, Vicomte de 172
Christallnigg (Graf) 39
Colli, Giorgio 123
Consalvi (Kardinal) 118
Constantinescu, Ioan 52
Constantinescu-Delabaia, Ion 190
Conta, Vasile 186
Cook (Stahlstecher) 206
Cory, Hugh 169
Cotta, Johann Friedrich Freiherr von Cottendorf 153, 196
Cotta, Johann Georg Freiherr von Cottendorf 24, 28, 33, 84, 87, 127, 144, 153, 196, 212
Crichton, Mary C. 172
Csokor, Franz Theodor 97
Czoernig, Karl 181

Delaroche, Paul (eigentl. Hippolyte) 115
Demetar, Dimitrije 176
Deželic, V. 184
Dickens, Charles 172
Dienst, Hermine 210
Dienst, Robert 210
Dietze, Walter 46, 51, 102, 104, 122
Diplich, Hans 199, 202, 208

215

Dor, Milo 8
Dräxler, Manfred 144
Dukat, Vladoje 182
Durzak, Manfred 112

Eberl, Immo 52
Eckermann, Johann Peter 113, 122
Edelmann, Toni 208
Egging, A. von 131
Eichendorff, Joseph Freiherr von 192
Eigel, Glycerius 12
Eißner, Franz Xaver 211
Eke, Norbert Otto 51, 112, 148, 149, 172
Emilian, Albert 47, 48, 208
Eminescu, Mihai 50, 52, 54, 186, 187, 189, 191, 192
Emrich, Wilhelm 113, 122
Engl, Géza 52
Engl, Henriette 52
Errante, Vincenzo 46, 50, 52, 91, 213

Falke, Jakob 130
Falkenhausen, Klaus 48
Farinelli, Arturo 123
Farkas, Sándor Bölöni 31, 32, 52
Fassel, Horst 10, 50, 52, 197, 200, 201, 202, 203
Felzmann, Fritz 52, 172
Fendi, Peter 207
Feuchtersleben, Ernst Freiherr von 96
Figge, Richard C. 173
Fischer, Ernst 104, 183
Fischer (Verleger) 111
Foscolo, Ugo 118
Foucault, Michel 95
Frank, Wolfram 48, 213
Frankl, Ludwig August 18, 45, 74, 210
Franz Joseph (Kaiser) 95
Freiligrath-Kroeker, Kate 213
Fritsch, Gerhard 96

Gaj, Ljudevit 176
Gardner, Peter 167, 169, 170
Gavrin, Mira 183
Gehl, Mathias 8
Geibel, Emanuel 188
George, Stefan 198
Georgescu, Oreste 189
Gericke, C. 206
Gervinus, Georg Gottfried 185
Gettmann, Rudolf 8, 209
Gibson, Carl 45, 46, 50, 52

Gladt, Karl 31, 52, 149, 172
Gleim, Johann Wilhelm Ludwig 179
Gmelin, Charlotte 28, 45, 154, 155, 157, 206
Göpfert, Herbert G. 131
Görgen, Bruno 45
Goethe, Johann Wolfgang von 35, 113, 114, 115, 116, 122, 126, 176, 179, 181, 182, 185, 186, 187, 188, 192
Goga, Octavian 189, 191
Goverts, Henry 208
Goya, Francisco José de 130
Gracián, Baltasar 119
Gragger, Robert 209
Grefe, Conrad 213
Grillparzer, Franz 18, 96, 126, 144
Grimm, Brüder 176
Grimm, Jacob 182
Gruber, Joseph 5, 7, 208
Gruber, Tobias 208
Grün (d. i. Alexander Graf von Auersperg), Anastasius 18, 22, 35, 39, 43, 45, 53, 74, 99, 127, 144, 185, 210
Grünewald (Stahlstecher) 206
Gündisch, Konrad G. 52
Gutzkow, Karl 121

Häberle, Ludwig 166, 167
Haeberleyn, Court 168
Häntzschel, Günter 46, 53
Härtling, Peter 46, 47, 48, 208
Hajek, Egon 46
Hallberger (Verleger) 33
Halm, Friedrich 186
Hamerling, Robert 117, 118
Hammer, Jean Pierre 46, 53, 91, 213
Hanzely, Jenö 210
Harley, Rudolph 167
Hartmann, Julie 154, 156
Hauer, Adelheid 18
Hauer, Bertha 18, 135, 142
Havel, Václav 100, 101, 102
Hebrank, Willy 211
Hefti, Urs 48, 208
Hegedüs-Kovečević, Katalin 46, 53, *175-185*
Hegel, Georg Wilhelm Friedrich 99, 121
Hehl, Nikolaus 7, 208
Heilig, Bruno 50
Heine, Heinrich 105, 109, 114, 115, 116, 121, 122, 126, 178, 181, 183, 185, 186, 187, 188, 192
Heitmann, Klaus 122
Helbling, Hanno 123
Herder, Johann Gottfried 176

Herder-Krüger, Anne 213
Hergešić, Ivo 182
Hermand, Jost 53
Herwegh, Georg 121
Heym, Georg 45
Heyse, Paul 117, 118
Hilmar, Ernst 49, 53
Hirschfeld, Karl 197
Hochheim, Rainer 45, 46, 53, 109, 112, 131, 197, 200, 202
Hölderlin, Friedrich 104, 188
Hölty, Ludwig Heinrich Christoph 14, 135
Hofman, Alois 98, 99, 102, 181
Hofmannsthal, Hugo von 109 f., 121, 123, 187, 192, 198
Holder, Johann Michael 211
Holom, Gabriel 207, 210, 211
Holz, Michael 48
Horaz (lat. Quintus Horatius Flaccus) 12, 14
Horn, Matthias 208
Huber, Philipp 163, 167
Huchel, Peter 103
Hülle, Dieter E. 49, 53
Hünersdorff, Marie von 156
Hus, Jan 41, 175
Huth, Alfred 18, 45, 53, 201
Hutten, Ulrich von 41

Iacobescu, D. 188, 191
Iliescu, Lazăr 190, 191
Innozez III. (Papst) 39
Ioan, Richard D. 187
Iorga, Nicolae 187
Iorgovan, Ion 190
Iosif, Ştefan Octavian 188, 189, 191
Ivsak, Ivar 101

Jackson, Andrew 165, 166
Jaksić, Djura 177
Janowska, Franca 123
Jarosy, Desiderius 202
Jens, Walter 53
Josephi (Vorfahren Lenaus mütterlicherseits) 1

Kaergling, Henrietta 209
Kahl, Kurt 48, 53
Kappus, Franz Xaver 200
Karadžić, Vuk 176
Karge, Manfred 47, 48, 51, 53, 208
Kauffmann, Ernst Friedrich 33
Kaulbach, Wilhelm von 126
Kelety, Gustáv 209

Keller, Friedrich 206
Keller, Gottfried 188
Kerner, Friederike 78
Kerner, Justinus 24, 26, 33, 43, 78, 79, 153, 154, 155, 156, 157, 158, 211, 212
Kerner, Theobald 78, 158
Kessler, Wolfgang 181
Kierkegaard, Sören 120
King, Alexander 163
Klaar, Alfred 128
Klar, Wolfgang 48
Klein, Karl Kurt 201
Kleist, Heinrich von 104
Klemm, Carsten 213
Klemm, Joseph 18, 31, 141, 149
Kleyle, Fritz 16, 18, 20, 135, 141, 142, 149, 207
Klopstock, Friedrich Gottlieb 14, 135
Körner, Theodor 126
Kövesdy, Josef 12, 14
Konrád, György 100
Konschitzky, Walther 208, 209
Konstantinović, Zoran 95 - 103
Korninger, Siegfried 114, 122
Kostić, Strahinja 177, 178, 180, 182, 183
Koziełek, Gerard 51
Krammer, Jenö 202
Kremnitz, Mite VII
Kriehuber, Josef 207, 210
Krischan, Alexander 202
Krklec, Gustav 181
Kühnel, Horst 200
Kürnberger, Ferdinand 32, 46, 172
Kürnberger (Maler) 207
Kugler-Poni, Matilde 192
Kundera, Milan 100
Kunert, Günter 103, 104, 105, 106, 107, 108, 111, 112
Kurz, Georg Michael 210

Labiş, Nicolae 190, 191
Lacea, C. 189
Laimböck, Adolf 208
Lang, verh. Köstlin, Josephine 33, 83, 212
Lange, Joseph 210
Lanner, Joseph 96
Laube, Heinrich 125, 128
Lauer, Reinhard 183
Lazu, Grigorie N. 188
Lechner, Edmund 8, 209
Leonora (ital. Prinzessin, Verehrerin Torquato Tassos) 24

Leopardi, Giacomo 113, 114, 115, 117, 118, 119, 120, 122, 123, 178
Leopardi, Monaldo 117
Lessing, Gotthold Ephraim 126, 130, 188
Leybold, Karl Jakob Theob. 211
Liebhard, Franz 3, 5, 7, 54, 195, 197, 201, 202
Liszt, Franz 109
Ljubibratić, Valter 178, 182
Löwenthal, Arthur von 51
Löwenthal, Ernst von 87, 211
Löwenthal, Max von 3, 10, 12, 22, 35, 51, 107, 144, 147, 148, 167
Löwenthal, geb. Kleyle, Sophie von 3, 5, 35, 37, 38, 39, 43, 45, 48, 51, 87, 96, 99, 100, 107, 112, 136, 141, 144, 147, 148, 149, 154, 155, 157, 200, 206, 207, 212
Lukian(os) 120
Luther, Martin 41

Mádl, Antal 46, 50, 51, 54, 55, *133 - 141, 141 - 151,* 172, 181
Magris, Claudio 8, 54, 97, 98, 100, 101
Maigraber (Lenaus Onkel), Franz 2, 7, 195
Maigraber (Lenaus Großvater mütterlicherseits), Franz Xaver 1, 2, 133
Maiorescu, Titu 185, 186, 189, 190
Mann, Golo 33, 54
Manojlović, Todor 176, 177, 178, 187
Manzoni, Alessandro 118
Mařak, J. 213
Maria Theresia (Kaiserin) 5, 208
Marschang, Eva 197, 202
Martens, Wolfgang 46, 54, *125 - 132,* 206
Martensen, Hans Lassen 35, 37, 120, 123
Marx, Karl 101
Mayer, Karl 24, 26, 28, 29, 37, 78, 79, 120, 151, 153, 155, 156, 158, 211
Mayer, Louis 211
Mažuranić, Ivan 176
Mazzoni, Ira Diana 130
Mehedinți, Simeon 189
Mendelssohn-Bartholdy, Felix 33
Metternich, Klemens Wenzel Fürst von 22, 28, 97, 101, 110, 142, 144 f., 145, 147, 152
Metzger, Anja 48
Michnik, Adam 101
Milleker, Felix 7, 8, 10, 54, 177, 182, 197, 200, 202
Miłosz, Czesław 99, 102
Mirković, Nikola 183
Möller, Karl von 202
Mörike, Eduard 33, 152, 153, 188
Mojašević, Miljan 181

Moninari, Mazzino 123
Müller, C. 211
Müller, Herta 107
Müller-Guttenbrunn, Adam 46, 47, 107, 195, 198, 200, 201, 202, 207
Mulfinger, George A. 161, 166, 172, 173
Murăşan, Teodor 189
Muschg, Adolf 141, 149
Musil, Robert 97
Musset, Alfred de 178
Myers, Samuel 167

Nadler, Josef 96, 141, 148
Nägele, Günther 211
Nagl, Johannes Willibald 95
Naum, Andrei 189
Nedić, V. 183
Negruzzi, Jacob 185, 186
Nemțeanu, Barbu 188, 189
Nerval, Gérard de 178, 185
Niebuhr, Barthold Georg 118
Niembsch (Lenaus Vater), Franz 1, 5, 7, 10, 59, 133, 194, 195, 205, 208
Niembsch Edler von Strehlenau (Lenaus Großvater), Joseph 1, 12, 14, 16, 18, 71, 210
Niembsch, geb. Freiin von Kellersberg (Lenaus Großmutter), Katharina 1, 12, 14, 16, 18, 22, 71, 210
Niembsch (Lenaus Schwester, 1804 - 1860), Magdalena 10
Niembsch (Lenaus Schwester, 1799 - 1802), Magdalena Franziska 2, 5, 61, 208
Niembsch, geb. Maigraber (Lenaus Mutter), Maria Antonia Therese 1, 3, 5, 7, 10, 12, 13, 14, 16, 20, 59, 133, 194, 208
Niendorf (d. i. Emma von Suckow), Emma 32, 33, 35, 54, 82, 157, 158, 193, 200, 211
Nietsch, Mathes 46
Nietzsche, Friedrich 45, 118, 123, 183
Niewiarowicz, Aloisy 156
Nikolajević, Boža S. 184
Nipperdey, Thomas 131
Njegoš, Petar Petrović 176
Novalis (d. i. Friedrich von Hardenberg) 188

Obradović, Dositej 177
Oellers, Norbert 51, 149
Oelrichs, Hermann 167, 171
Orendi-Hommenau, Viktor 196, 201
Ott, Erwin 46
Ott, Ulrich 130
Ovid (lat. Publius Ovidius Naso) 12
Owen, William 169

Papacostea, Al. G. 189
Pauker, Wolfgang 210
Paul (d. i. Johann Paul Friedrich Richter), Jean 114
Pencioiu, George G. 187
Peine, Sibylle 48, 54
Pepoli, Carlo 117
Perpessicius (d. i. Dimitrie S. Panaitescu) 186, 188
Peters, Peter Francis 211
Petőfi, Sándor 8, 175, 182
Petrarca, Francesco 117
Petri, Martha 201
Petrino, Dimitrie 186
Petrović, Sava 182
Pfäfflin, Friedrich 54
Pfann, Christian Siegmund 212
Pfizer, Gustav 24, 41, 152, 211
Pillat, Ion 190
Platen, August Graf von 192
Podlipny-Hehn, Annemarie 5, 8, 50, 54, 181, 197, 201
Poe, Edgar Allan 178
Poledne, F. 206
Pompiliu, Miron 186
Pop, H. 186
Popa, Vasko 8
Popiţi, Gr. 190
Popović, Sterija 177
Poppel, John 212
Post, Ludwig von 167
Praz, Mario 122
Preradović, Paula von 97
Preradović, Petar 176, 179, 180, 183
Pricopie, Mihai I. 187
Priscu, I. 188
Puchelt, Friedrich 28
Puškar, Mirajana 184
Puschkin, Alexander 178

Radičević, Branko 176, 182
Radnai, alias Rausch, Béla 8, 208
Răducanu, Sevilla 50, 54, *185 - 193,* 197, 202
Raimund, Ferdinand 18
Ranke, Leopold von 175, 182
Ransmayr, Christoph 54
Rapp, Georg 31, 163
Rattermann (Reisender) 166
Rau, Charlotte 52, 213
Reclam (Verleger) 103, 123, 130
Reinbeck, geb. Hartmann, Emilie 24, 33, 37, 39, 41, 43, 51, 80, 150, 154, 155, 156, 209, 210
Reinbeck, Georg 33, 35, 51

Richter, Ludwig 130
Richter, Ute 52
Rieder, Heinz 111
Rilke, Rainer Maria 110, 119, 187, 192, 198
Robinson, J. 165, 168, 169, 170
Röder, Annemarie 52
Rösch-Sondermann, Hermann 53
Rohbock, Ludwig 205
Rosetti, Theodor 185 f.
Roth, Joseph 97
Rückert, Friedrich 192
Rüdiger, Horst 123
Rustige, Heinrich 211
Rusu, Liviu 50, 54

Saar, Karl von 205
Sadoveanu, Ion Marin 190
Šantić, Aleksa 180, 183
Šapčanin, Milorad Popović 180, 183
Saphir, Moritz Gottlieb 146, 185
Savonarola, Girolamo 37
Savoyen, Prinz Eugen von 1
Seche, I. 189
Secy, A. J. Donelsen 166
Seidl, Johann Gabriel 18, 19, 20, 74, 144, 206, 210
Sellem, Marie-Lou 213
Seneca, Lucius Annaeus 14
Sengle, Friedrich 46, 55, 105
Šević, Milan 184
Šević, Milorad 180
Sienerth, Stefan *193 - 204*
Sims, William G. 169, 170
Škreb, Zdenko 183, 184
Skrodzki, Karl Jürgen 51, 112, 148, 149, 172
Söllner, Werner 107
Soricu, I. U. 187, 189
Spaeth, Albert 91, 213
Speer, Austin 182
Spindler (Zeitungsherausgeber) 22
Staackmann, L. 207
Stammler, Wolfgang 182
Stănescu, Heinz 50, 55, 201
Stanislaus, A. M. 171
Stanislaus, Louis 167, 168, 170, 171
Stefanelli, Theodor 186
Steinecke, Hartmut 46, 51, 55, *103 - 113,* 148, 149, 172
Stifter, Adalbert 97
Stiles, William H. 168
Stirnband, Franz Seraph 211
Stoia-Udrea, Ion 190

Stork, Charles Wharton 213
Strauß, Anton 209
Strauß, Johann 96
Strauss, Richard 49, 53, 122
Streit, Karl 201
Subotić, Jovan 176
Suchy, Viktor 46, 55
Szabó, Júlia 209
Szále, Johann von 205
Szász, Ferenc 50, 54
Széchenyi, István 175
Szomory, Károly 91, 213
Szumrák, Paul 209

Schad, verh. Maigraber (Lenaus Großmutter), Maria Magdalena 1
Schebeck, Otto 210
Scheffler, Walter 26, 54, *151 - 160,* 211
Schenkel, Martin 53
Scherer, Anton 50, 54, 198, 201, 202
Scherer, Wilhelm 185
Schier, Rudolf *161 - 175,* 206
Schiller, Friedrich 126, 135, 158, 181, 188, 192
Schleifer, Matthias Leopold 20, 33, 75, 143, 144, 150, 210
Schlossar, Anton 33, 51
Schmaus, Alois 182
Schmidt, Hugo 46, 55
Schmidt, Josef 201
Schmidt, Rüdiger 123
Schmidt-Bergmann, Hansgeorg 35, 46, 55, *113 - 124*
Schmidt-Endres, Annie 5, 55, 195, 201
Schneider, Eduard *1 - 55; 205 - 213*
Schneider, Wolfram 209
Schnorpfeil, K. 206
Schönn, Friedrich Alois 205
Schopenhauer, Arthur 117, 119, 121, 123
Schott, Artur 177, 196
Schubert, Franz 39
Schumann, Robert 109
Schurz, geb. Niembsch (Lenaus Schwester), Anna Theresia 3, 7, 8, 14, 16, 24, 41, 45, 74, 135, 142, 144, 155, 201
Schurz (Lenaus Schwager), Anton Xaver 3, 5, 7, 8, 10, 12, 14, 16, 18, 20, 22, 24, 26, 28, 29, 31, 41, 45, 55, 74, 135, 142, 143, 144, 149, 152, 158, 161, 162, 163, 167, 168, 171, 172, 173, 177, 200, 207, 210
Schurz, verh. Frank (Lenaus Nichte), Eleonore 8, 195
Schwab, Gustav 24, 26, 28, 37, 78, 79, 152, 153, 155, 157, 158, 211
Schwab, Sophie 154, 158
Schwarze, Hans Dieter 48

Schweppenhäuser, Hermann 123
Schwind, Moritz von 209
Schwob, Anton *VII,* 50, 54, 55, 172, 181

Tasso, Torquato 24
Ţaţomir, N. 190
Theresia, Heilige 5, 208
Tiedemann, Rolf 123
Tokin, Stevan 180
Toma, Iorgu G. 189, 190
Tomozei, Gh. 190
Tomşa, Gh. (d. i. Toma, A.) 187
Totok, William 107
Trakl, Georg 45, 192
Tulbure, Victor 91, 190, 213
Turóczi-Trostler, József 31, 46, 50, 55, 98, 101, 104, 183
Twain, Mark 172

Uhde, Wilhelm 178
Uhland, Ludwig 26, 78, 81, 110, 126, 152, 153, 155, 185, 186, 188, 211
Ujma, Christina 123
Unger, verh. Sabatier, Karoline 39, 87, 212

Varnhagen von Ense, Karl August 78
Veszely, Ladislaus 16
Vizkelety, András 51, 112, 148, 172
Vogel (Lenaus Stiefvater), Karl 7, 10, 12, 16, 134, 142
Vogel (Lenaus Halbschwester), Maria 10
Vogel (Lenaus Halbschwester), Wilhelmine 10
Vollenweider, Alice 123
Volz, C. L. 163
Voß, Richard 178

Wagner, Richard 107
Wahrig-Schmidt, Bettina 123
Waldmüller, Monika 211
Walpole, Horace 116
Weber, Max 97
Werner, Anton von 126
Werner, Hans-Georg 51
Wettel, Franz 197
Wieland, Christoph Martin 179
Wienbarg, Ludolf 121
Wiese, Benno von 55
Wilhelm II. (Kaiser) 130
Willkomm, Ernst Adolf 29
Windfuhr, Manfred 53
Witthauer, Friedrich 18, 69, 205, 209
Wodetzky, Ludwig 8, 208

Wohlrab, Hertha 37, 55
Wolde, Ludwig 123
Wolf, Christa 104
Wolf, Hugo 109
Wolf, Nanette 20, 22, 75, 143, 210
Wondrak, Josef 50
Württemberg, Alexander Graf von 24, 26, 32, 78, 82, 155, 156, 157, 211
Württemberg, geb. von Festetics-Tolna, Helene Gräfin von 26
Württemberg-Urach, verh. von Taubenheim, Marie Gräfin von 32, 82, 156, 157, 211
Wuthenow, Ralph-Rainer 123

Xenopol, Alexandru D. 185

Young, Lewis 165, 167, 169, 170, 171
Young, Mary Ann 170

Zedlitz, Joseph Christian Freiherr von 185
Zeidler, Jakob 95
Zeller, Albert 43
Zeller, Bernhard 24, 32, 54, 55
Zeman, Herbert 51
Ziegler, Detlef 53
Zimmermann, Harald 52
Zimmermann, Petra 48, 55
Zimmermann, Wilhelm 149
Ziska, Jan 41, 175
Zmaj, Jovan Jovanović 180, 183
Žmegač, Viktor 183
Zoeppritz, geb. Hartmann, Mariette 24, 26, 80, 206, 211
Zumsteeg, Emilie 33, 83, 212
Zweig, Stefan 50, 52, 97, 213

Danksagung

Die vom Bundesminister des Innern (Bonn) und vom Innenministerium Baden-Württembergs (Stuttgart) geförderte und seitens des Südostdeutschen Kulturwerks (München) von Eduard Schneider und Stefan Sienerth erarbeitete Nikolaus-Lenau-Ausstellung ist das Ergebnis der Zusammenarbeit mit öffentlichen Einrichtungen und Privatpersonen im In- und Ausland, die uns mit Materialien aus ihren Sammlungen und mit ihrem Rat unterstützten.

Wir danken allen, die das Zustandekommen der Ausstellung in der einen oder anderen Weise ermöglichten.

Unser besonderer Dank gilt dem Ministerpräsidenten von Baden-Württemberg, Herrn Erwin Teufel, für die Übernahme der Schirmherrschaft und dem Stadtmuseum Esslingen, in dessen Räumen die Ausstellung ersteröffnet wird, dem Schiller-Nationalmuseum/Deutsches Literaturarchiv Marbach a. N., das den Großteil der Exponate zur Verfügung stellte, und dem Internationalen Lenau-Archiv Stockerau, das in Verbindung mit der Internationalen Lenau-Gesellschaft Wien die Realisierung der Ausstellung unterstützte, sowie zahlreichen Privatpersonen und anderen Institutionen. Ihre Namen, die im Katalog der Erstausstellung genannt sind, hier alle anzuführen, ist nicht möglich.

Namentlich sprechen wir unsern Dank aus: Frau Dr. Kirsten Fast und Frau Margret Burscheidt, M.A. (Stadtmuseum Esslingen), Herrn Friedrich Pfäfflin und Herrn Dr. Michael Davidis (Marbach a. N.), Herrn Dr. Hermann Lein, Sektionschef i. R. und Generalsekretär der Internationalen Lenau-Gesellschaft (Wien), sowie Herrn Leopold Richentzky, Präsident dieser Gesellschaft und Bürgermeister der Stadt Stockerau.

Nicht zuletzt danken wir den Herrn Professoren, Dozenten und wissenschaftlichen Mitarbeitern für ihre Beiträge in diesem Lenau-Buch.

Für die graphische Gestaltung sind wir Frau Hermine Ellwanger (Murr) und für die technische Ausführung der Firma Werbegestaltung Schumann GmbH (Stuttgart) zu Dank verpflichtet.